학교의 나무와 풀로 시작하는

생태 수업 이야기

느티나무 생태놀이수업연구회

2022 개정교육과정 1~2학년

기후 위기를 넘은 기후 재앙 시대의 생태전환교육
자연과 친구되는 생태놀이로 생태 시민 되기 프로젝트

Well Life, Well Book

학교의 나무와 풀로 시작하는
생태수업 이야기

1판 1쇄 발행 2024년 12월 5일

지은이 느티나무 생태놀이수업연구회
발행인 임종훈
디자인 인투
출력/인쇄 정우 P&P
주소 서울시 마포구 방울내로11길 37 프리마빌딩 3층
주문/문의전화 02-6378-0010   **팩스** 02-6378-0011
홈페이지 http://www.wellbook.net

발행처 도서출판 웰북   **정가** 20,000원

ISBN 979-11-86296-94-3 03370

이 책은 저작권법에 따라 보호받는 저작물이므로 무단전재와 무단 복제를 금지하며,
이 책 내용의 전부 또는 일부를 이용하려면 반드시 저작권자와 도서출판 웰북의 서면동의를 받아야 합니다.

이 책은 충청남도교육청 '2024 미래를 이끄는 교원 책 출판지원사업'으로 기획 출간하였습니다.

* 잘못된 책은 바꾸어 드립니다.

학교의 나무와 풀로 시작하는

생태 수업 이야기

여는 글

"오길 잘했어! 느티나무 생태놀이터"

어릴 적 시골에서 자란 사람들은 대부분 식물에 대해서 많이 알고 있습니다. 자연 속에서 지내면서 놀거리가 주변의 나무, 풀이 대부분이었기 때문일 것입니다. 그렇다 보니 자연스럽게 풀 이름도 알고 먹을 수 있는 식물과 독성이 있는 식물도 구분했습니다. 요즘 채소를 안 먹는 아이들, 벌레를 무서워하며 햇빛과 흙을 멀리하는 아이들을 보면 어릴 적 꽃과 나비를 쫓아다니고, 찔레를 따 먹던 기억이 없으니 자연과 가까울 수가 없겠구나 하는 생각이 듭니다. 패스트푸드를 사줘야 좋아하고, 자연 속에서 뛰어놀 줄 모르며 인터넷 게임 속에 빠져 있는 아이들을 보면 걱정스러울 때가 많습니다. 때론 바보 같은 생각도 해봅니다. 나의 어릴 적 시절로 세상이 되돌아간다면 이런 걱정은 안 하고 살 수 있을 텐데…

기후위기시대에 생태전환교육이 강조되고 있습니다. 자연과 더불어 살아가는 것이 자연의 이치인데 이를 무시하고 인간 중심으로 편리성을 강조하다 보니 문제가 생기지 않았을까요? 기후위기를 초래한 어른들이 아이들에게 이산화탄소를 줄여야 한다고 이야기하는 것도 사실 마음이 편하지 않습니다. 어른들이 망쳐놓은 환경을 이제 와서 아이들에게 책임지라고 하는 것 같아서 말입니다.

초등학교에서 생태전환교육을 어떻게 해야 할지도 더욱 고민스럽습니다. 자연과 더불어 살아가는 것이 지구의 지속가능성을 담보하는 중요한 일이기에 교육과정에서도 생태교육을 강조하고 있지만 구체적 사례나 방법에 대해서는 교사의 연구와 노력이 필요합니다. 하지만 자연과 거리를 두고 살아가는 삶을 살고 있기에 접근하기가 쉽지 않습니다. 특히 식물에 대해서는 이름조차 잘 모르는데 어디서부터 어떻게 시작할지 막막하기도 합니다.

이러한 점을 고려하여 어느 학교에서나 흔히 볼 수 있는 식물을 이용해서 누구나 재미있게 할 수 있는 생태놀이를 선정하여 2022 개정교육과정과 연계한 수업을 구성해 보았습니다.

1부에서는 생태전환교육의 방향성을 5가지의 길로 구성했습니다. 동시대를 함께 살아가는 사람으로서, 아이를 키우고 있는 부모로서, 학생들을 가르치는 교사로서, 학교를 관리하는 교장으로서 고민하고 느꼈던 일들을 정리해 봤습니다. 책장을 넘기며 5가지 길을 함께 고민하고 '오길 잘했다!'는 생각이 들면 좋겠습니다.

첫번째 길. '지속하길': 기후위기시대에 대응하여 지속가능한 삶으로 전환하기 위한 교육과 재미있게 놀며 배우는 생태수업을 생각해보는 길

두번째 길. '돌아보길' : 식물을 비롯한 환경에 대해 갖고 있는 우리들의 인식과 세계 여러 나라의 환경 보전을 위한 노력을 살펴보고 환경교육의 방향성을 생각해보는 길

세번째 길. '느껴보길' : 식물의 생존과 전략, 자연에서 살아가는 모습을 보며 가정과 학교, 사회에서 우리들이 어떻게 살아가야 할지 생각해보는 길

네번째 길. '함께하길': 배려와 소통, 나눔과 공생으로 살아가는 식물 이야기를 통해 우리가 지금 무엇을 해야 할지 생각해보는 길

다섯번째 길. '실천하길': 학교 숲, 화단, 생태학습장에서 있었던 사례를 나누며 학교에서 실천할 수 있는 생태전환교육을 생각해보는 길

2부에서는 어느 학교나 있을 법하고 누구나 알고 있는 식물로 소나무, 무궁화, 단풍나무, 민들레, 토끼풀과 괭이밥을 선정하고, 각 장의 앞부분에는 식물마다 가지고 있는 특성을 고려하여 생태학적, 인문학적 해설을 담았습니다. 아울러 2022 개정교육과정을 중심으로 1~2학년 교육과정을 분석하여 생태놀이 중심의 수업을 구성하고 저자들이 직접 수업

한 사례를 나누어 좋았던 점, 아쉬웠던 점 등을 소개하여 누구나 쉽게 수업을 준비하고 진행할 수 있도록 안내했습니다.

생태놀이는 자연과 함께하는 활동으로 전 연령을 대상으로 얼마든지 재구성해서 활용할 수 있기 때문에 유초 이음교육, 초중고 교과학습, 창의적 체험활동, 학교행사, 학부모교육 등 다양하게 쓰일 수 있습니다.

생태놀이의 방향과 생태놀이 권장 시기를 수록하였으니, 시기와 대상을 고려하여 더욱 재미있는 수업을 구성해 보는 것도 좋을 것 같습니다. 이 책이 주변의 식물과 환경에 관심을 가질 수 있도록 안내하는 길잡이가 되기를 소망하며, 생태전환교육의 방향성과 선생님들이 실천한 생태놀이수업이 잘 어우러져 교육 현장에서 많이 활용되기를 바랍니다.

느티나무 생태놀이수업연구회
저자들을 대표하여 **이동규** 드림

느티나무 생태놀이수업연구회는 "자연을 사랑하는 사람들의 모임"으로 매월 산을 오르며 식물을 공부하는 선생님들과 생태놀이에 관심이 있는 선생님들이 모인 충남 서천의 전문적학습공동체입니다.
늘 티 없이 자라며 아낌없이 나누어주는 느티나무처럼 나무와 풀, 새와 곤충 등 생태 분야에 대한 지식과 경험을 공유하며, 환경에 대한 관심을 넘어 행동 변화를 위한 생태전환교육을 실천하고 있습니다.

목차

여는 글 "오길 잘했어! 느티나무 생태놀이터" / 4
생태놀이란? 교육과정 연계 생태놀이 권장 시기 / 10

1부 생태전환교육으로 가는 길

첫번째 길. 지속하길 / 14
교장 선생님, 내일 학교 와요? / 대한민국은 기후악당, 오늘의 화석상 수상 /
생태전환교육 = 삶을 바꾸는 도전 / 누구나 시작할 수 있는 생태놀이수업

두번째 길. 돌아보길 / 27
모르면 잡초로 보이는 식물 / 시골 살아도 풀은 잘 몰라요 /
환경 보호의 시작은 불편한 마음에서부터 / 해외의 환경 정책

세번째 길. 느껴보길 / 36
꽃보다 아름다운, 철없는 아이들 / 부부소나무 이야기 /
꼼짝없이 그 자리에서 살아야 하는 식물 / 틈만 나면 싹을 틔운다 /
'풀꽃'으로 보는 세상 / 도토리 한 알의 꿈

네번째 길. 함께하길 / 47
교실로 찾아온 벌 / 모두가 꽃이야! / 곤충을 위한 활주로, 꿀안내도 /
막장드라마 없는 식물의 세계 / 나눔으로 상생하는 공동체

다섯번째 길. 실천하길 / 56
공동텃밭구역 / 생각보다 실천을! 수세미 프로젝트 /
우리 학교 교목과 교화는? / 학교 안 힐링 명소, 생태학습장

2부 생태놀이수업의 실제

1장. 사시사철 늘 푸른 소나무 / 68

1. 솔잎으로 누가 이기나 겨뤄볼까?
   『솔잎으로 글자 만들기』 1학년 1학기 국어(한글놀이, 66~69쪽, 92~97쪽)

2. 노오란 가루로 맛있는 간식을 만들어보자!
   『송홧가루 다식 만들기』 1학년 1학기 통합(우리나라, 36~37쪽)

3. 소나무는 어떤 옷을 입고 있을까?
   『소나무 수피 탁본 뜨기』 2학년 1학기 통합(자연, 46~49쪽)

4. 솔방울의 변신은 무죄
   『솔방울로 천연 가습기 만들기』 2학년 2학기 통합(자연, 92~93쪽)

5. 짧아도, 길어도 재미있는 솔방울 장난감
   『줄의 길이가 다른 솔방울 장난감 놀이』 2학년 1학기 수학(길이재기, 114~115쪽)

6. 솔방울로 이렇게 재미있게 놀 수 있다고?
   『자연 속 운동회』 2학년 1학기 통합(자연, 56~57쪽)

2장. 피고 지고 또 피는 무궁화 / 120

1. 넘어져도 괜찮아
   『나뭇가지 균형잡기 놀이』 1학년 1학기 통합(학교, 60~61쪽)

2. 무궁화 꽃이 피었습니다!
   『무궁화 꽃놀이』 1학년 1학기 통합(우리나라, 26~27쪽)

3. 하루의 가치 = 무궁화의 하루
   『무궁화의 하루』 1학년 2학기 통합(하루, 82~89쪽)

4. 무궁화 씨앗의 여행
   『나의 상상 씨앗 이야기』 1학년 2학기 통합(상상, 92~93쪽)

3장. 달콤한 비밀을 품은 단풍나무 / 161

1. 단풍잎 세상 속으로
   『나뭇잎 놀이』 2학년 1학기 통합(자연, 52~53쪽)

  2. 단풍잎과 함께 찰칵
   『단풍잎 손수건 만들기』 2학년 1학기 통합(자연, 54~55쪽)

  3. 단풍잎 꼴라쥬, 꼬마 작가 전시회
   『자연의 변화를 느끼며 나뭇잎 꾸미기』 2학년 2학기 통합(계절, 42~43쪽)

  4. 핑그르르 단풍 씨앗 장난감
   『주변의 물건으로 놀잇감 만들기』 2학년 2학기 통합(물건, 58~59쪽)

4장. 여기서도 저기서도 피어나는 민들레 / 201

  1. 내가 누구인지 알아?
   『돋보기로 민들레 관찰하기』 1학년 1학기 통합(탐험, 20~21쪽)

  2. 민들레가 되어 바람을 타고
   『바람은 착하지』 2학년 1학기 국어(4. 분위기를 살려 읽어요, 128~132쪽)
   『그림책으로 만나는 민들레의 한살이』 2학년 1학기 통합(자연, 8~9쪽)

  3. 누가 누가 더 길까?
   『민들레 줄기 길이 비교하기』 2학년 1학기 수학(4. 길이재기, 94~95쪽)

  4. 민들레의 무한 변신
   『민들레 꽃으로 놀기』 1학년 1학기 통합(탐험, 82~91쪽)

5장. 같은 듯, 다른 듯! 토끼풀과 괭이밥 / 230

  1. 고양이의 구급약, 하트 모양 풀을 찾아라!
   『숲속을 걸어요』 2학년 1학기 통합(자연, 24~25쪽)

  2. 사랑과 희망을 담아드려요
   『토끼풀과 괭이밥 구분하기』 2학년 2학기 국어(8. 나도 작가, 260~261쪽)
                2학년 2학기 통합(계절, 42~43쪽)

  3. 꽃밭에서 선물을 나눠요
   『진짜 1학년이 되었어요. 꽃 선물 나누기』 1학년 1학기 통합(학교, 94~95쪽)
                    1학년 1학기 수학(비교하기, 92~93쪽)

  4. 팡팡 터지는 괭이밥 씨앗
   『괭이밥 씨앗 폭탄 만들기』 2학년 1학기 통합(자연, 26~27쪽)

글을 마무리하며 / 265
참고문헌 / 269

생태놀이란?

 1. 생태놀이란?

생태놀이는 자연 환경 속에서 풀, 나무, 돌, 모래, 흙 등을 이용하여 다양한 놀이를 하는 것입니다. 아울러 자연물을 가지고 놀면서 자연과 친숙해지고 주변환경과 더불어 살아가는 생태감수성을 길러주는 놀이활동이라 할 수 있습니다.

 2. 생태놀이가 왜 중요한가?

- 자연 속에서 뛰어놀면서 신체에 적절한 자극을 주기 때문입니다.
- 자연놀이를 통해 관찰력, 협동심, 창의력 발달에 도움을 줍니다.
- 생명의 소중함을 일깨워줌으로써 자존감 형성에 도움을 줍니다.

 3. 생태놀이의 특징

- 주로 자연물을 소재로 하기 때문에 계절별로 다양한 놀이를 할 수 있습니다.
- 자연물로 놀잇감을 직접 만들거나 놀잇감을 구하는 자체가 놀이가 될 수 있습니다.
- 생태놀이는 놀이의 규칙과 놀잇감을 수시로 변경하여 놀이를 할 수 있어 창의력과 문제해결력을 키우는 데 효과적입니다.

4. 생태놀이의 방향

- 생태놀이를 하기 전에 해당 자연물에 대한 생태학적, 인문학적 이야기를 충분히 나눈 후에 놀이가 이루어지도록 하면 더욱 효과적으로 놀이를 진행할 수 있습니다.
- 자연에서 얻어지는 놀잇감은 다양하므로 각자가 놀이를 잘할 수 있는 자연물을 선택하게 하면 좋습니다.
- 어디에나 나무, 풀, 흙, 돌멩이 등 다양한 자연물이 있기 때문에 도심 속 학교에서도 생태놀이를 할 수 있습니다.
- 생태놀이는 자연을 보호하고 아끼는 마음으로 활동하고 사용한 후 다시 자연으로 돌려주는 자세를 갖도록 합니다.

교육과정 연계 생태놀이 권장 시기

식물	생태놀이	월								
		3	4	5	6	7	9	10	11	12
소나무	솔잎 씨름하기	●	●	●	●	●	●	●	●	●
	솔잎 글자 놀이	●	●	●	●	●	●	●	●	●
	송홧가루 다식 만들기			●						
	숲속 액자 놀이		●	●	●	●	●	●		
	소나무 수피 탁본 뜨기	●	●	●	●	●	●	●	●	●
	솔방울 가습기 만들기	●	●	●	●		●	●		●
	솔방울 장난감 놀이	●	●	●	●	●	●	●	●	●
	솔방울 탑 쌓기	●	●	●	●	●	●	●	●	●
	둥지에 알 넣기	●	●	●	●	●	●	●	●	●
	나는야! 투수왕!	●	●	●	●	●	●	●	●	●
	알까기 선수	●	●	●	●	●	●	●	●	●

식물	생태놀이	월								
		3	4	5	6	7	9	10	11	12
무궁화	나뭇가지로 균형잡기	●	●	●	●	●	●	●	●	●
	무궁화 꽃잎 놀이					●	●	●		
	무궁화 화전 만들기					●	●	●		
	무궁화 꽃 글자 꾸미기					●	●	●		
	무궁화 꽃 손가락 인형					●	●	●		
	무궁화 꽃 포환 던지기					●	●	●		
	무궁화 씨앗 놀이									●
단풍나무	나뭇잎 마술			●	●	●	●	●		
	나뭇잎 가위바위보			●	●	●	●	●		
	나뭇잎 이어달리기			●	●	●	●	●		
	나뭇잎 컬링			●	●	●	●	●		
	나뭇잎 뒤집기			●	●	●	●	●		
	반려나무 정하기	●	●	●	●	●	●	●	●	
	나뭇잎 손수건			●	●	●	●	●		
	나뭇잎 피자 만들기			●	●	●	●	●		
	나뭇잎 협동화			●	●	●	●	●		
	단풍 씨앗 던지기						●	●		
	단풍 씨앗 장난감						●	●		
민들레	봄꽃 빙고놀이	●	●	●						
	민들레 바람개비 만들기		●	●	●					
	민들레 꽃반지		●	●	●					
	민들레 꽃팔찌		●	●	●					
	민들레 귀걸이		●	●	●					
	민들레 풀피리 불기		●	●	●					
	민들레 비눗방울 놀이		●	●	●					
토끼풀 괭이밥	나뭇잎 짝 찾기			●	●	●	●	●		
	숲속 빙고놀이			●	●	●	●	●		
	토끼풀 꽃반지			●	●	●	●			
	토끼풀 꽃팔찌			●	●	●	●			
	토끼풀 화관			●	●	●	●			
	씨앗 폭탄 만들기			●	●	●	●	●		

생태전환교육으로 가는 길

1. 첫번째 길. 지속하길
2. 두번째 길. 돌아보길
3. 세번째 길. 느껴보길
4. 네번째 길. 함께하길
5. 다섯번째 길. 실천하길

01 | 첫번째 길. 지속하길

🕊 교장 선생님, 내일 학교 와요?

어느 비 오는 날 오후, 하굣길 통학버스 타는 아이가 물어봅니다.

"교장 선생님, 내일 학교 와요?"

비가 이렇게 많이 오는데, 내일 학교를 쉬면 좋겠다는 뜻입니다. 천진난만한 아이들은 학교 하루 쉰다고 하면 마냥 좋다고 하지만, 교장 입장에서는 내가 기상청 슈퍼컴퓨터도 아니고 하늘의 일기를 알 도리가 없는데 판단하고 결정해야 하는 난감한 상황입니다.

지난 여름 시간당 100mm가 넘는 비로 마을에 산사태가 나고 도로와 논, 밭, 건물 등에 많은 피해가 있었습니다. 국지성 폭우가 내리면 학교 운동장과 통학로가 잠기는 일은 당연하고 물이 건물 안으로만 들어오지 않아도 다행이라고 생각합니다. 선생님들은 기상 악화에 따른 안전교육과 대체 교육활동 준비를 해야 하고, 교무실에서는 피해 가정이나 학생을 파악하고 통학버스, 외부강사 일정을 조정해야 하며, 시설관리를 하는 행정실, 매일 식자재를 검수하는 급식실까지도 비상상황이 됩니다. 폭우, 폭설 등 기상 상황에 맞춰 등하교시간이나 단축수업, 임시휴업 등을 결정하는 것이 학교장 재량이니 구성원과 협의는 하지만 최종 결정과 책임은 교장의 몫입니다. 상황이 이러하니 하굣길 아이의 질문이 엉뚱한 질문은 아닙니다. 하늘의 뜻부터 학사일정과 학교 운영까지 너무 많은 변수를 고려해야 하니 정말 어렵습니다.

많은 비도 어렵지만, 태풍은 여러가지로 힘들게 합니다. 태풍 예보에 따라서 등교시간을 늦추거나 일찍 하교를 시킵니다. 심각한 상황에서는 임시휴업를 하기도 합니다. 큰 피해가 없이 지나가면 다행인데, 태풍이 예보와 달리 진로를 바꾸거나, 너무 빨리 혹은 너무 늦게 지나가거나, 예상보다 약해지기도 합니다. 그렇게 되면 멀쩡한 날씨에 왜 학교를 쉬냐고 원망과 민원이 쏟아집니다.

겨울철에도 힘든 상황이 많습니다. 학년 말에는 학교를 쉬게 되면 얼마 남지 않은 졸업식 날짜가 변경되는 등 학사일정에 여러가지로 무리가 따릅니다. 한파와 폭설이 예보되었는데 눈이 얼마나 올지, 도로 상황이 어떠할지 미리 판단할 수가 없어서 학교 인근에 숙소를 구해 밤새 상황을 살펴보다 결국 새벽에 임시휴업을 결정했던 일이 있었습니다. 비상연락망을 통해 폭설로 인한 휴업 안내를 하고 무릎 위까지 차는 눈을 헤치고 들어가 현관 앞 눈을 치우고 굴착기를 동원해서 통학로 주변을 정비했습니다. 자연재해로 인한 관리자들의 고뇌는 날이 갈수록 깊어집니다.

날씨는 그날그날의 기상 상태를 말합니다. 사람으로 치면 그날그날의 기분에 비유할 수 있습니다. 우리의 기분이 매일매일 다르듯이 날씨가 매일매일 변화하는 것은 당연합니다. 그런데 기후는 특정 장소에서 해마다 되풀이 되는 보편적인 대기의 종합적인 상태를 말합니다. 기후가 변한다는 것은 사람의 기질이나 성격이 변한다는 것과 같습니다. 속된

말로 사람은 쉽게 변하지 않는다, 사람이 변하면 죽을 때가 다 되었다고 합니다. 그런데 이제는 기후변화를 넘어서 기후위기, 기후재앙이라고 합니다. 우리 모두는 엄청난 변화 앞에 서 있습니다.

IPCC(기후변화에 관한 정부간 협의체) 보고서에서 나타난 것처럼 지구의 평균 기온 1.5도가 높아지는 것은 기정사실화되어 있고 되돌릴 수 없는 현실이 되어 버렸습니다. 기상이변으로 인한 각종 피해와 놀랄 만한 현상들이 우리 주변은 물론 세계 곳곳에서 일어나고 있습니다. 2023년 이탈리아에서는 여름 폭염으로 몸살을 앓고 있다가 갑자기 8월에 눈이 내린 지역도 있었다고 합니다. 매년 발생하는 태풍은 해마다 사상 최악의 태풍으로 기록을 갱신하고 많은 사상자를 내고 있습니다. 지구 반대편에서 발생하는 산불이나 토네이도는 그 규모를 짐작하기도 어렵습니다. 빠르면 2035년에는 빙하가 다 녹은 '푸른 북극'을 마주하게 된다고 합니다. 해수면 상승에 따라 태평양 섬나라들은 재건 능력을 잃고 사라져가고 있으며, 2030년 우리나라도 국토의 5% 이상이 물에 잠기게 될 것으로 예상하고 있습니다.

기후위기에 따른 자연재해는 식량, 산업, 경제, 국가 시스템 등 다양한 영역에 걸쳐 영향을 미치게 됩니다. 너무 빠른 기후변화는 기존의 데이터와 사회 시스템으로 극복하기 어려운 상황에까지 이르게 될 것입니다. 기후위기 시대를 살아가는 지금은 자연재해로 인해 발생하는 복구 비용을 포함한 사회적 비용, 기후위기로 인한 농작물 피해, 다양한 지역과 직종의 피해 등을 고려한 정책이 실질적으로 펼쳐져야 합니다. 아울러 환경과 생활, 직업의 변화 등 미래 상황을 고려한 정책과 국가 간의 협력 체제에 따른 책임감이 더욱 강화되어야 합니다.

🕊 대한민국은 기후악당, 오늘의 화석상 수상

2016년 영국의 기후변화 비정부기구 기후행동추적(CAT)과 한 일간지에서 대한민국을 사우디아라비아, 호주, 뉴질랜드와 함께 '세계 4대 기후악당'으로 지목했습니다. 한국은 탄소배출의 주된 원인인 석탄화력발전소를 수출하는 나라이며, 1인당 탄소배출량 세계

10위로 기후변화 해결에 전혀 노력하지 않는다는 것이 이유였습니다. 그리고 2023년 12월 제28차 유엔기후변화협약 당사국총회(COP28)에서는 '오늘의 화석상' 부문에서 캐나다, 노르웨이에 이어 3등을 수상했습니다. 화석연료 확대에 기여한 '공로'와 기후손실 복구에 대한 무관심을 이유로 불명예스러운 수상을 한 것입니다.

'백의민족'이라 불리우며 때묻지 않은 깨끗함과 청렴결백의 선비정신을 이어받은 대한민국이 어쩌다 세계적인 기후악당이 되었을까요? 기후 문제에서 정의롭지 못한 우리나라의 모습과 세계의 기후 현실을 살펴볼 필요가 있습니다.

기후정의는 기후로 인해 벌어진 불평등과 양극화 문제를 공정하게 바로잡는 것을 말합니다. 전 세계가 기후위기로 심각한 상황입니다. 하지만 더 큰 문제는 기후변화에 적은 영향을 준 나라가 더 많은 피해를 받는 상황이 많다는 것입니다. 주로 북반구의 선진국들은 산업 발전과 경제 성장 과정 속에서 지구온난화를 유발하는 온실가스를 엄청나게 만들어 왔고, 지금도 만들고 있습니다. 그런데 열대 기후 지역에 위치한 개발도상국이나 최빈국은 기후변화에 대한 책임이 적으면서도 자연재해로 인한 피해가 큰 지역이며, 재난에 대처하거나 피해를 줄일 능력도 부족하여 속수무책으로 당하고 있는 상황입니다.

투발루는 남태평양에 위치한 섬나라로 해발고도가 3m 정도에 불과해 해수면 상승으로 전 국토가 물에 잠길 위험에 처했습니다. 이웃나라에 국민을 이민자로 받아줄 것을 호소했지만 대부분의 국가들은 거부했고, 투발루 외무장관은 한때 육지였던 수몰지역에 단상을 놓고 투발루의 현실을 알리며 기후이동성을 최우선으로 고려해야 한다는 수중 연설을 했습니다. 그림책 「투발루에게 수영을 가르칠 걸 그랬어!」는 온 가족이 이민을 준비하며 고향인 투발루를 떠나는 이야기입니다. 소녀

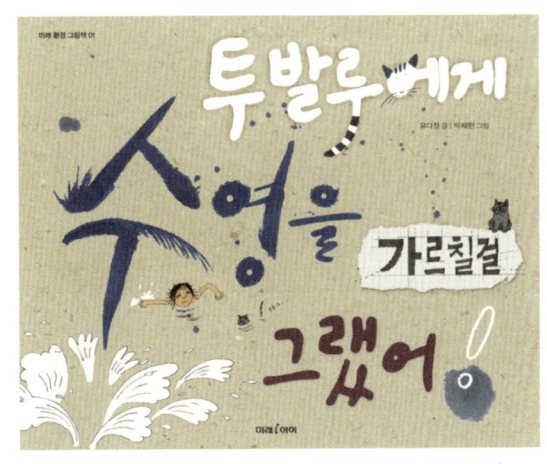

▲ 투발루에게 수영을 가르칠 걸 그랬어!(유다정, 미래아이)

는 고양이를 남겨두고 가며 투발루에서 다시 함께 살 수 있는 날이 오기를 간절히 기도합니다. 이 책이 나온 2008년만 해도 먼 미래라고 생각했을 텐데, 2024년인 지금은 현실이 되고 있습니다.

키리바시는 적도에 영해가 걸쳐 있으며, 국토의 동쪽 끝이 날짜변경선에 있어 세계에서 가장 빨리 일출을 보는 나라입니다. 그런데 이 나라가 30년 후에는 해수면 상승으로 사라질 예정이라고 합니다. 키리바시의 초등학교에서는 입학 교육으로 학교가 침수될 때 지붕 위로 올라가는 것을 알려주고, 학교에 등교했다가 만조가 되면 물 위를 걸어서 집으로 돌아갑니다. 키리바시 대통령은 세계 각국을 찾아 섬에서 계속 살아갈 수 있도록 지원을 요청하는 한편, 자국민의 인권을 보호하기 위한 '존엄한 이주' 정책을 추진하고 있습니다. 국민들이 자신의 잘못으로 고향을 잃게 되는 것이 아니며, 존엄성까지 잃고 싶지 않아 새로 들어가는 공동체에 기여할 수 있는 시민으로 살아가도록 교육과 기술력을 갖추어 이주를 준비하고 있습니다.

버려지는 옷 문제도 기후정의와 함께 생각해 볼 문제입니다. 불우이웃에게 기부되어 잘 사용될 것이라 생각하고 의류수거함에 버렸던 옷이 지구 반대편에서 쓰레기섬을 만들고 있습니다. 낡고 해진 옷을 기워 입거나 오래 입는 것은 옛날 말이고 요즘은 싸고 예쁜 옷들을 쉽게 사고 쉽게 버립니다. 수거된 옷은 상태가 좋은 것만 유통되고 대부분 개발도상국으로 수출됩니다. 문제는 이 헌옷들이 옷으로 사용되는 것이 아니라 쓰레기로 차곡차곡 쌓이고 있다는 것입니다. 선진국에서는 마땅히 처리할 곳이 없으니 싼 값에 수출하고, 개발도상국에서는 남는 땅에 쌓아놓으면서 돈을 받을 수 있으니 옷을 비롯한 폐타이어, 플라스틱 등 쓰레기를 수입합니다. 엄청난 양의 쓰레기섬이 만들어지면서 큰 불이 나거나 물과 토양을 오염시키며 다이옥신과 같은 유해물질이 그대로 노출되어 '죽음의 비'를 만들어 사람들의 생명을 위협하고 있습니다.

급속한 경제 성장 덕분에 우리는 물질적으로 풍족하고 편안하게 살고 있습니다. 하지만 우리가 만든 온실가스로 지구 전체의 해수면이 상승해서 나라들이 없어질 위기에 있으며, 우리가 만든 쓰레기를 개발도상국에 버리면서 다른 사람들의 생명을 위협하고 있습니다. 기후악당이라는 이름표를 내려놓고, 환경 오염의 악순환 고리를 끊는 길은 없을까요? 이렇게 불편하고 어려운 상황에서 학생들에게는 어떤 교육을 해야 될까요?

어른으로서 부끄럽고 창피하긴 하지만 현실을 인정하고 기후정의를 실천하는 시민으로 함께 살아갈 수 있도록 방법을 찾아야 합니다. 국가와 기업에서 환경 정책을 추진해야지 개인의 노력은 너무 미미해서 소용없다는 말에도 공감이 됩니다. 하지만 정책을 추진하는 것도 결국 사람이 하는 일입니다. 지구 환경을 어떤 시선으로 바라보고 인식하고 있는지에 따라서 그 정책의 방향이 바뀔 수 있습니다. 우리가 생태전환교육을 강조해야 하는 가장 중요한 이유입니다.

생태전환교육 = 삶을 바꾸는 도전

생태전환교육이 대두되면서 기존의 환경교육, 생태교육과 다른 것이 무엇인지, 왜 정책이 도입되었는지 깊이 고민해볼 필요가 있습니다. 생태전환교육은 기후위기의 심각성을 인식하고 학교나 기관에서 적극적으로 교육하고 실천하기 위해 시작되었으며, 대표적인 교육 기관의 정의를 살펴보면 다음과 같습니다.

- 기후변화나 환경재난 등에 대응하고 환경과 인간의 공존을 추구하며, 지속가능한 삶을 위한 생태적 전환을 추진하는 교육(교육부)
- 기후위기시대를 극복하기 위해 인간 중심의 사고에서 벗어나, 인간과 자연의 공존과 지속가능성을 위해 인간의 생각과 행동 양식의 총체적 변화를 추구하는 교육(서울시교육청)
- 기후위기와 환경재난시대에 생태환경에 대한 실천적 교육, 교육에 대한 전환을 통한 미래세대의 지속가능한 내일의 희망을 제공 하는 교육(충남교육청)

종합해보면 생태전환교육은 기후위기시대에 대응하여 개인은 물론 인간 생활 양식을 지속가능한 삶으로 전환하기 위한 교육이라고 볼 수 있습니다. 정의에서 볼 수 있듯이 의미가 폭넓은 만큼 실질적으로 무엇을, 어떻게 해야 하는지 방향을 잡기가 쉬울 것 같으면서도 어렵습니다. 이에 생태, 전환, 교육의 개념으로 나누어 생각해보겠습니다.

생태: 공존하는 삶

생태는 생물들 사이, 생물과 환경 간의 상호작용을 의미합니다. 생태계에는 무수히 많은 생물들이 살고 있으며, 다양성이 매우 중요합니다. 다양성이란 약육강식, 적자생존의 논리로 우열을 판단하지 않고, 모두가 필요한 존재로 살아가는 것입니다. 강한 존재라서 살아남는 것이 아니라, 모두 함께 어울리기 때문에 다 같이 살 수 있으며 이것이 생태계가 유지되는 비결입니다.

숲의 생태계를 예로 들어보면 나무부터 시작해서 풀, 이끼 등의 식물, 함께 살고 있는 곤충과 동물, 분해자 역할을 하는 땅속 생물까지 다양한 생명들이 있는데 모두 주변 환경에 적응해서 살아가고 있으며 서로가 서로에게 꼭 필요한 존재들입니다. 생태계 구조에서 보면 구성원의 상호작용 속에서 살기 때문에 어떤 한 생물의 종이 없어졌을 때 생태계의 연결고리가 끊어지며 혼란이 생기고, 오랜 시간이 지나 다시 평형 상태를 찾는 것도 생태계 안의 상호작용으로 가능합니다.

인간은 생태계에서 어떤 존재일까요? 우리는 음식을 먹기 위해서 농사를 짓습니다. 자연에서 얻는다고 생각하지만, 자연적인 숲을 없애고 땅을 정리해서 논과 밭을 만들고, 비료를 주며 작물의 생산성을 높이고, 방해하는 천적이 있으면 약을 뿌려서 퇴치합니다. 기술이 발달하여 자연 퇴비가 아닌 화학 비료를 사용하고, 농약은 종류별로 다양해지며, 농경지의 규모가 커집니다.

인간은 지능을 이용해서 점점 비자연스럽게 생활해 왔습니다. 힘들게 사냥하는 것보다 쉽게 가까운 곳에서 동물을 키워 잡아먹는 가축을 시작했습니다. 경제의 발달로 교환을 하며 다른 지역의 다양한 동물을 편하게 먹을 수 있고, 과학의 발달로 많은 양의 가축을 키우고 소비합니다. 엄청난 양의 온실가스가 배출되고, 야생동물은 살 곳을 잃어갑니다. 지구 전체로 보면 척추동물 중에서 사람과 가축의 비율이 97%라고 합니다. 3% 정도만 야생동물이니, 인간이 동물 세계의 중심이 되었다 해도 과언이 아닙니다.

인간이 자연의 일부라면 주변 생물과 환경에 순응하고 함께 상호작용하며 살아가야 하는데, 지나치게 인간 위주로 살고 있습니다. 기후위기와 환경파괴가 다시 자연재해로 돌아오는 모습을 보면서 뒤늦게 생태적으로 공존하는 삶이 필요하다는 것을 깨닫고 있습니다. 생태는 모든 생명체가 중요하며, 서로 도움을 주고받으며 함께 살아갈 때 지속가능합니다. 더불어 함께 살아가는 삶의 방식의 중요성을 깨닫고 생명과 환경의 소중한 가치를 지켜야 합니다.

전환: 삶의 방식을 바꾸다

전환은 다른 방향이나 상태로 바꾸는 것입니다. 생태전환교육을 사전적인 의미로 풀어본다면 생태를 이해하고 아는 것에서 끝나는 것이 아니라 생태적인 방향으로 우리 삶을 바꾸라는 것입니다. 살아가는 방식을 전환하는 획기적인 변화를 요구하는 엄청난 일입니다.

생태전환교육이나 환경교육과 관련하여 기후위기와 관련한 데이터, 충격적인 자연재해 현상, 살아갈 곳을 잃어가는 북극곰 사진, 암울한 미래를 예측하는 자료들을 마주하면 누구나 심각성을 이해하고 고개를 끄덕입니다. 국가와 기업에서 대체 에너지와 친환경 소재 등 다각도로 많은 사람들이 연구하고 있지만 과학기술만으로 해결하는 것은 한계가 있습니다. 식물과 동물이 자연에 순응해서 살고 있듯이, 사람들도 자연과 어울려서 살아야 합니다. 인간의 삶의 방식을 고집하며 동물이나 식물에게 삶의 방식을 바꾸라고 할 수는 없는 노릇입니다.

하지만 환경보호의 필요성에 공감하면서도 생활하다 보면 여전히 이기적인 소비형 인간으로 살아갑니다. 산을 깎아 토목공사를 하는 것을 보면 씁쓸하다가도, 그곳에 멋지게 들어선 카페를 보면 우아하게 앉아서 멋진 경치를 감상하며 시원한 커피를 마십니다. 일회용품을 사용하지 말아야겠다고 다짐하면서도 이미 익숙해진 생활을 바꾸기도 어렵고, 나 혼자 유난을 떠는 것 같아서 눈치가 보이기도 합니다. 나 하나 바뀐다고 세상이 바뀔까 회의적인 생각도 들면서 소소한 생활 방식을 바꾸는 불편함과 귀찮음에 핑계를 대며 환경 보호에 역행합니다.

어렵겠지만 환경운동을 실천하는 것에 앞서 더 중요한 것은 우리 모두의 '마음의 전환',

생태감수성을 키우는 것입니다. 생태는 모든 생명체가 소중하며 함께 어울려 살아가는 것이라고 했습니다. 그렇다면 생태전환은 나를 사랑하는 것부터 시작해야 합니다. 그리고 주변 사람 한 명 한 명이 소중하다는 인식을 갖고 서로 어우러져 살아가는 마음가짐, 곧 배려하고 나누는 인성을 갖춰야 합니다. 나의 삶을 사랑하며 살아가는 사람이 이웃을 존중하고 배려하며 살아갈 수 있고, 그런 사회에서 사는 사람들은 함께 사는 환경을 지키고 아름답게 가꾸기 위해 노력할 것입니다.

결론적으로 생태전환교육에서 삶의 방식을 전환하는 핵심은 나와 이웃을 사랑하고 공동체로 살아가는 인성을 갖춘 민주시민이 되는 것입니다. 어른들은 먼저 냉철하게 우리의 생활을 돌아보고 자연과 더불어 사는 삶으로 전환해야 합니다. 그리고 미래 세대인 학생들이 생태감수성을 가진 민주시민으로 자라도록 관심과 지원을 아끼지 말아야 합니다. 우리 모두가 자연을 이용하려는 마음을 버리고 더불어 사는 존재로 생각하며 생활해야 지구에서 계속 살아갈 수 있습니다.

교육: 앎과 삶이 일치하는 배움

교육의 사전적 의미는 지식과 기술 등을 가르치며 인격을 길러주는 것이라고 합니다. 삶과 관련된 다양한 것들을 가르치고 배우는 과정을 통해서 사람다운 품격을 갖추어야 합니다. 학교와 학급에서 교육활동을 계획하고 진행하면서 목표와 내용을 끊임없이 확인하고, 대상과 상황에 맞추어 다르게 편성하는 것도 교육이 단순한 지식 전달 그 이상을 의미하기 때문입니다. 아는 것에서 끝나는 것이 아니라 앎과 삶이 일치하는 배움으로 인간답게 성장하도록 가르치는 것이 교육입니다.

생태, 전환, 교육에 대한 의미가 정리되었다면, 앞에서 언급한 생태전환교육에 대한 정의가 좀 더 명확하게 이해될 것입니다. 기후위기시대에 생태전환교육을 통해 공존과 지속가능성을 강조하는데 환경교육과 구분되는 점은 무엇일까요? 환경교육은 환경에 대한 이해와 환경 문제를 해결하고 실천하는 것에 중점을 두고 있습니다. 이에 비해 생태전환교육은 사람을 생태의 한 요소로 보고 인간과 자연의 공존과 지속가능성을 강조합니다.

최근 환경교육도 기후위기에 따른 지속가능한 선택과 실천을 강조하고 생태적 소양을 갖춘 지구생태시민을 기르기 위한 방향으로 논의되고 있기에 두 가지를 명확하게 구분하기보다는 전체적인 흐름의 변화로 이해하면 좋겠습니다.

그렇다면 학교에서 생태전환교육은 어떻게 해야 할까요? 특별한 교육활동을 준비하는 것도 좋지만, 매일 생활하는 학교에서 가까이 있는 식물이 살아가는 모습을 살펴보는 것으로 즐거운 생태수업을 할 수 있습니다. 두려움이나 귀찮음을 내려놓고 교실 밖으로 한 발자국만 내딛어보면 사시사철 무궁무진한 천연 교구들이 학교 숲과 정원 곳곳에 숨어있는 것을 발견합니다. 뒤에 소개할 생태놀이수업도 대부분 시간적, 경제적으로 큰 준비나 부담 없이 할 수 있는 활동입니다. 때로는 아무런 계획 없이 산책하며 이야기를 나누는 것만으로 충분하기도 합니다.

생태전환교육은 삶을 바꾸는 도전입니다. 내 안의 작은 마음부터 바꾸어야 합니다. 풀꽃처럼 우리 주변에서 살아가는 작은 생물에도 관심을 갖고 자연과 더불어 함께 살아가는 생태감수성을 키워야 합니다. 더 나아가 우리 아이들 한 명 한 명의 개성과 모두의 삶을 존중하고 배려하며 함께 살아가는 생태시민이 되어야 합니다. 성숙한 생태시민은 지속가능한 지구를 위한 현명한 선택을 할 수 있을 것이라 믿습니다.

🕊 누구나 시작할 수 있는 생태놀이수업

자, 이제 교실 밖으로 나가서 우리 학교 식물을 살펴보고 수업을 준비하고 싶은데, 평소에 식물에 관심이 있는 선생님들은 쉽게 시작하지만 대부분은 어려워합니다. 아이들도 자연물에 익숙하지 않아 반응이 없는 경우도 있습니다. 이럴 때 아이나 어른 모두 생태에 쉽게 접근하는 방법이 놀이입니다. 놀이를 통해 식물에 관심을 갖고, 즐거운 경험을 통해 친근감을 형성한 뒤에 비로소 자세히 보고 신기해하며 살아가는 모습을 살피고 배움을 얻을 수 있습니다. 생태놀이수업에 부담을 덜 수 있도록 몇 가지 제안을 드립니다.

첫째, 식물 이름을 몰라도 괜찮습니다.

화단을 보니 다행히 수목표찰이 달려있다고 하더라도, 막상 수업을 하려고 보면 주변에 있는 다양한 식물들이 너무 많아서 당황스럽습니다. 몇 가지 아는 것이 보이기는 하는데 확실하게 맞는지 자신도 없고, 어디에서 자료를 찾아야 할지도 모르겠습니다. 그런데 우리가 수학에 대한 모든 것을 알고 수학 수업을 할 수 없듯이, 식물에 대한 모든 것을 알아야 한다는 부담을 내려놓으면 좋겠습니다. 물론 식물 이름을 알고, 색깔, 모양까지 알면 그 식물을 이해하기 더욱 좋습니다. 하지만 처음부터 완벽하게 준비하기보다는 잘 알고 있는 식물부터 시작하는 것이 좋습니다. 소나무, 민들레 정도는 많이 봐서 친숙하지요? 누구나 알고 있으며 모든 학교에 있을 법한 식물을 중심으로 수업을 시작해 보면 좋을 것 같습니다.

이름을 모르는 식물은 생태도감이 없어도 스마트폰(태블릿 PC) 앱이나 검색으로 쉽게 정보를 찾을 수 있습니다. 굳이 정확한 이름을 알아야 하는 상황이 아니라면 식물의 특징을 살펴보고 나만의 이름을 붙여주는 활동으로 재미있는 수업을 할 수도 있습니다. 실제로 많은 식물은 색깔이나 모양 등의 특징으로 이름이 지어졌습니다.

나무에 특별한 이름을 지어주는 것도 좋습니다. 모든 소나무를 다 똑같이 소나무라고 부르는데, 우리에게 각각 이름이 있듯이 나무도 각각 다른 생명을 가지고 있으니 이름을 지어주고 반려나무로 정해보는 것도 의미 있습니다. 나의 소나무 '초록이'는 그동안 어떻게 살아왔을까? 이 상처는 왜 생겼을까? 나뭇가지는 왜 휘어졌을까? 열매는 얼마나 생길까? 10년 뒤 얼마나 커질까? 나무와 친구가 되면 끝도 없는 생각과 상상으로 어느새 꼬마 작가가 되어 있을지도 모릅니다.

둘째, 식물과 함께 자연스럽게 놀아보세요.

식물을 가까이에서 관찰하도록 교실에서 식물을 키우는 경우가 많습니다. 공기정화에도 좋고 식물의 변화를 살필 수 있는 좋은 기회이지만, 사실 식물이 가장 잘 자랄 수 있는 건 있는 그대로의 자연입니다. 예쁜 화분에서 반듯하게 잘 자라는 식물도 좋지만, 학교를 산책하며 풀꽃으로 꽃반지도 만들고, 씨앗도 불어 날려보며 자연스럽게 놀아보면 생태 감수성은 저절로 솟아납니다.

생태놀이수업을 할 때에는 식물을 공부한다기보다는 계절과 날씨에 따른 변화와 식물이 살아가는 모습을 느끼며 자연스럽게 논다고 생각하면 좋을 것 같습니다. 식물에 대한 지식을 습득하기보다는 식물에 대해 관심을 갖고 놀이로 즐거운 경험을 만들며 자연을 사랑하는 마음을 갖는 것이 중요합니다. 늘 무심코 지나쳐오던 중앙현관의 우뚝 선 소나무 앞에 아이들과 함께 가는 것만으로도 생태수업의 시작이며, 소나무 한 그루만으로도 100가지가 넘는 놀이를 할 수 있습니다. 선생님의 몇 번의 안내로 나무와 풀꽃으로 자연스럽게 노는 아이들을 볼 수 있을 것입니다.

셋째, 자연의 선물을 마음껏 활용하세요.

2022 개정교육과정에서는 놀이 활동이 정말 많습니다. 발달 단계에 맞는 놀이 활동이 교육적으로 중요한 것은 알겠는데, 교실에서 다 할 수도 없고, 안 할 수도 없고 고민스럽습니다. 자연물을 이용한 놀이로 응용하면 쉽고 다양하고 재미있게 할 수 있는 활동이 많습니다. 예를 들어 스폰지 막대를 던지며 노는 것을 나뭇가지를 던지며 노는 것으로 살짝 바꿔주면 스폰지 막대를 사지 않아도 되어 좋고, 교과서에 있는 놀이 이외에도 나뭇가지를 관찰하거나 바닥에 그림을 그리며 놀 수 있고, 망가져도 자연으로 쉽게 돌려줄 수 있어서 좋습니다.

자연물은 똑같은 것이 하나도 없어서 같은 나무 막대기라고 하더라도 크기나 모양이 모두 다르고, 비슷한 돌멩이도 크기나 색깔이나 질감이 모두 다릅니다. 자연물로 놀 때에는 다양성을 인정하고 주변을 탐색하며 새로운 놀이를 만들어내기도 합니다. 아이들이 나뭇잎 불기 놀이를 하려면 시키지 않아도 어떤 나뭇잎이 적당한지 고민하고 주변을 둘러보며 놀기 좋은 것을 찾습니다. 놀이 규칙을 스스로 정해서 다양한 방법으로 놀며 창의성과 문제해결력이 저절로 키워집니다.

늘 곁에 있음에도 불구하고 무심코 지나치던 식물은 가장 가까운 학교 화단에 언제나 있으며, 안전하게 활용할 수 있고, 성취기준과 학습목표까지 도달할 수 있는 수업 자료이며, 자연이 주는 선물입니다.

넷째, 아이부터 어른까지 누구나 함께 놀 수 있습니다.

일부러 기억하려고 애쓴 것은 아니지만 어린 시절에 자연에서 마음대로 뛰어 놀고 경험했던 기억은 더 깊이 각인되어 있는 것 같습니다. 자연에서 노는 것 자체가 자연의 일부인 우리의 본성이고 편안하고 즐거운 느낌이 가슴 한구석에 남아있지 않나 하는 생각이 듭니다.

생태놀이 연수를 하다 보면 아이들보다 어른들이 더 신나고 재미있어 할 때가 많습니다. 어린 시절의 추억이 되살아나거나 평소에 놀 시간이 없어서이기도 하겠지만, 자연에서는 아이부터 어른까지 누구나 함께 즐겁게 놀 수 있기 때문입니다. 생태놀이를 어렵게 생각하거나 학습을 의식해서 안내하지 말고 자연에 있는 것들을 자유롭게 보면서 스스로 즐거움을 찾게 하는 것이 좋습니다.

02 | 두번째 길. 돌아보길

🕊 모르면 잡초로 보이는 식물

교장실 앞 복도에 '우리학교 이야기'라는 칠판이 있습니다. 학생들이 공유하고 싶은 정보나 건의사항을 자유롭게 쓸 수 있는 곳입니다. 어느 날 한 학생의 글 중에 연못 주변의 풀을 깎아달라는 요청이 있었습니다. 그 글을 보고 연못 주변을 살펴보았는데 깎을 만한 풀이 없었습니다. 이상하다 생각하고 다시 살펴보니 아직 꽃이 피지 않은 노랑꽃창포가 무성하게 자라 있었습니다. 아이들 눈에는 풀로 보일 수도 있겠다는 생각이 들었습니다. 그 일이 있은 후 학생들에게 생태수업을 할 때에는 연못 주변의 생태에 대해 이야기를 해 주었습니다. 창포와 관련하여 단오절 이야기, 창포가 우리에게 주는 이로운 점 등을 이야기하고 난 후부터는 창포를 깎아야 할 풀로 보는 아이는 없는 것 같았습니다.

학교에서 때로는 잡초가 무성한 곳을 몇 군데 남겨 놓으라고 시설주무관님에게 부탁할 때도 있습니다. 학생들이 흔히 보는 잡초로 생태놀이와 이야기를 해주고 싶었습니다. 다른 학교의 생태수업을 하러 갔을 때에도 사전 답사를 가서 곳곳에 핀 풀꽃을 보고 수업 준비를 했다가 전날 풀을 모두 깎아 깨끗해진 정원을 바라보면서 아쉬움을 달랜 적도 몇 번 있었습니다.

날카로운 예초기로 깨끗하게 잘려나가는 흔하디흔한 잡초들이 어린 시절에는 모든 놀이의 시작이자 끝이었던 기억이 납니다. 봄에는 꽃마리를 돋보기로 관찰해보면서 작은 꽃이 얼마나 예쁜지 관찰하기도 하고, 광대나물의 꿀을 빨아 먹기도 하고, 괭이밥의 신맛을 직접 느껴보기도 했습니다. 가을이 되면 강아지풀로 토끼 머리 만드는 법을 알려주면서로 내기하듯 만들고 놀며 시간 가는 줄을 몰랐습니다. 그렇게 놀았던 생각을 하다 보면 요즘에는 '이렇게 작고 소중한 것들을 못 보고 살았구나!' 하는 생각에 여유를 갖기도 하고, 시기를 놓쳐서 보지 못한 꽃들은 아깝기도 했습니다. 멀리 갈 필요가 없습니다. 어느 학교에서나 주변의 잡초들이 아이들의 생태놀이감이 될 수 있습니다.

🕊 시골 살아도 풀은 잘 몰라요

저는 시골 학교에 근무하고 있습니다. 시골 아이들은 다들 자연에서 뛰놀며 해맑게 자랄 것 같은 느낌이 들지만, 요즘은 시골에 있는 아이들도 집 밖에서 잘 놀지 않습니다. 날씨가 너무 덥거나 너무 추워서 못 놀고, 스마트폰이나 TV가 더 재미있으니 안 놀고, 학원이나 센터에 가야 하니 시간이 없습니다. 옛날처럼 도농 간의 격차가 크지 않으니 가정 환경도 시골스러운 느낌이 많지 않습니다. 작은 벌레에도 기겁을 하는 아이가 많고, 손에 흙을 묻히는 것을 싫어하는 아이도 있습니다. 당연히 집이나 학교 주변의 풀이나 나무 종류도 잘 모르는 경우가 많습니다. 시골 아이들이 이 정도이니 도시 아이들은 더 말할 것도 없을 것 같습니다. 자연과 점점 멀어져서 살아가는 아이들이 정말 안타깝게 느껴질 때가 많이 있습니다.

몇 해 전에 '동네 마실'이라고 하는 프로그램을 만들어서 마을 곳곳을 찾아다니는 프로그램을 운영한 적이 있습니다. 친구들이 살고 있는 마을 중에서 매주 한 곳을 정해 수업이 끝나고 직접 가서 함께 어울리는 프로그램이었습니다. 마을에 가면 혼자서는 집 밖에 나가지도 않던 아이들이 논두렁 밭두렁으로 뛰어 다니기도 하고 마을회관 주변에서 놀면서 몇 시간을 보내고 놀았습니다.

"우와, 여기에 이런 꽃이 있었네요!"

자기 집 주변에 있는 나무나 풀이 언제부터 있었나 신기해하며 처음 봤다고 말하는 모습을 자주 보았습니다. 마을에서 아이들에게 식물 이름도 가르쳐주고 생태놀이를 했습니다. 쇠뜨기를 가지고 레고 놀이도 해보고, 민들레로 피리도 불어보며 주변의 식물을 가지고 여러 가지 놀이를 했습니다. 마을마다 생태 환경이 조금씩 다르지만 살고 있는 식물들은 비슷해서 여러 차례 활동하다 보니 스스로 노는 방법을 체득해서 놀기도 했습니다. 스마트폰 없이 놀 줄 모르는 요즘 아이들에게 자연을 알려주는 것은 새로운 놀잇감을 알려주는 것과 같았습니다.

서천 축동리 마을에 갔을 때의 일입니다. 골목에 있는 대나무를 직접 톱으로 잘라서 나무 막대기를 만들었습니다. 난생 처음으로 톱질을 하는 아이들이 대부분이었습니다. 처음 해보는 톱질이 재미있어 보였는지 서로 먼저 하겠다고 아우성이었습니다. 그런데 생각보다 힘든 톱질에 서로 잡아주며 도와주기도 했습니다. 그렇게 만들어진 막대기로 던지기, 균형잡기, 협동놀이 등을 하면서 해 질 녘까지 신나게 놀았습니다.

"이거 제 거 아닌데요. 저 막대기가 제 거예요!"

놀이를 하면서 섞인 막대기를 주워주니 한 아이가 소리칩니다. 비슷비슷하게 생긴 막대기에 이름도 안 썼는데 마구 섞인 막대기 사이에서 자기가 직접 만든 막대기는 귀신 같이 잘 찾고, 끝까지 잃어버리지 않고 챙겨서 집에 가져가는 모습을 봤습니다. 비싼 돈을 주고 산 장난감도 몇 번 놀고 흠집이 나면 휙 던져버리는 경우가 많은데, 나무 막대기 하나에 내가 스스로 만들었다는 애착을 가지는 것을 보며 소중함의 기준에 대해서도 많은 생각을 했습니다.

이렇게 아이들은 흙, 나무, 풀, 돌 등 자연물을 가지고 노는 것에 대해서 굉장히 흥미를 느낍니다. 어른들의 시선과 생각으로 재미없거나, 시시하거나, 더럽다고 생각하고 기회를 주지 않으니 몰라서 못 노는 것 같습니다. 물론 요즘에 워낙 좋은 장난감들이 많아서 눈길이 안 가기도 하겠지만, 실제로 학교와 마을에서 아이들과 생태놀이로 자주 놀다 보니 아이들은 날씨와 계절에 상관없이 자연 속에서 놀기를 좋아하고, 자연에서 놀 때 더 건강하고 밝은 모습으로 웃으며 뛰어노는 모습을 볼 수 있었습니다.

환경 보호의 시작은 불편한 마음에서부터

하루 한 끼 굶기?

저는 어렸을 때 깊은 산골의 마을에서 자라서 환경 문제에 대한 별다른 인식 없이 자라왔고, 솔직히 성인이 되고 교사가 되어서도 학생들에게 환경 교육을 어떻게 시킬까에 대한 고민을 크게 한 적이 없습니다. 최근 들어 심각해진 기후위기와 관련된 뉴스들을 보며 환경 문제에 대해서 생각하게 되었는데, 어느 날 이런 생각이 들었습니다.

'내가 하루에 한 끼를 굶거나 간편식으로 먹는 것도 환경에 큰 도움이 되지 않을까?' 아침 한 끼를 먹기 위해서 밥상을 차리는데 밥과 국, 여러 가지 반찬을 먹고 또 남은 걸 버리고 설거지를 하며 이런 것들이 모두 다 환경에 큰 영향을 미치지 않을까 하는 생각을 했습니다. 그래서 결심을 하고 아침밥을 안 먹거나 간단하게 샐러드만 먹었던 적이 있습니다.

결국은 몇 주가 지나면서 몸이 너무 힘들었고, 평생 습관으로 생활했던 것들을 하루 아침에 버리기가 힘들어서 포기했습니다. 지금 생각하니 웃음이 나는 일이지만 그만큼 환경에 대한 고민에 비해 실천하는 방법은 잘 몰랐습니다.

간단히 샤워하기?

어느 날이었습니다. 제가 환경에 대해 자주 얘기하다 보니까 우리 아이들도 환경에 대해서 같이 고민을 했나 봅니다. 큰 아들 녀석이 어느 날 저한테 물을 아끼는 방법이 있다고 자랑스럽게 이야기했습니다.

"아빠, 물을 아끼는 방법이 있어요. 항상 머리를 감고 몸을 씻었는데, 이제는 몸에 비누칠을 하고 머리를 감아야겠어요. 그럼 몸의 비누는 저절로 씻어지니까 물을 한 번만 쓸 수 있어서 훨씬 절약될 것 같아요."

그렇게 샤워를 하겠다는 이야기를 듣다 보니 대충 빨리 씻으려고 꼼수를 부리는 것 같기도 했지만, 물 절약을 생각했다니 기특하기도 했습니다. 우리 모두가 환경에 대해 절실하게 생각을 하고 살아야 하는 세상인데 너무 안일하게 살고 있지는 않은지 생각해보는 계기가 되었습니다.

광고지 한 번 더 쓰기!

처갓집에 가니 장모님께서 종이를 접고 계셨습니다. 아이들에게도 접어보라고 하시길래 가서 봤더니 광고지를 종이 상자 모양으로 접어서 모아두고 계셨습니다. 무엇에 쓰려고 접으시냐고 여쭤보니 뼈 그릇이라고 하셨습니다. "갈비나 생선 가시를 발라내면서 그릇이나 휴지를 쓰는 것이 아까워서 어차피 재활용도 안되고 버려지는 광고지를 한 번 더 쓰고 버리면 좋지 않겠나" 말씀하셨습니다. 덧붙여 종이접기를 하면서 손 근육을 써서 치매 예방도 된다며 웃으셨습니다. 작지만 직접 실천하시는 장모님을 보면서 일상생활 속에서 환경을 생각하고 실천하는 모습들이 소중하게 느껴졌습니다.

비닐 없이 텃밭 가꾸기!

시골에 살면서 상추, 파, 호박, 오이 정도를 집 뒷편 텃밭에 조금씩 키워서 먹고 있습니다. 작물을 키우는 재미가 좋기는 하지만, 작은 텃밭이라도 풀 뽑기를 게을리하면 작물보다 풀이 더 많이 자라며 지저분해집니다.

장마철이 지나면 모기도 많고 날씨도 더워져서 텃밭을 둘러보는 것도 어려워집니다. 그래서 마을의 밭이나 집 주변 텃밭을 보면 땅을 일구고 가장 먼저 하는 일이 비닐을 치는 것입니다. 폐 비닐이 환경 오염의 원인이 되기 때문에 마을에서는 폐 비닐을 수거하기 위해서 비닐 버리는 날을 정해 함께 모으기도 합니다. 풀과의 전쟁인 밭농사를 지으며, 더군다나 나이드신 분들이 많아 일손이 부족한 농촌에서 비닐 없이 농사 짓는 것은 무모한 일을 넘어서서 불가능해 보이기도 합니다.

저희 집 텃밭은 크지 않기 때문에 비닐을 치지 않고 작물을 심어 가꾸고 있습니다. 부지런하지 못해서 작물보다 풀이 더 무성할 때가 많습니다. 집을 오가는 사람들이 흉보면 어쩌나 걱정이 되기도 하고, 텃밭 작물을 내가 먹는 것보다 벌레가 먹는 게 더 많기도 합니다. 하지만 시골 온 지 몇 해가 지난 지금도 저는 아직까지도 비닐을 쓰지 않겠다는 고집을 계속 이어가고 있습니다. 이 집을 산 지 7년이 되었지만 전에 살던 집주인이 사용한 비닐들이 아직도 땅 속에서 튀어 나오는 것을 보면 마음이 불편하기도 합니다.

바위 틈 편의점

서천 선도리 바닷가 마을에는 작은 무인도가 있습니다. 잘 알려진 명소는 아니지만 풍경과 일몰이 멋있어서 사진 작가들이 종종 찾아오기도 하고, 얼마 전에는 한 방송사의 홍보 영상에도 나온 적이 있습니다. 근처에서 식사를 하고 산책하며 가까이에 있는 바위섬으로 걸어갔습니다. 멀리서 보던 소나무가 정말 멋있게 자라고 있었고, 거대하고 화려하지는 않지만 파도를 이기며 우뚝 솟은 바위와 나무가 잘 어우러져 있었습니다.

그런데 바위 틈에 눈길이 갔습니다. 너무 딱 들어맞게 음료수가 진열되어 있었습니다. 누가 봐도 물에 흘러와서 들어간 것이 아니라 사람 손으로 잘 놓여진 음료수입니다. 이제 밀물이 들어오면 바닷물로 떠내려갈 수도 있고, 물이 차지 않는 높이라고 하더라도 비나 바람에 바다로 그냥 흘러갈텐데 이렇게 쓰레기를 잘 숨겨놓는 이유는 무엇인지 쓰레기만큼 부끄러운 양심을 숨겨놓은 것 같습니다.

이동학의 「쓰레기책」을 보면 쓰레기를 청소하는 분에게 가장 어려운 것이 바로 숨겨진 쓰레기라고 합니다. 차라리 보이는 곳에 버리면 좋은데 구석구석 곳곳에 숨겨진 쓰레기는 찾고 끄집어내는 과정이 너무 불편하고 어렵다는 걸 잊지 말아야 하겠습니다.

해외의 환경 정책

뉴질랜드-"황거누이강에 인간의 지위 부여"

뉴질랜드는 전통과 환경을 지키기 위해 세계 최초로 강에 인간의 지위를 부여했습니다. 사람이 된 '황거누이강'은 원주민 마오리족이 신성시하는 강으로 인간과 동등한 법적 권리와 책임을 부여받아서, 누군가 이 강을 해치거나 더럽히면 사람에게 한 것과 똑같이 처벌을 받습니다. 강을 해치거나 더럽히는 사례들이 발생하다 보니 강이 오염되었고, 이곳에서 오랫동안 살아온 마오리족은 강을 되살리기 위해 1870년대부터 지속적으로 뉴질랜드 정부에 요청했습니다. 약 160년간의 노력 끝에 황거누이강은 법으로 보호받을 수 있는 인격을 부여받게 된 것입니다.

마오리족 의원은 라디오에서 "어떤 사람들에게는 이상하게 보일지 모르지만 우리에겐 너무나도 당연한 일"이라며 "황거누이강은 그곳에서 나고 살아온 사람들에게 절대적으로 중요하다."고 말했다고 합니다.

(출처) 경향신문 '황거누이강을 사람으로 대하라'(2017.3.16.)

필리핀-"졸업유산법"과 "가족식목법"

필리핀은 2019년 '모든 학생은 졸업을 위해서 10그루의 묘목을 심어야 한다'는 법을 제정했습니다. '환경을 위한 졸업유산법'은 필리핀 학생들이 기후와 지형에 맞는 나무를 정해진 구역에 심도록 했습니다. 무분별한 난개발과 삼림 훼손, 그로 인한 자연재해로 심각한 피해를 입은 필리핀이 자연을 보전하고, 기후 변화에 대처해 생물 다양성을 지키자는 취지로 발의되었다고 합니다.

(출처) 동아일보 '나무 10그루 심어야 졸업할 수 있어요'(2020.1.29.)

볼리비아-"어머니 지구 권리법"

기후변화의 직격탄을 맞은 볼리비아는 2010년 '어머니 지구 권리법'을 제정했습니다. 세계 최초로 지구를 어머니 대지(Madre Tierra)라 명명하고, 생태계 구성 요소와 생명의 재생 능력이 지속가능할 수 있도록 조화와 균형을 맞추어 개발해야 한다는 것입니다. 이 원리 원칙을 토대로 국가계획 시스템상에 기후변화와 위험관리를 포함하여 온실가스 배출 절감, 에너지 절약, 저탄소 배출 에너지 개발, 지속가능한 경제 발전 등의 목표를 설정했습니다.

(출처) 오마이뉴스 '볼리비아의 참 세련된 기후변화 대응법'(2018.11.1.)

케냐와 르완다 – "비닐봉투 사용 금지법"

케냐는 세계에서 가장 강력한 비닐봉투 사용 금지법을 시행하고 있습니다. 비닐봉투의 제작, 수입, 사용을 전면 금지하고, 최대 징역 4년이나 약 4300만 원, 최소 징역 1년이나 약 2천만 원의 벌금형을 받습니다. 케냐를 찾는 여행객들도 소지한 비닐봉지는 모두 공항에 두고 가야 한다고 합니다.

르완다는 세계에서 가장 '깨끗한 도시'를 유지하기 위해 단속과 함께 비닐봉투 사용을 엄격히 제한하고 있습니다. 외국인도 공항에서 봉지를 반납하고 입국해야 하며, 비닐봉투를 사용하다 걸리면 징역 1년형 또는 약 17만 원의 벌금을 내야 합니다.

나이지리아는 금지령 대신 비닐봉투와 플라스틱 쓰레기를 모아오면 돈으로 바꿔주고, 덴마크는 처음으로 비닐봉지를 유료로 판매했습니다. 유럽연합(EU)은 비닐봉투 사용을 80%까지 줄이기로 합의하고 종이 봉투를 활용하고 있습니다.

(출처) 경향신문 '악의 축, 비닐봉지를 금지하라'(2017.10.5.)

03 | 세번째 길. 느껴보길

🕊 꽃보다 아름다운, 철없는 아이들

새 학년도가 시작되면서 학교 본관 중앙현관과 가장 가까운 화단에 25가지 종류의 야생화를 심었습니다. 야생화를 심는 과정에서 많은 이견이 있었습니다. 야생화는 군락을 지어야 눈에 띄고 예쁜데, 왜 여러 가지를 심느냐는 의견도 있었습니다. 나중에 말해주겠다 하고 일단 심었습니다. 3월 말 학교교육과정 설명회 날 학부모와 교직원이 모두 모인 자리에서 이야기를 꺼냈습니다.

"중앙현관 앞 화단 양쪽에 25종의 야생화를 심었습니다. 왜 다양한 야생화를 심었을까요?"

중앙현관은 많은 사람들이, 자주 드나드는 곳이니 의미 있고 편안한 공간이어야 한다고 생각합니다. 국화가 탐스럽게 피는 가을이 되면 많은 사람들의 시선을 사로잡습니다. 그런데 그 시기가 지나면 아무도 관심이 없는 공간이 되어버립니다. 우리 학교 철학을 담아 재미있고 의미 있는 화단을 만들어봤습니다.

25종의 야생화는 우리 학교 학생들을 상징합니다. 우리 학교에서 가장 많은 학급의 학생 수가 25명입니다. 25명의 학생들은 각각 한 명 한 명이 얼굴도 다르고, 키도 다르고, 성격, 말투, 행동, 사고방식과 공부하는 모습 등 모든 것들이 다 다릅니다. 25송이의 야생화도 마찬가지입니다. 꽃의 색깔과 크기, 성장하는 속도, 꽃을 피우는 시기 등이 모두 다르며 자신만의 개성과 매력을 가지고 있습니다. 중앙현관을 지나며 많은 사람들이 교실의 아이들을 화단의 야생화처럼 한 명 한 명 예쁘게 바라보고 이해하는 마음을 갖도록 설명해 드렸습니다.

식물마다 꽃 피우는 시기가 다릅니다. 심지어 같은 화단에서 자라는 나무, 심지어 같은 나무에서도 꽃 피는 시기가 다르기도 합니다. 봄에 피는 개나리와 벚꽃, 영산홍이 가을에 몇 송이씩 피기도 하고, 초여름에 피우는 자귀나무의 꽃이 가을에 피어 열매와 함께 달려있기도 합니다. 때 아닌 시기에 핀 꽃을 보며 "철없다"고 농담 섞인 말을 던지는데, 철은 계절을 뜻하는 말이니 제때 피우지 않고 한참을 지나서 피는 꽃들은 정말 철이 없어 보이기도 합니다. 기후위기 때문이 아니냐며 지구가 아파서 큰일이라고 걱정하는 사람도 있습니다.

식물은 꽃 피는 시기를 온도와 일조량에 따라 결정하는 메커니즘을 가지고 있어서 대부분 해마다 비슷한 시기에 꽃들이 피어납니다. 하지만 봄에 미처 피우지 못한 꽃망울이 뒤늦게 피는 경우도 있고, 태풍이나 이상기온과 같은 급격한 변화에 개화 시기를 착각하기도 하며, 춘추화라고 불리는 1년에 두 번 꽃을 피우는 가을 벚꽃도 있습니다. 다양한 이유가 있겠지만 최근

가을 열매와 함께 핀 자귀나무 꽃

의 기후위기와 관련하여 개화 시기를 예측하기가 어렵고, 이에 따라 꿀벌의 생태에도 문제가 생긴다는 소식을 들으면 그동안 공생관계로 살아온 식물과 곤충들과의 관계마저 깨어질까 염려스럽기도 합니다.

아침 산책을 하며 철 없이 피어있는 자귀나무 꽃을 가만히 보고 있자니, 철이 지나서도 꽃을 피우는 노력이 안쓰러우면서 기특하기도 하다는 생각이 들었습니다. 우리 아이들도 생활하다 보면 꽃 피우기 어려운 상황에 놓이기도 하고, 때로는 한 박자 늦는 아이들도 있습니다. 하지만 한 명 한 명 살펴보면 정말 모두 소중하고 존귀한 생명들입니다. 사랑하는 마음으로 기다려주면 언젠가는 모두 다 저마다의 꽃을 피울 수 있는 가능성을 가지고 있는데, 남들 다 꽃 피우는 시기라고 아직 준비 중인 꽃망울을 너무 재촉하고 배려하지 못하고 있는건 아닌지 반성해봅니다.

꽃보다 아름다운, 철없는 우리 아이들이 모두 다른 시기에 자신만의 매력을 뽐내며 자라는 야생화처럼 함께 어울리며 꿈을 키워갔으면 좋겠습니다.

🕊 부부소나무 이야기

계룡산 중턱을 오르다 보면 가파른 낭떠러지 옆으로 소나무 한 그루가 서 있습니다. 그런데 자세히 보면 난간 옆으로 말라 죽은 소나무가 한 그루 더 있습니다. 함께 등산하는 선생님께서 원래는 함께 살았던 부부소나무라고 이야기해주셨습니다. 일 년에 몇 차례씩 같은 길을 오르며 지켜보고 있는데, 소나무 한 그루가 약해지기 시작하더니 갈 때마다 약해져서 이제는 말라버린 뿌리 끝만 절벽에 간신히 붙어있다고 했습니다. 마음이 쓰여 변화된 모습을 사진으로 찍어두었다며 쓰러지기 전의 모습을 보여주셨습니다. 다정하게 서 있는 모습이 영락없는 사이 좋은 부부의 모습이었습니다.

　　　난간 아래 말라 죽은 소나무　　　　　　　　난간 위쪽 혼자 남은 소나무

같은 공간에서 함께 살아가는 나무를 혼인목이라고 합니다. 마치 부부처럼 가까이 살면서 서로 비바람을 막아주며 의지하기도 하고, 나뭇가지를 상대방에게 뻗지 않고 다른 방향으로 뻗어서 배려하며 공간을 공유합니다. 그래서 한 나무가 죽으면 다른 나무는 갑작스러운 변화를 이기지 못하고 죽기도 합니다. 마치 사이 좋은 부부처럼 말이지요. 소나무 옆의 난간이 나무가 죽기 전에 세워졌는지, 살아있을 때 세워졌는지는 알 수 없었습니다만, 사람이 만든 난간이 부부소나무를 갈라놓은 것은 아닌지, 그래서 한 소나무가 죽은 건 아닌지, 남아있는 소나무는 과연 얼마나 더 살아갈지 안타까운 마음이 들었습니다.

꼼짝없이 그 자리에서 살아야 하는 식물

식물은 움직이지 못한다는 숙명 때문에 태어나서 죽을 때까지 그 자리에서 짧게는 몇 달부터 길게는 몇백 년 이상을 살아갑니다. 살아남기 위해서는 뿌리 내린 그곳에서 어떠한 생존 전략을 가지고 있느냐가 중요한 문제이며, 진화를 거듭한 식물은 저마다 가지고 있는 생존 전략이 모두 다릅니다.

같은 수종의 식물도 어디에서 어떻게 살아가느냐에 따라 다른 종류처럼 보이기도 합니다. 소나무를 보면 곧게 뻗은 나무도 있고, 구불구불 휘어진 나무도 있습니다. 양지 바른 곳에 있는 소나무와 절벽에서 자라는 소나무의 모습이 다르고, 적당한 기후에서 자란 소나무와 폭설을 견딘 소나무의 모습이 다릅니다. 사람들이 많이 모이는 마을이나 학교의 정자를 상징하는 아름드리 느티나무도 숲속에서는 가늘고 높게만 자라서 느티나무인지 알아채기도 어렵습니다.

식물은 삶의 환경에 따라 놀랍도록 잘 적응하며 살아갑니다. 물론 적응하는 과정에서 힘겹게 살아가는 나무도 있고, 조금 편하게 살아가는 나무도 있지만 뜨거운 햇살과 모진 비바람과 태풍을 그대로 마주하며 생존 전략을 가지고, 나름대로 끈질기게 살아가는 것이 대부분의 식물이라고 할 수 있습니다. 식물의 생존 전략은 에너지와 번식, 두 가지 측면에서 살펴볼 수 있습니다.

첫째, 식물은 살아가면서 꼭 필요한 최소한의 에너지를 사용합니다.

식물은 꽃을 피워 색과 향기와 꿀을 만들어냅니다. 줄기와 잎은 얼마나 자랄지, 꽃은 어느 시기에 몇 송이나 피울지, 열매의 크기와 양은 어떻게 만들지, 이런 모든 것들에 꼭 필요한 에너지를 쓰기 위한 나름대로의 전략이 있습니다. 최소한의 에너지로 최대의 효과를 내는 방식으로 살아가면서 동물의 먹이가 되거나 날씨나 병충해의 피해를 입을 것을 대비해서 대부분 약 20%의 잎을 더 만들어 저축해놓기도 합니다. 동물처럼 운동기관이나 뇌가 없음에도 주변의 모든 것을 느끼고, 그에 맞춰 살아가는 식물들을 보면 참 대단하다는 생각이 듭니다.

둘째, 식물은 씨앗을 멀리 보내기 위해 다양한 방법을 사용하고 있으며, 멀리 이동한 씨앗은 혼자서도 싹을 틔워 자랄 수 있는 힘을 가지고 있습니다.

품 안의 자식을 애지중지하며 키우는 사람과 달리 식물은 씨앗을 자신으로부터 최대한 멀리 보내기 위해 노력합니다. 식물은 햇빛이나 영양분을 더 확보하기 위해 씨앗을 멀리 보내고, 멀리 보내는 씨앗이 싹을 틔우는 확률을 높이기 위해 엄청난 양의 열매를 만들어 냅니다. 그리고 스스로 싹을 틔우고 한살이를 시작할 힘을 주기 위해 떠나는 씨앗에 영양분을 잘 저장해둡니다.

식물은 절대 에너지를 허투루 쓰지 않으며, 게으름을 피우지 않고, 혼자 살아가는 법이 없습니다. 때로는 놀라운 방식으로 치밀하게 준비하고, 지혜롭게 해결하고, 여유롭게 나누며 살아가는 식물의 모습에서 생태학적인 배움을 넘어 자연의 경이로움을 느끼기도 합니다. 식물의 생존 전략을 통해서 인간의 삶을 비추어보며 지혜를 배우고, 이기적인 삶을 반성하게 되기도 합니다. 식물도 이렇게 지혜롭게 살아가는데, 사람으로 태어난 우리들도 생명을 소중히 여기고 몸과 마음을 건강하게 가꾸며 함께 어울려 아름답게 살아가야 하지 않을까요?

우리들이 살아가는 환경에는 여러 가지 기쁨과 슬픔, 즐거움과 고통이 있습니다. 사람들과의 관계에서도 사랑을 나누며 위로받기도 하고, 서로 상처주며 아파하기도 합니다. 식물의 세계를 과학적으로 아는 것도 중요하지만, 자연에서 함께 어울려 살아가는 생태환경을 바라보며 우리의 삶을 돌아보는 기회를 갖는 것이 더 중요하다고 생각합니다. 태어난 자리에서 꼼짝없이 살아가는 식물들을 보면 지혜와 인내, 배려와 나눔이 보입니다.

틈만 나면 싹을 틔운다

'이런 곳에서 까지 싹을 틔우다니!'

식물들은 조그마한 틈만 나면 싹을 틔웁니다. 바위 틈에서도, 보도블록에서도, 시멘트

벽 틈에서도, 지붕 위에서도, 버려진 쓰레기 사이에서도 틈만 나면 싹을 틔웁니다. 힘겹게 자라는 모습을 보면 대견스럽기도 하고, 안쓰럽기도 합니다.

우리는 틈이 생기면 어떻게 하나요? 아이들이 살아가며 시간이나 공간, 또는 마음의 틈이 생길 때 어른들이 어떻게 보듬어 주는지에 따라 꽃을 피울 수도 있고, 시들 수도 있습니다. 마음의 틈에 따뜻한 씨앗을 심어주어 행복한 사람으로 성장하면 얼마나 좋을까요? 틈만 나면 싹을 틔우는 식물들의 모습에서 우리의 삶을 어떻게 살아가야 하는지 생각해 봅니다.

🕊 '풀꽃'으로 보는 세상

나태주 시인의 '풀꽃'이라는 유명한 시가 있습니다. 이 시는 총 3편이 있는데, 대부분 1편을 많이 알고 있습니다. 시인이 교장으로 재직하던 시절에 말을 듣지 않는 아이들을 보면서 처음에는 말썽피우는 모습에 불편한 마음이 있었다고 합니다. 그런데 아이가 왜 이렇게 말을 듣지 않나 관심을 가지고 이런저런 이야기를 하다 보니 어느 순간 그 아이를 이해하게 되었고, 예쁘고 사랑스럽게 보였다고 합니다. 시인은 세상을 살아가면서 자세히 바라보고, 오래 바라보면 더 예쁘고 사랑스럽다는 사람 사이의 관계를 풀꽃에 빗대어 이야기한 것 같습니다.

실제로 작은 풀꽃을 하나하나 자세히 들여다보면 정말 예쁩니다. 그리고 나름대로 이 풀꽃도 자신에게 주어진 생명을 살아가기 위해 애쓰고 있음을 알 수 있습니다. 풀꽃을 바라보며 자연의 작은 생명도, 소중한 나의 삶도, 함께 살아가는 이웃도 모두 하나하나 소중하고 예쁘게 바라보면 좋겠습니다. 내 생각대로만 보지 말고 천천히, 자세히, 정성을 다해 바라보는 습관을 가졌으면 좋겠습니다.

> **풀꽃 1**
>
> 자세히 보아야
> 예쁘다
> 오래 보아야
> 사랑스럽다
> 너도 그렇다.

'풀꽃 2'는 관계를 맺으며 살아가는 모습을 풀꽃에 비유한 것 같습니다. 스치듯 지나가는 많은 사람들 사이에서 이웃이 되는 사람은 정말 큰 인연이 됩니다. 그리고 대화하고 만나며 서로를 알아가고 더 깊은 사이가 됩니다.

학교나 공원, 주택, 밭 등에 풀 관리하는 일은 보통이 아닙니다. 틈만 나면 나오는 잡초들, 물도 안 주는데 알아서 잘도 자라는 잡초들, 애써 깎아놓았는데 금세 또 자라는 잡초. 오죽하면 '풀과의 전쟁'이라고 할까요? 그런데 세상에는 '잡

> **풀꽃 2**
>
> 이름을 알고 나면 이웃이 되고
>
> 색깔을 알고 나면 친구가 되고
>
> 모양까지 알고 나면 연인이 된다
>
> 아, 이것은 비밀.

초'라는 풀은 없습니다. 자세히 보면 모두 이름이 있고, 심지어 예쁜 꽃이 피기도 합니다. 식물의 이름만 아는 게 아니라 색깔, 모양까지 알게 되면 식물을 진짜 사랑하게 되고 식물들과 함께 연인이 될 수 있습니다.

잡초는 그 공간을 관리하는 사람의 입장에서 봤을 때 불필요한 존재일 뿐입니다. 풀 입장에서 보면 내가 살 곳을 선택해서 태어난 것도 아닌데 잡초라고 무시당하고 짓밟히고 베어지기까지 하니 사람이 참 야속하기도 할 것 같습니다. 저도 시골로 이사 와서 마당과 텃밭 관리를 담당하고 있는데, 바쁘다는 핑계로 풀을 정리하지 못해서 스트레스 받고 있으면 아내가 이렇게 얘기합니다.

"다 꽃 피는 식물인데, 그냥 놔둬요. 예쁘고만!"

속 없는 말이라고 생각하고 넘겨버렸습니다. 식물을 좋아하는 저도 사람인지라, 적어도 제가 담당해야 하는 마당에서만큼은 풀꽃과 친구가 되기는 어려울 것 같습니다. 그래도 풀꽃의 이름은 잘 아는 이웃이니 농약은 치지 않으려고 합니다.

'풀꽃 3'에서는 기죽지 말고 꽃을 피워보라고 이야기합니다. 꽃이 크든, 작든, 하얗든, 파랗든, 키가 크든, 작든 존재 자체로 모두 예쁩니다. 연약한 풀이 꽃을 피운 것만으로도 대견하고, 꽃을 보면 기분이 참 좋아집니다.

> 풀꽃 3
> 기죽지 말고 살아봐
> 꽃 피워봐
> 참 좋아.

혼자가 힘들 때에는 함께 꽃 피워도 좋습니다. 풀꽃은 존재감을 드러내기 위하여 모여서 피는 경우가 많습니다. 작고 약함을 보완하기 위해서 군락을 이루며 공동체로 살아갑니다. 나무에 피는 꽃처럼 화려함을 뽐내지 않지만, 함께 어울리며 그 안에서 꽃을 피우고 서로 의지하며 살아갑니다.

우리 모두가 기죽지 말고 당당하게 어느 곳에서 무엇을 하던지 자기가 소중한 존재라는 것을 인식하고, 나의 꽃을 피우며 아름답게 살아간다면 정말 살기 좋은 세상이 되지 않을까요? 개인의 화려함보다는 여럿이 함께피는 풀꽃 같은 인간향을 멋지게 뿜어내는 우리들이 되었으면 좋겠습니다.

🐦 도토리 한 알의 꿈

어디에서 태어날지도 모르고 날아간 수많은 씨앗 중에서

작은 씨앗이 뿌리를 내리고 부모가 준 양분으로 싹을 틔운다.

앞으로 얼마만큼 키가 클지, 얼마만큼 가지가 뻗어 나갈지 아무도 모른다.

충분한 햇빛과 물, 양분과 공간을 허락받은 행운의 씨앗은

옆으로, 위로, 클 수 있는 한 마음껏 자라서 누가 보아도 멋진 나무가 된다.

커다란 나무도 처음에는 작은 씨앗에서 움트기 시작한다.

서천 치유의 숲에서 '가족과 함께하는 생태마실'을 진행한 적이 있습니다. 중간 즈음 물가에 커다란 나무 한 그루가 있습니다. 생태수업을 할 때면 언제나 그 나무 아래에서 쉬어가며 그림책 한 권을 읽어줍니다.

"이 커다란 나무의 씨앗이 무엇일까요?"

참나무 종류 중에 하나라고 힌트를 주니, 도토리라고 대답합니다.

작은 도토리 중에서도 가장 작은 도토리인 졸참나무 열매가 이렇게 커다란 나무가 되리라고 누가 상상했을까요? 아마 도토리 자신도 알지 못했을 겁니다. 이 행운의 도토리는 다람쥐에게 먹히지도 않았고, 물에도 쓸려가지 않았으며, 사람들의 손에 의해 도토리묵이 되지도 않았고, 또한 주변에 성장을 방해하는 나무도 없었습니다. 그리고 자신에게 주어진 환경에 감사하며 뜨거운 햇빛에서 양분을 모으고 비바람을 이겨내면서 커다란 나무가 되었습니다.

우리 아이들도 어떻게 성장할지 아무도 모릅니다. 우리 아이들에게 마음껏 자랄 수 있는 마음의 공간을 열어주고, 하고 싶은 일을 할 수 있도록 지지하고 격려 해 준다면 멋진 인생을 펼쳐 나갈 것입니다.

04 | 네번째 길. 함께하길

🦋 교실로 찾아온 벌

어느 날 교실로 벌이 들어왔습니다. 학생들은 난리법석이고 선생님조차 어찌할 줄 모르고 학생들 중 몇 명은 벌을 쫓아 내겠다고 빗자루를 들고 다녔습니다. 그러면서 무서워서 소리지르며 피하고 난리가 났습니다. 교실이 아수라장이 된 듯한 소란스러움에 옆 교실에 있던 제가 가게 되었습니다. 벌은 먼저 건드리지 않으면 쏘지 않으니 가만히 있으라고 안정시키고 창문을 열어서 나가도록 유인해서 결국 밖으로 내보냈습니다.

언젠가 애벌레가 어깨에 달라붙어 있는 광경을 보고 아이들이 소리치며 털어내려고 할 때 가만히 기다리라고 안정시킨 후, 주변의 나뭇잎을 하나 따서 애벌레가 나뭇잎으로 오르게 한 후 옆에 있는 나무의 나뭇잎으로 옮겨준 적이 있습니다. 곤충을 손으로 만지는 것은 위험할 수도 있고 곤충에게도 큰 스트레스 요인이 될 수 있어 나뭇잎을 활용해서 옮겨주었습니다.

학교에서 아이들과 생활하다 보면 종종 있는 일입니다. 어쩌다 보면 열어놓은 창문으로 참새가 들어오기도 하고, 드문 일이지만 뱀이 출몰하기도 합니다. 이럴 때 교사가 어떻게 대처하느냐에 따라 학생들의 생각이 많이 달라집니다. 차분히 대처해서 안전하게 해결할 수 있다는 인식을 심어주는 것이 중요합니다. 이때 수업과 연계하여 벌에 대한 이야기, 곤충의 생태 이야기로 자연스럽게 수업으로 풀어갈 수도 있습니다.

물론 말벌이나 독충, 뱀처럼 위험성이 있는 경우는 다르지만 보통은 크게 해가 되지 않는 경우가 많습니다. 곤충이나 동물도 자연의 일부이며 함께 살아가는 존재임을 일깨워주는 것이 중요합니다.

과학시간이나 학교행사로 환경과 관련된 특별 교육을 하는 것도 중요하지만, 위와 비슷한 상황이 있을 때 현명하게 대처한다면 자연스럽게 주변 생물과의 관계를 이해하며 자연을 가까이 하고, 우리도 자연의 일부임을 쉽게 인식할 수 있을 것 같습니다. 동식물을 친구나 이웃처럼 함께 살아가는 존재로 여긴다면 환경을 결코 함부로 할 수 없을 것입니다.

모두가 꽃이야!

"1등만 기억하는 더러운 세상!"

몇 년 전 한 개그맨으로 유행된 말입니다. 요즈음 한 명 한 명이 소중하며 모두가 중요한 존재라고 강조하지만 학교에서조차 여전히 입시 경쟁을 해야 하고, 아직도 많은 대회에서 순위대로 시상을 합니다. 어린 아이들도 '최고', '1등'이라고 하면 참 좋아하며 폴짝폴짝 뜁니다.

"결과보다 노력이 중요하다. 겉으로 보이는 모습보다 내면이 중요하다."

이렇게 이야기하면서도 우리는 식물 하나를 키우더라도 꽃 피우는 이유와 과정보다는 화려한 꽃만 보려고 하고, 식물이 살기 위해 애쓰는 과정보다는 겉으로 보이는 모습으로 판단하는 것 같습니다.

화분이나 화단을 가꿀 때 내가 키우는 식물 옆에 잡초가 나면 대부분 다 뽑아버립니다. 이름도 모르고 남들에게 인정받지 못하고 겉모습까지 초라한 풀들은 그저 '잡초'일 뿐입니다. 주인이 있고 정성껏 가꾸는 것은 화분이나 화단이지만, 어쨌든 그곳에 자라는 이름 모를 풀들은 살려고 애쓰는 과정을 무시당한 채 한 순간에 뽑혀나갑니다. 학교 정원에도 커다란 향나무 틈에서 박주가리 줄기가 비집고 나옵니다. 느티나무 고목 사이에 민들레가 자라기도 합니다. 풀을 깎지 않은 곳은 지저분하지만 그 사이로 잔잔한 꽃들이 보이기도 합니다.

숲속에 갔는데 멋진 소나무가 줄 간격을 맞추어 서있다면 어떤 느낌일까요? 모든 식물이 화려한 꽃을 피우고 있다면 예쁘게만 보일까요? 제각기 다양한 식물들이 어우러져 숲의 세계가 이루어지고, 숲을 비롯한 여러 환경의 생태계가 어우러져 자연의 세계가 이루어집니다. 자연스러운 모습 그 자체가 살아있다는 증거입니다.

주인공만 중요한 것이 아니라 모든 구성원의 역할이 다 소중한데 우리는 그런 것들을 보지 못하고 대부분 주인공을 중심에 두고 세상의 모든 것처럼 인식합니다. 내가 주인공이 되고 싶어하고, 그렇지 못할 때에는 소외되고 뒤처진 것 같은 느낌으로 좌절하기도 합니다. 세상을 살아갈 때 모든 생명 하나하나가 소중하다는 인식을 하고 살아가면 서로 평화롭고 행복하게 살 수 있는데 말입니다.

주인공만이 아니라 틈새에서 비집고 나오는 새싹이라도 하나하나 소중한 눈으로 바라보면 들쑥날쑥 자란 풀로 지저분해 보이는 화단에서도 보석처럼 빛나는 풀꽃을 발견할 수 있습니다. 아이들과 풀꽃을 보며 이런 이야기를 나눠보면 어떨까요?

"잡초라는 풀은 없어요. 알고 보면 모두 각각 이름을 가진 소중한 생명입니다. 이 작은 풀꽃이 얼마나 애써서 자신의 꽃을 피웠을까요? 옆에 있는 친구들과 함께 어울려서 말이지요. 우리 반에 있는 친구들도 하나하나 모두가 소중한 존재예요. 여러분 모두가 소중한 꽃이랍니다."

🪶 곤충을 위한 활주로, 꿀안내도

식물이 꽃을 피우는 이유는 열매를 맺기 위해서입니다. 그리고 열매를 맺기 위해서는 꽃가루받이(수술의 화분이 암술 머리에 옮겨 붙는 일)를 해야 합니다. 곤충을 매개체로 꽃가루받이를 하는 식물은 벌이나 나비 등을 유인하기 위해 엄청난 에너지를 소비하며 화려한 색과 달콤한 향기, 맛있는 꿀을 만듭니다. 그리고 곤충들이 오면 꿀의 위치를 알려주는 특별한 표시를 해두는데, 이것을 꿀안내도(허니 가이드, Honey Guide)라고 합니다.

곤충은 자외선 영역까지 볼 수 있어서 곤충의 눈으로 보는 모습과 사람이 보는 모습은 다릅니다. 우리의 눈에 보이지 않더라도 대부분의 꽃은 곤충이 꿀을 잘 찾을 수 있도록 꿀 안내도가 있습니다. 철쭉은 이 표시가 선명하게 잘 보입니다. 점처럼 새겨진 꽃잎의 무늬를 따라 깊숙하게 들어가면 맛있는 꿀이 들어있고, 암술과 수술은 곤충이 꿀을 찾아 들어가는 동안에 몸통과 다리에 꽃가루가 잘 붙을 수 있는 구조로 되어있습니다.

꽃이 자신을 찾아오는 손님을 위해 활주로처럼 길을 밝혀준 덕분에 곤충은 길을 헤매지 않고 한 번에 꿀을 찾을 수 있습니다. 하지만 사실 꽃의 친절함은 생존과 번식을 위한 전략입니다. 꿀을 찾아 드나드는 곤충이 이리저리 마구 헤집고 다닌다면 꽃잎은 물론 암술, 수술까지 모두 망가질 것입니다. 스스로 움직이지 못하는 식물의 한계를 뛰어넘기 위해서 곤충을 유인해서 이용하고, 자신을 보호하기 위한 안전장치까지 마련해 놓은 것입니다.

그런데 곤충 입장에서 보면 꿀만 먹으면 되지, 꽃의 꽃가루받이는 관심이 없습니다. 꿀벌이 꿀 1kg을 얻으려면 1초에 200번 넘는 날갯짓으로 560만 송이의 꽃을 찾아다녀야 한다고 하니, 이 거리는 지구 한 바퀴를 여행하는 것과 비슷하다고 합니다. 이렇게 힘든 일을 하는 꿀벌이 헛수고하지 않도록 꿀을 내어주며 한 번에 쉽게 꿀이 있는 곳까지 갈 수 있도록 내비게이션까지 켜두었으니 꽃의 엄청난 배려에 고마울 따름입니다.

이렇게 보면 꽃과 곤충은 함께 살아가는 이치를 잘 알고 서로 넘지 말아야 할 선을 잘 지키는 것 같습니다. 함께 살아가는 것은 내게 필요한 것만 얻으려 하지 않고 상대방에게도 필요한 것을 나누어줍니다. 내가 먼저 상대방을 배려하고 친절을 베풀면 상대방은 더 크게 고마움에 보답하고, 이것이 선순환되면서 함께 성장하는 공동체가 될 것입니다. 어울려 사는 세상에 공짜는 없으며, 내가 행복해지려면 주변 사람이 편안하고 행복해야 합니다.

사람처럼 꽃을 많이 상하게 하는 존재가 또 있을까요? 나 혼자만 보려고 꽃을 꺾어 꽃병에 꽂아두면 그 꽃은 조만간 시들어 나조차도 오래 보지 못하게 되지만 들판에 핀 꽃을 꺾지 않고 두면 많은 사람들이 오랫동안 볼 수 있습니다. 생명을 유지한 꽃 덕분에 벌과 나비도 꿀을 얻을 수 있는 기회가 더 많아집니다. 식물과 벗이 되어 살아가는 것은 세상 속의 사람들과 어울려 살아가는 지혜를 배우고 삶을 보다 풍성하게 살아가는 길이 아닐까 생각해봅니다.

🕊 막장드라마 없는 식물의 세계

식물의 치밀한 전략을 바탕으로 한 배려와 친절을 볼 수 있는 또 한 가지는 혼인색입니다. 혼인색은 주로 동물의 번식기에 나타나는 색의 변화를 말합니다. 식물에서 색의 변화는 정확하게는 수정되기 전과 후의 호르몬의 변화 또는 시간의 경과에 따른 변화 때문이라고 하는데 식물학적 원리는 과학자들의 연구에 맡겨두고, 여기에서는 식물의 변화로 나타나는 현상을 중심으로 한 인문학적인 해석으로 이해해주시기 바랍니다.

사람들은 혼인의 증표로 반지를 주고받는데 요즈음은 결혼 반지를 끼고 다니는 사람이 별로 없는 것 같습니다. 아줌마, 아저씨라고 하면 기분 나빠하는 사람이 많고, 처녀, 총각 같다는 말을 하면 기분 좋아하기도 합니다. 그런데 식물은 꽃가루받이가 끝나고 수정이 되어 열매가 생겼음을 분명하게 알려줍니다.

수정된 꽃은 더 이상 곤충이 와도 의미가 없으니 다른 곳으로 가라고 안내합니다. 곤충은 꿀이 얼마나 남았는지 번거롭게 확인하는 수고를 하지 않아도 됩니다. 말과 행동이 모두 가능한 사람들도 결혼한 사실을 숨기거나 때로는 거짓말을 하기도 하는데, 이에 비해 식물은 참 정직하고 친절합니다.

식물들이 수정되었음을 표시하는 방식은 색깔, 모양 등으로 다양한데, 색과 모양의 변화로 대표적인 식물이 흔하게 볼 수 있는 토끼풀(클로버)입니다. 세 잎 토끼풀 속에서 행운의 네 잎 토끼풀을 찾기 위해 한참을 뒤적거려본 적이 다들 있을 겁니다. 꽃이 피면 꽃반지나 꽃팔찌를 만들어본 경험도 많지요? 초록 잎을 배경으로 하얗게 핀 토끼풀 꽃은 참 귀엽고 예쁩니다. 그런데 이 토끼풀을 잘 보면 어떤 꽃은 하얗고 동그래서 예쁜데, 어떤 꽃

은 아랫부분 색이 누렇고 꽃잎이 쳐진 것을 볼 수 있습니다. 이것이 바로 토끼풀이 자신의 수정을 알리는 방법입니다. 수정된 꽃은 갈색이 되어 아래로 쳐지고, 열매를 담은 꼬투리가 생깁니다.

꽃의 모양으로 수정을 알리는 대표적인 식물로 산수국이 있습니다. 수국은 6~7월에 꽃이 피기 시작하며, 예쁜 꽃으로 사랑을 많이 받아 개량종의 종류도 매우 많습니다. 초여름이 되면 전국 각지에 크고 작은 수국축제가 열리기도 합니다. 탐스럽게 개량된 수국은

헛꽃을 중심으로 개량되어 암술과 수술이 퇴화되고 열매를 맺지 않지만, 산수국은 작은 꽃과 큰 꽃이 함께 피는 것을 볼 수 있습니다. 가운데 피는 작은 꽃은 암술과 수술이 있는 진짜 꽃이고 바깥쪽에 피는 큰 꽃은 곤충을 유인하기 위한 헛꽃입니다. 산수국은 수정이 되면 가장자리에 있는 헛꽃이 뒤집어집니다. 할 일을 다한 헛꽃은 힘을 빼고 내려놓음으로써 자신의 에너지를 아낍니다.

효율적인 꽃가루받이를 위한 색의 전략을 가진 식물로 인동초가 있습니다. 고 김대중 대통령을 비유하는 식물로 잘 알려진 인동초는 사실 풀이 아닌 덩굴식물입니다. 혹독한 겨울을 이겨내고 꽃을 피우는 강인한 의지를 가진 식물로 유명해졌지만, 인동덩굴은 아주 혹독한 추위가 오면 푸른 잎을 모두 떨어뜨려 겨울을 슬기롭게 나기도 합니다. 반상록수로서 초록 잎으로 겨울을 나는 강인함과 주변 환경에 현명하게 대처하는 유연함을 모두 가진 식물입니다.

인동초는 노란색과 하얀색의 두 가지 색깔의 꽃을 함께 볼 수 있어 금은화라고도 합니다. 처음에 꽃을 피울 때에는 하얀색으로 피는데 수정이 되고 나면 노란색으로 변합니다. 수정이 되면 꽃가루받이가 필요 없으니 더 이상 꿀을 만드는 수고를 하지 않으며, 곤충들도 헛수고를 하지 않도록 표시해서 배려해줍니다.

'이 식당은 어느 꽃의 꿀이 품절인지 친절하게 알려주네. 믿고 먹을 수 있는 식당이군.'

친절한 안내를 받는 벌과 나비는 편안함과 신뢰를 갖고 내년 봄에 다시 필 인동초를 기다리는 웨이팅을 기꺼이 감당할 것입니다. 인동초는 사람이나 곤충 모두가 좋아할 만한 자질을 가지고 있는 것 같습니다.

🌱 나눔으로 상생하는 공동체

해마다 3월이 되면 벚꽃 개화 시기와 사진 찍기 좋은 장소, 추천 명소와 맛집 소식들로 각종 포털사이트와 SNS가 떠들썩합니다. 보통의 식물은 봄에 새순이 돋고, 잎이 자라고, 꽃이 피는 과정으로 자라는데, 벚나무를 비롯한 매화, 산수유, 개나리, 목련, 진달래, 앵두, 조팝나무처럼 한 번에 많은 꽃을 피우는 나무는 잎보다 꽃을 먼저 피웁니다.

우리는 대부분 화려한 꽃의 향연이 끝나고 나면 나무의 존재를 잊고 사는데, 이때부터 나무들은 본격적인 성장을 시작합니다. 꽃망울이 생길 때부터 활짝 핀 꽃과 떨어지는 꽃비까지 사랑받는 벚나무가 사람들에게 잘 보이려고, 우리에게 예쁜 사진을 찍게 해주려고 꽃을 피우는 것은 아니겠지요?

우리는 짧은 개화 기간이 아쉽지만 식물이 꽃을 피우는 것은 엄청난 에너지가 소모되는 일입니다. 더욱이 잎이 나서 광합성을 하기 전부터 꽃을 피우고 꿀을 만드는

벚나무 잎과 개미 영상

벚나무는 많은 에너지를 소비합니다. 게다가 봄철 많은 꽃이 함께 개화하는 시기에 곤충을 유인해야 하는 경쟁까지 감당해야 합니다. 벚꽃이 만발한 시기에 그렇게 많은 꽃이 피었다면 꽃향기가 가득해야 할 텐데, 향기를 맡은 기억은 없을 겁니다. 벚나무는 향기를 만드는 일 대신에 한꺼번에 많은 꽃을 피워 잔치를 열고 주변의 모든 곤충을 불러 잔치 기간 동안 꽃가루받이를 끝내는 전략을 선택한 것입니다.

그렇게 큰 일을 치르고 나면 벚나무에게는 또 다른 과제가 주어집니다. 새 잎을 만들고 광합성을 해서 소비한 에너지를 채우며 줄기와 열매를 열심히 키워야 하는데, 반갑지 않은 애벌레 손님들이 찾아옵니다. 연하고 맛있는 새순을 먹으러 오는 애벌레를 쫓기 위한 해결책으로 벚나무는 잎에 꿀샘을 만드는 지혜를 발휘했습니다.

벚나무 잎을 자세히 살펴보면 잎자루에 좁쌀만 한 것이 2개씩 붙어있습니다. 밀선이라고 부르는 꿀샘인데, 잎에 꿀샘을 달아놓다니 정말 대단한 전략가입니다. 이 꿀은 바로 개미를 위한 것입니다. 개미들은 달콤한 꿀을 먹기 위해 앞다투어 오르락내리락 바쁘고, 이렇게 바삐 움직이는 개미들이 있는 곳에 애벌레는 목숨 걸고 제 발로 찾아오지 않습니다.

벚나무는 이 밖에도 많은 곤충이나 새와 함께 살고 있습니다. 벚나무에 기생하는 진딧물

이나 수액을 빨아먹는 하늘소, 잎에 고치를 만들고 생활하는 나방, 그 나방의 애벌레를 기생해서 사는 노린재, 버찌를 따 먹는 새 등 많은 생물이 공존하고 있습니다. 요즘 환경의 변화와 기후위기로 인한 외래곤충들로 나무 전체가 고사되는 심각한 경우도 있지만 대부분의 자연적인 공생, 기생 관계에서는 서로의 필요를 주고받거나, 조금 더 나눠주는 정도로 생태계가 유지됩니다.

진딧물이나 나방이 사는 모습도 보면 나무 전체에 퍼져있기보다는 한쪽에 몰려있는 것을 많이 봅니다. 나무도 어느 정도는 내어주지만 생명을 유지하기 위해서 필요한 경우 벌레들이 그만 먹도록 독성 물질을 만들어 방어하기도 합니다. 자신의 일부를 기꺼이 내어주며 적절히 조절하는 나무, 곁에서 함께 살아가는 동물들, 그들이 함께 조화롭게 함께 살아가는 생태계를 가만히 살펴보면 인간으로서 부끄러운 점도, 배울 점도 많은 것 같습니다.

좀 아쉬운 것은 이렇게 열심히 살아가는 습성 때문인지 벚나무는 평균 수명이 60년 정도입니다. 보통 100년 이상을 사는 나무들이 많고, 몇백 년 또는 그 이상을 사는 고목이 있는 것을 생각하면 단명하는 나무입니다. 한꺼번에 너무 많은 꽃을 피우는 화려함 때문일까요? 온갖 곤충들을 먹이고 살리는 넉넉함 때문일까요? 어쩌면 짧고 굵게 후회 없이 살고자 하는 벚나무의 선택일지도 모르겠습니다.

제 뜻으로 움직일 수도, 먹고 싶은 것을 골라 먹을 수도, 내가 좋아하는 손님만 초대할 수도 없는 나무는 언제나 말이 없습니다. 자신이 가진 특성을 잘 알고, 기질에 맞게 주어진 환경에 적응하며 지혜롭고 현명하게 대처합니다. 그리고 주어진 생명이 다할 때까지 성실하게 최선을 다해서 살아갑니다. 생태전환교육에서 가장 중요한 것은 함께 살아가는 우리 주변의 모든 것들을 알아차리고 조화롭게 살아가는 방법을 찾는 것입니다. 배려와 나눔, 상생하는 공동체로 살아가는 식물의 모습을 통해서 우리가 어울려 살아가야 하는 이유와 자세를 배우게 됩니다.

05 | 다섯번째 길. 실천하길

🌱 공동텃밭구역

학교의 텃밭교육은 아이들에게 필요할까요? 몸과 마음이 힘든 텃밭 업무는 많은 선생님들이 기피하는 업무이기도 합니다. 학교 텃밭 명예교사를 초빙해서 작물을 심을 때 한 번, 수확할 때 한 번 아이들이 옆에서 거들고 사진 찍고 마무리하는 경우도 자주 보게 됩니다. 그마저도 햇볕이 뜨겁다고 벌레가 있다고 투덜대는 아이들을 달래느라 진땀이 납니다. 선생님도 힘들고, 아이들도 힘든 텃밭 가꾸기가 환경교육으로 어떤 의미가 있을까요?

저희 학교 철학은 '재미와 의미를 찾아 교육공동체가 함께 만들어 가는 행복한 학교'입니다. 재미와 의미를 찾아가는 텃밭 이야기를 한 번 해볼까 합니다.

어느 날 학교에 공사가 생겨서 텃밭의 위치를 이동해야 하는 일이 생겼습니다. 이야기를 나누는 중에 현관을 중심으로 양 옆 화단을 텃밭으로 만들자고 했습니다. 그런데 현관은 많은 사람들이 이동하는 곳이라 관리가 되지 않으면 지저분해져서 미관상 좋지 않다는 의견이 많았습니다.

생태환경 공간은 계절과 날씨에 따른 변화를 관찰할 수 있도록 접근성이 좋아야 하고, 텃밭 또한 교육적으로 의미 있으려면 학생들이 수시로 드나들며 보고 관리할 수 있어야 합니다. 수많은 교육활동과 정해진 일과 시간 중에 시간 내어 텃밭을 관리한다는 것은 정말 어렵기 때문입니다.

그렇다면 중앙현관 주변은 텃밭 활동을 하기에 최적의 장소라고 생각했습니다.

중앙현관 옆 화단에 구역을 나눠 텃밭 자리를 만들었습니다. 희망하는 학급을 먼저 조사하고, 그 학급에서 가장 가까운 곳에 텃밭을 분양했습니다. 예를 들어서 2층이면 2층 출입구 바로 옆에, 1층이면 1층 교실 창가 앞 화단을 지정해주고, 그곳에 심고 싶은 작물도 자율적으로 선택했습니다. 텃밭 명예교사 선생님이 오시는 날 학급별로 아이들이 직접 작물을 심었습니다.

처음에 심었을 때는 기대만큼 관심을 갖는 것 같지 않았습니다. 그런데 학생 등교맞이를 하면서 보니 식물에 물을 주는 아이들이 하나 둘 늘어났습니다. 텃밭에 작물을 심을 때 각자 나름대로 자기 몫을 정했는데, 오고 가며 식물이 자라는 모습을 보다 보니 물을 줄 필요성을 느꼈고, 물을 몇 번 주다 보니 뜨거운 낮보다는 아침에 주는 것이 좋다고 깨달았나 봅니다.

식물이 점점 자라는 만큼 중앙현관 근처는 틈만 나면 아이들 조잘거리는 소리로 활기가 넘쳤습니다. 텃밭에서 꽃이 피고, 토마토와 오이가 열리는 모습을 보며 아이들은 아침마다 둘러보며 자기 것이 몇 개 열렸는데 어떻고, 친구 것은 어떻고, 다른 반 텃밭은 어떻고, 이런저런 이야기들을 나누는 모습이 정말 농부들 같았습니다. 학급별로 다양한 모습으로 변화되는 중앙현관의 텃밭은 아이들뿐만 아니라 선생님, 학부모, 외부 손님까지도 관심을 갖는 공간이 되었습니다. 얼핏 보면 좀 지저분하고 어지럽게 느껴질 수 있지만, 보는 분들마다 오가는 길에서 매일 가꾸며 관찰하는 텃밭이 의미 있고 재미있다며 공감해주셨습니다.

한 학급에서는 열린 오이를 따서 오이 파티를 했습니다. 평소에 오이를 좋아하는 학생들이 별로 없었을 텐데 걱정이 되어 선생님께 결과를 여쭤보았습니다. 아이들과 오이를 가지고 예쁘게 모양도 만들어보고, 잘라서 먹기도 하고, 집에 가져가서 가족과 나눠 먹기도 했다고 합니다. 학부모님들의 이야기도 들어보니 집에서는 먹으라고 잔소리를 해도 먹지 않던 오이, 방울 토마토를 맛있게 먹었다며 좋아하셨습니다. 내가 직접 키워서 먹지 않던 음식을 먹은 것도 의미가 있겠지만, 아이들이 채소를 키우는 과정에서 잘 자라면 기뻐하고, 시들거나 문제가 생기면 걱정하며 해결하는 과정에서 생명에 대한 소중함과 애착을 갖게 되는 것이 텃밭 교육의 진정한 의미가 아닐까 생각합니다.

이런 일도 있었습니다. 월요일날 텃밭의 채소를 수확해서 음식을 만들어 먹으며 파티를 하기로 준비를 했다고 합니다. 그런데 월요일 아침에 보니 오이가 많이 사라진 겁니다. 주말에 주변 사람들이 놀러 와서 하나 둘씩 따갔던 모양입니다. 선생님과 아이들이 많이 당황해하는 모습을 보았습니다. 어느 때보다도 많이 속상해 하길래 아이들에게 말했습니다.

"여러분들이 정말 애써서 키웠기 때문에 애착심이 강하고, 그만큼 서운할 것 같아요. 오이를 누가 가져갔는지는 교장 선생님도 모르겠지만, 농사지은 곡식과 채소를 이웃 하고 나누어 먹는 게 농사짓는 사람들 마음이기도 해요. 부모님들도 농사지으면 다 먹지 않고 이웃에게 나눠주는 배려의 마음이 있으니 여러분들도 이웃에게 나눠줬다고 생각하고, 며칠 있으면 또 많이 열릴 테니 좋은 마음으로 조금 더 기다려보면 어떨까요?"

담임 선생님께 아이들을 잘 달래서 일주일 후에 다시 파티를 준비했으면 좋겠다고 마무리하고, 학교에서는 아이들이 키우는 텃밭의 채소를 함부로 가져가지 않도록 안내문을 붙였습니다. 한동안 텃밭을 볼 때마다 저도 속상하고 안타까웠습니다.

또 다른 사건은 여름 방학이 시작된 주말의 일입니다. 비바람이 거세게 폭우가 쏟아지던 날 아이가 학교를 꼭 가봐야 한다고 떼를 썼다고 합니다. 이렇게 비가 많이 오는데 왜 학교를 가야 하는지 물어보니 텃밭에 토마토가 떨어지지 않고 안전하게 잘 있는지 확인하기 위해서 학교에 가고 싶다는 말을 했다는 겁니다. 부모님도 처음에는 참 기가 막혔다고 하셨습니다. 그런데 평상시에는 먹지도 않던 토마토가 떨어질까 걱정되어 학교에 가고 싶다는 마음이 너무 예쁘고 신기하기도 했다고 합니다. 세차게 내리는 비를 뚫고 학교에 갔는데 무사히 있는 토마토를 보고 너무 기뻐하는 아이를 보면서 이 텃밭이 아이들에게 굉장히 큰 의미가 있는걸 느꼈다며 말씀하셨습니다.

학교에서 아이들에게 관심 있고, 사시사철 어느 때나 드나들며 애착을 갖는 공간은 살아있는 공간이 됩니다. 반면에 어쩌다 한 번 찾는 공간이나 방치되어 있는 곳은 아이들 입장에서 바라보고 살려야 하는 공간입니다. 학교에서 공간 혁신은 큰 공사를 하거나 예산을 들여서 시설을 최신식으로 바꾸는 것보다 기존에 있는 공간을 좀 더 가치 있게 활용하는 것이 더 중요하지 않을까 생각해봅니다. 우리 학교의 텃밭은 노작 활동을 넘어 재미와 의미가 담긴 살아있는 교육 장소가 되었습니다. 텃밭을 가꾸며 땀 흘리는 보람을 알고, 자연에서 얻어지는 것을 어떻게 활용하는지 배웠습니다. 아울러 식물이 잘 자라기를 바라는 따뜻한 마음으로 생태감수성을 키우며 아이들은 물론 지켜보는 어른들까지 교과서에서 찾지 못할 큰 배움을 얻었습니다.

🌱 생각보다 실천을! 수세미 프로젝트

환경교육이 강조되면서 각종 환경교육 프로그램들이 소개되고, 활동 자료도 판매되고 있습니다. 그런데 가끔은 환경교육이라고 말하면서 더 많은 자원을 낭비하는 활동이 있습니다. 상업적인 자료들이 넘쳐나다 보니 교사나 교육활동가의 안목과 판단이 중요하다고 생각합니다. 생태전환교육의 한 예로 수세미 프로젝트를 소개해드리겠습니다.

학교나 가정에서 매일 사용되는 용품 중 하나가 수세미입니다. 가장 많이 사용하는 아크릴 수세미에서 미세플라스틱이 많이 나온다고 합니다. 지인께 직접 손으로 뜬 아크릴수세미를 선물받은 적이 있습니다. 마음은 감사한데 괜찮다며 받지 않으려고 하는데, 직접 만드신 거라고 손에 쥐어주셨습니다. 선물이라 부담스러운 것보다는 환경오염 때문에 아크릴 수세미를 쓰는 것이 불편해서 받지 않는다는 말을 하기가 어려웠습니다. 아크릴 섬유는 대표적인 플라스틱입니다. 눈에 보이지 않는 미세플라스틱이 인체와 환경에 어떤 영향을 미치는지는 아직 정확하게 밝혀지지도 않았지만, 수세미를 사용하며 알게 모르게 떨어진 미세플라스틱을 우리가 먹게 되고, 또 설거지하면서 바다로 흘러갑니다. 나중에 다시 만날 기회가 있어서 미세플라스틱 이야기를 해드리고, 아크릴실 대신에 황마실로 만들어보시면 어떨까 추천해드렸습니다.

널리 알려진 것처럼 플라스틱은 잘 썩지 않습니다. 성분과 형태마다 많이 다르지만 플라스틱과 비닐 봉지, 캔 등은 분해되는 데 몇백 년 이상 걸리며, 유리는 예측이 불가능하다고 합니다. 인간이 만들어낸 최초의 페트병이 아직도 썩지 못했을 텐데, 하루에도 어마어마한 양의 플라스틱이 만들어져 사용되고 버려집니다. 한 번 쓰고 휙 던지는 쓰레기가 이렇게 긴 시간 동안 지구에 남아있어야 한다고 생각하면 마음이 많이 불편한데 생활 속에서 너무 많이 사용되고 있으니 줄인다고 해도 한계가 많고 어렵습니다.

이런 정보를 학생들에게도 알려주며 환경교육을 하는데, 수세미 만들기 활동으로 준비한 재료가 비닐봉지에 포장되어 있고, 천연 실로 만들었지만 코바늘 사용이 어려운 학생들이 만든 엉성한 수세미는 사용하지도 않고 버려지고, 뜨개질에 흥미가 없이 구입한 코바늘은 다시 사용하지도 않습니다. 식물 수세미를 말린 천연 수세미를 선물로 주는 경우도 있습니다. 하지만 소중함을 모르는 아이들이 부스 체험을 하며 선물로 받은 수세미를 가방이나 사물함에 몇 달씩 넣어두었다가 종업식날 그냥 버리는 걸 보고 다시 챙겨준 적이 있었습니다.

실제로 천연 수세미를 사용해서 설거지를 해본 분들은 '이게 진짜 수세미가 맞네!'라며 설거지도 잘되고, 미세플라스틱 걱정이 없어 마음도 편하며, 버릴 때에도 부담 없다고 합니다. 그런데 막상 사서 쓰려니까 생각보다 비싸다는 말도 합니다. 직접 수확해보면 수세미 씨앗 하나로부터 얼마나 귀한 선물을 받게 되는지 알게 됩니다.

학교 텃밭에 수세미를 심고 수확해서 학교와 가정에서 사용할 수 있습니다. 수세미 심기부터 시작해서 수세미로 설거지하는 과정까지를 프로젝트로 엮어준다고 하면 아이들이 그 과정 속에서 다양한 배움과 실천을 경험할 수 있습니다.

생각보다 수세미는 그냥 두어도 잘 자랍니다.

생각보다 수세미 열매의 크기가 엄청 커서 신기해합니다.

생각보다 오랜 시간 신경 쓰이는 작업이면서도 재미있습니다.

생각보다 씨앗이 엄청 많이 떨어져서 주변 사람들에게 나눠주고 싶은 마음까지 듭니다.

생각보다 의미 있는 수세미 프로젝트! 일단 한 번 해보세요!

수세미는 덩굴 식물이라서 터널을 만들어 키우면 좋습니다. 터널이 어렵다면 울타리를 만들어줘도 좋습니다. 수세미 터널은 자연스럽게 녹지 터널이 되어 시원한 그늘이 되기도 하고 주렁주렁 기다랗게 달린 수세미를 보면 정말 신기합니다. 수세미 하나 심어두고 노작 활동부터 식물의 한살이, 경험한 글쓰기, 관찰해서 그림 그리기, 환경 실천 교육, 수세미 선물 나눔, 집안일 함께하기까지 모든 과정을 수업으로 연계한다고 하면 재미와 의미를 살릴 수 있는 진정한 생태전환교육이 아닐까 합니다.

우리 학교 교목과 교화는?

우리 학교 교목과 교화는 무엇인가요?

자신있게 대답하는 학생이 많지 않습니다. 선생님도 잘 모르는 경우가 많습니다. 학교의 상징인 교목과 교화는 모든 학교에 있고, 학교 누리집이나 게시판에 잘 보이는 곳에 있는 경우가 많습니다. 그만큼 중요하다 할 수 있는데 왜 대부분 별로 관심이 없을까요? 여러 가지 이유가 있겠지만 오래전에 지정되었고, 지정한 이유에 대해 명확히 모르기 때문이라 생각됩니다. 교목이나 교화가 학교에 식재되어 있지 않은 경우도 있어 새로 지정하는 학교도 간혹 있습니다.

교목과 교화의 식물학적 특성을 살펴보고 학교 철학이나 문화에 걸맞게 의미를 부여하고, 학교 교육 철학이 담긴 표찰을 달아주는 것은 어떨까요?

> **예시** ○○초등학교 교목 향나무
>
> 향나무는 우리 조상들이 귀하게 여겼던 나무입니다. 사람들에게 이로운 향기를 품어주는 향나무처럼 선한 영향력을 전하는 귀한 사람으로 성장하는 학생들이 되기 바랍니다.

교목이나 교화가 아닌 다른 나무에도 수목표찰을 붙여주면 여러 가지 좋은 점이 많습니다. 앞서 이야기한 것처럼 학교 안의 식물과 환경을 활용한 다양한 활동들이 의미 있고 필요한 것은 알겠지만, 그래도 많은 선생님들이 선뜻 교실 밖을 나가기 어려워합니다. 그냥 산책이 아니라 수업을 하러 나가는 것은 더 많은 부담을 느끼는데 이렇게 말씀하시는 분이 많습니다.

"저는 식물을 잘 몰라요. 이름도 모르는데 어떻게 수업을 하나요? 아이들이 이게 뭐냐고 물어봤는데, 선생님도 모른다고 대답해도 되나요?"

수목표찰이 있다면 이런 부담 없이 나갈 수 있습니다. 또, 늘 보고 지나쳤던 나무와 꽃의 이름을 알게 되면 자연스레 관심을 갖게 되고 친근한 느낌이 들기도 합니다. 변함없이 학교를 지키고 있는 나무도, '이 나무가 여기에 있었나?' 하고 존재를 인식하지 못하는 경우가 많은데, 수목표찰을 달아주면 한 번 더 관심을 갖게 됩니다.

학교 안 힐링 명소, 생태학습장

학교생태학습장으로 별도의 공간이 조성된 학교도 있고, 학교 숲으로 조성되어 공원처럼 활용하는 학교도 있습니다. 아울러 정원이나 화단 개념으로 건물 주변이나 운동장 주변에 수목이 조성된 경우도 있습니다. 대부분 학교관리자나 행정실에서 관리하며, 관심 있는 몇몇 선생님을 제외하고는 우리 학교에 어떤 식물이 있고, 어떻게 관리되는지 잘 알지 못합니다. 학교생태학습장 컨설팅을 하다 보면 방향을 어떻게 잡아야 할지 감이 잡히지 않는다고 말씀하시는 경우도 많습니다.

범위를 좁혀서 교실 안의 식물을 생각해볼까요? 많은 선생님들께서 교실에 화분을 키웁니다. 왜 교실에서 화분을 키울까요? 교실에 예전부터 있어서 그냥 두었거나, 학기 초에 심었거나 어쨌든 잘 키우면 보기도 좋고, 식물이 주는 자연적인 혜택도 누릴 수 있고, 식물을 관찰하며 배움도 일어날 것입니다. 그런데 교실 안에서 방치되다가 시들어 죽어버리는 화분을 보면 참 속상하고 안타깝습니다. 식물에게도 미안한 일이지만, 죽어가는 식물을 보며 교실의 아이들은 어떤 생각을 할까요? 생태학습장이나 학교 정원도 마찬가지라고 생각합니다. 적절히 관리하고 잘 키우면 좋지만, 수목관리나 주변 정리가 제대로 되지 않아 아무도 가지 않는 공간이거나 나무가 죽어가고 있다면 그곳에 있는 사람들은 어떤 생각이 들까요? 반대로 관리하는 것이 너무 어렵거나 많은 예산이 필요해서 학교에서 부담을 느끼거나 골칫거리로 여겨지고 있지는 않은지 살펴봐야 할 것 같습니다.

중요한 것은 학교 안에 있는 식물들과 학교에서 지내는 사람들이 어떻게 조화롭게 살아가느냐 하는 것입니다. 생태학습장도 학교 공간의 일부이며, 단순히 외관상으로 멋지고 깔끔하게 보여주기 위한 것보다 의미 있는 공간으로 활용되어야 합니다. 학교 안에 있는 있는 만큼 학생들이 관심을 갖고 상호작용하며 교육적인 효과도 있다면 금상첨화일 것입니다. 그런 의미에서 학교생태학습장의 방향을 몇 가지 살펴보겠습니다.

첫째, 생태학습장은 생물다양성을 고려하여 균형 있게 조성되어야 합니다.

한 종류의 식물 군락을 이루어 멋지게 꽃 필 때 명소가 되는 것도 아름답지만, 학교는 생물의 다양성을 생각해서 균형 있게 생태학습장을 조성하는 것이 좋겠습니다. 봄이면 벚꽃으로 교정 전체에 꽃비가 내리는 학교, 가을이면 1년 내내 정성껏 키운 국화로 학교를 장식하는 학교도 좋지만, 소소하게 사시사철 다양한 식물들의 변화를 느끼며 매일매일 피고 지는 꽃을 볼 수 있다면 학교가 늘 살아있는 느낌이 들지 않을까요? 식물의 특성을 잘 파악하고 학교 숲이나 정원을 조성하면 연중 꽃피는 학교를 조성할 수 있습니다.

계절마다 피는 꽃이 다르고, 추운 날씨에도 푸르게 겨울을 나는 식물들이 있습니다. 크거나 작게 자라는 나무들이 있고, 매년 심어서 예쁜 꽃이 있고, 그냥 두어도 때가 되면 피는 야생화도 있습니다. 함께 나누어 먹을 수 있는 열매가 열리는 나무가 있고, 독특한 씨앗으로 재미있는 놀이를 할 수 있는 식물도 있습니다. 때로는 잡초라고 불리우는 여러 가지 풀들이 무성하게 자라는 공간도 생태교육 장소로 중요하게 활용될 수 있습니다. 이렇게 다양한 식물들을 보면서 우리들도 모두 개성이 다른 사람들이 어울려 살아가고 있음을 자연스럽게 느낄 수 있으면 좋겠습니다.

둘째, 생태학습장은 누구나 언제든 쉽게 갈 수 있어야 합니다.

생태학습장이라는 공간을 별도로 조성한다면 학생들이 쉽게 자주 찾을 수 있는 곳이 좋습니다. 그리고 넓은 공간이 아니어도 좋으니 학교 곳곳에 식물들과 함께 쉴 수 있는 공간이 많으면 좋습니다. 식물을 향한 사랑도 사람이나 동물에게 나타나는 마음과 같습니다. 생태감수성이나 식물을 사랑하는 마음을 키워주고 싶다면 자주 만나서 정서적으로 교감을 나누고 함께 있을 때 편안한 느낌과 즐거운 경험이 있어야 합니다.

생태학습장은 전시장이 아닙니다. 선생님과 함께 특별한 수업이 있을 때만 찾아가는 곳이 아니라 언제든 산책하고 뛰어 놀 수 있어야 합니다. 학생 교육장소로만 활용하는 것이 아니라 학교 구성원 누구나 쉴 수 있는 곳이어야 하고 여건이 가능하다면 지역 주민과도 공유하면 더욱 좋습니다. 생태학습장이 학교 안 힐링 명소가 되어 누구나 쉽게 가서 자연을 편안하게 느낄 수 있다면 여러 가지 긍정적 효과를 가져올 것입니다.

셋째, 생태학습장은 언제든 공짜로 편하게 이용할 수 있는 체험학습장소입니다.

학교 숲에 무슨 나무가 자라고 있는지, 매일 드나드는 현관 옆에 무슨 꽃이 피는지 관심도 없고 알지도 못하면서, 식물원이나 생태원으로 체험학습을 갑니다. 과학 수업을 위해서 학교 연못에 해캄이 있는 줄도 모르고 과학교구사에서 해캄을 주문합니다. 물론 다른 목적과 사정이 있을 때도 있지만, 매일 생활하는 학교 공간에 있는 자원들을 보지 못하고 엉뚱한 곳에서 에너지를 낭비할 때는 안타까운 마음이 듭니다. 학생들이나 선생님들이 생태학습장이나 학교 숲과 정원을 자주 찾는다면 이런 경우가 적을 것입니다.

적극적으로 교육과정과 연계된 식물을 조성할 수도 있습니다. 교과서에 나오는 식물 정도는 학교에 있으면 교육적으로 활용하기에 더 없이 훌륭한 학습자료가 되며, 학교 안을 산책하며 수업하는 것만으로도 아이들에게는 즐거운 시간이 될 때가 많습니다. 한편, 미세먼지나 기후변화에 따라서 실외 활동을 하기에 어려운 날이 점점 더 많아지고 있는데, 학교생태학습장을 활용한 수업을 계획했다면 이동 시간을 줄일 수 있는 장점이 있고, 직접 나가기 어려운 경우 교사가 사진을 찍거나 식물 일부를 채집해서 교실에서 수업을 하는 등 갑작스러운 상황에 대비하기도 좋습니다.

넷째, 생태학습장을 특별한 공간으로 활용할 수 있습니다.

생물다양성, 생태전환교육, 기후환경교육 등 다양한 교육활동으로 숲해설이나 생태해설 프로그램들이 많이 있습니다. 학교로 찾아가는 숲해설 사업을 비롯하여 학교에서 자체적으로 강사를 초빙해서 학교 숲 생태놀이 프로그램을 운영하기도 합니다. 저는 학교에서 유치원을 포함하여 전학년 학급을 대상으로 1년에 1~2회 정도 생태수업을 하고 있습니다. 학교 숲, 화단, 텃밭, 연못 주변을 학습 장소로 활용하는데, 수업을 하기 전에는 아이들이 잘 찾아가지 않습니다. 하지만 아이들과 함께 그곳에 있는 식물에 대한 이야기를 나누고 식물과 친해질 수 있는 놀이를 몇 가지 하고 나면 아이들이 자연스럽게 그 후에도 근처에서 잘 노는 모습을 보게 됩니다. 어린이날 즈음 보물찾기라도 한 번 하고 나면 초등학교 시절 특별한 추억의 한 장으로 남기도 합니다.

우리들도 생활하다 보면 모르는 곳보다는 잘 아는 곳이 편하고, 모르는 사람보다는 아는 사람이 더 편합니다. 잘 조성된 생태학습장과 학교 정원의 가치를 높이려면 그곳을 찾은 사람들, 특히 학교의 학생들이 자주 찾아야 합니다. 그러려면 그곳이 편안하고, 주변의 식물들을 보는 눈이 생겨야 합니다. 생태학습장을 활용해서 특별한 교육 활동이나 즐거운 추억을 만들어보면 좋겠습니다.

2

생태놀이수업의 실제

❶ 사시사철 늘 푸른 소나무
❷ 피고 지고 또 피는 무궁화
❸ 달콤한 비밀을 품은 단풍나무
❹ 여기서도 저기서도 피어나는 민들레
❺ 같은 듯, 다른 듯! 토끼풀과 괭이밥

01 | 사시사철 늘 푸른 소나무

🌱 우리나라에서 가장 사랑받는 나무, 소나무

우리나라 어느 곳을 가든지 소나무를 쉽게 볼 수 있고, 귀하게 보호하는 소나무도 많습니다. 어느 학교에나 대부분 소나무는 몇 그루씩 있고, 교목으로 소나무를 지정한 학교도 많이 있습니다. '우리나라 사람들이 가장 좋아하는 나무' 설문조사에서 소나무가 1위를 차지했다는 기사도 있었습니다.

소나무는 우두머리라는 뜻의 '수리'가 '술'로 변했다가 '솔'이 되어 '솔나무'로 불리다가 '소나무'가 되었다고 합니다. 그렇다면 우리는 나무 중의 우두머리 소나무에 대해서 얼마나 알고 있을까요? 모양만 보고 쉽게 소나무인지 알 수 있지만 솔잎은 몇 가닥인지, 솔방울은 언제 열리는지, 소나무의 암꽃과 수꽃은 어떻게 생겼는지, 관심이 없으면 쉽게 대답하지 못하는 것들이 의외로 많습니다.

우리 학교 소나무는 몇 살일까요?

소나무는 나이테를 보지 않아도 나이를 알 수 있습니다. 대부분 나무들은 봄부터 가을까지 많은 성장을 합니다. 하지만 소나무는 이른 봄부터 여름이 오기 전까지 딱 한마디만 자란 뒤 생장을 멈춥니다. 이렇게 천천히 단단하게 자라는 소나무라서 천 년의 세월도 이길 수 있겠지만, 소나무 입장에서 이 시기에 병이 들거나 전지를 당하면 매우 곤란합니다. 소나무의 나이를 세려면 가지가 있었던 흔적과 가지가 있는 곳을 살펴보면 됩니다. 단, 어린나무 시기인 3~5년을 더해야 하는데 보통 4년으로 계산해서 '가지층 수+4'가 소나무의 나이로 추측할 수 있습니다.

요람에서 무덤까지

소나무는 햇빛이 잘 드는 산에서 잘 자라지만 학교나 마을 어디에서나 쉽게 찾아볼 수 있습니다. 줄기는 진한 회갈색으로 세로로 불규칙하게 거북등처럼 갈라지며, 푸르른 솔잎 때문에 누구나 알아볼 수 있습니다. 단단하게 자라는 나무로 목재로도 사랑받으며, 그 모습이 아름다워 정원수나 분재로 키우기도 합니다.

이렇게 우리의 생활과 친숙한 소나무를 '요람에서 무덤까지 사용한다'고 비유하기도 합니다. 예전에는 아기가 태어나면 금줄을 대문에 걸었는데, 소나무의 푸르름과 강한 생명력으로 아이가 잘 자라기를 기원하며 솔가지를 걸어 놓았다고 합니다.

소나무가 먹거리로도 많이 이용되었습니다. 소나무를 먹는다고 하면 요즘 학생들은 깜짝 놀랄 텐데요. 수꽃 가루인 송홧가루는 다식을 만들 때 사용하고, 솔잎은 술을 빚거나 송편을 찔 때 이용합니다. 소나무의 송진은 고약을 만드는 데에 사용되고, 기근이 들었을 때에는 소나무껍질을 벗겨 먹으면서 허기를 채우기도 했습니다. 값비싼 송이버섯도 소나무에서 난다고 하니, 직·간접적으로 식생활과 관계가 깊습니다.

소나무는 건축자재로도 많이 사용되었는데, 송진 때문에 벌레가 먹지 않았기 때문입니다. 목재로 집을 짓거나 절을 지을 때 이용했으며, 궁궐을 지을 때에도 단연 으뜸인 소나무를 사용했습니다. 소나무는 땔감과 도자기를 굽는 가마의 연료로 많이 사용했고, 기름진 소나무 가지를 횃불이나 등불로도 유용하게 사용되었습니다. 특히, 송진은 비행기 연료로 사용되기도 했는데 일제강점기에 많은 소나무가 수난을 당한 상처가 지금도 곳곳에 많이 남아있습니다. 요즘은 캠핑장에서 소나무 밑에 떨어진 솔방울을 장작으로 사용하기도 합니다. 솔숲 캠핑장에서 느낄 수 있는 공짜 솔방울 불멍이라니, 생각만 해도 멋지지만 그만큼 불조심도 잊지

소나무의 송진을 얻기 위해 낸 상처

말아야겠습니다.

전통 혼례식의 초례상 꽃병에는 소나무와 대나무를 꽂아 놓는데, 소나무와 대나무처럼 굳은 절개를 지키라는 뜻이라고 합니다. 또, 사람이 죽으면 사용했던 관도 소나무를 많이 사용했습니다. 태어나면서부터 죽을 때까지 소나무는 우리 생활과 아주 가까운 관계임에 틀림없습니다.

학교에 든든하게 서 있는 멋진 소나무와 이번 기회에 친해져보면 어떨까요? 학교 정원에 관심을 갖고, 생태감수성을 키우며, 환경 사랑을 실천할 수 있는 좋은 기회이며, 간단하게 준비해서 특별한 수업을 만들 수 있는 방법이 많습니다. 소나무 아래에 가서 천천히 자세하게 살펴보는 것, 소나무에 대한 재미있는 이야기를 나누는 것, 소나무껍질을 만져보고 솔잎이나 솔방울로 신나게 놀아보는 것으로 누구나 쉽게 시작할 수 있습니다. 소나무에게 나만의 이름을 지어주어 반려나무가 되는 것도 좋고, 소나무를 두 팔로 안아 온몸으로 나무를 느껴보는 활동도 생태감수성을 키우는 좋은 활동입니다. 소나무와 친구가 되어 눈맞춤을 하면서 자연을 느껴보기 바랍니다.

01 솔잎으로 누가 이기나 겨뤄볼까?

▶ 『솔잎으로 글자 만들기』 1학년 1학기 국어(한글놀이, 66~69쪽, 92~97쪽)

▶ 교과 성취기준
- [2국01-03] 상대의 말을 집중하여 듣고 말차례를 지키며 대화한다.
- [2국02-05] 읽기에 흥미를 가지고 즐겨 읽는 태도를 지닌다.
- [2국04-01] 한글 자모의 이름과 소릿값을 알고 정확하게 발음하고 쓴다.

▶ 수업의 개요

구분	시간	내용	자료 및 참고사항
도입	10	[솔잎 관찰하기] • 솔잎의 색깔, 촉감, 개수 등 특징 살펴보기	
전개	60	활동1 솔잎 씨름하기 • 솔잎을 서로 엇갈려 건 후 천천히 당기기 • 누구의 솔잎이 먼저 끊어지는지 놀이하기 활동2 솔잎으로 글자 만들기 • 솔잎을 이용해서 모음자, 자음자 만들어보기 • 솔잎으로 자신의 이름 만들어보기 활동3 솔잎 글자 놀이하기 • 선생님이 들려주는 모음자, 자음자를 듣고 솔잎으로 만들어보기 • 친구와 솔잎으로 만든 글자 알아맞히는 놀이하기	
정리	10	[솔잎으로 큰 글자 만들기] • 친구들과 함께 솔잎과 자연물로 큰 글자 만들기 • 활동 소감 나누고, 소나무를 사랑하는 마음 갖기	

1. 솔잎 관찰하기

소나무 잎을 찾아봅시다

입학한 지 얼마 되지 않아 아직은 학교가 낯선 아이들. 책상에 앉아 있는 것도, 책을 펴는 것도, 연필을 잡고 글씨를 쓰는 것도 아직은 많이 힘듭니다. 어려운 한글 공부를 밖에 나가서 생태놀이로 하면 재미있는 수업이 됩니다.

"오늘은 밖에 나가서 한글 공부하면 어떨까요?"

어리둥절하던 아이들이 이내 분위기를 파악하고 환호성을 지릅니다.

"와~~. 선생님, 교과서 챙겨요? 연필은요? 지우개는요?"

공부든 뭐든 밖으로 나간다는 말에 그저 신난 아이들을 진정시키고 다짐을 받습니다.

"모두 필요 없어요. 대신 지켜야 할 약속이 있어요. 오늘은 우리 학교 소나무와 함께 공부할 거예요. 선생님 이야기 잘 듣고, 밖에서 지켜야 할 약속들 잘 지킬 수 있지요?"

"네~~!"

떼창으로 대답하는 아이들을 데리고 중앙현관에 우뚝 서 있는 소나무 아래로 갑니다. 우두커니 선 소나무 앞에 모여서 고개를 들고 나무를 바라보며 웅성거리는 아이들이 소나무로 어떻게 한글 공부를 한다는 건지 궁금해합니다.

"오늘은 소나무 잎으로 공부할 거예요. 나무에 달린 잎은 너무 높으니 바닥에 떨어진 소나무 잎을 찾아볼까요?"

"여기 있어요."

"우와~ 여기도 많이 모여 있어요!"

소나무 주변을 살펴보면 바닥에 떨어진 솔잎을 쉽게 볼 수 있습니다. 우리가 아는 사시사철 늘 푸른 소나무에 단풍이 들거나 낙엽이 지는 걸 느낀 적이 없는데, 바닥에 떨어진 솔잎은 도대체 언제 떨어졌을까요?

소나무도 다른 나무들과 같이 매년 봄에 새 잎이 납니다. 이 잎은 가을에 떨어지지 않고 겨울을 나고, 그다음 해 가을에 떨어집니다. 매년 가을에 잎이 떨어지는 보통의 나무들과 달리 소나무 잎은 2년 동안 달려있습니다. 지난해의 묵은 잎이 떨어질 때에 올해 새로 난 잎이 푸르게 자라 있기 때문에 우리는 소나무의 낙엽을 느끼기 어렵습니다.

겨울이 되면 대부분의 나무는 잎을 떨어뜨리고 추위를 견디지만 침엽수인 소나무의 잎은 바늘 모양이기 때문에 표면적이 작아 밖으로 나가는 열을 줄일 수 있습니다. 우리가 추울 때 몸을 웅크려 추위를 견디는 것과 비슷합니다. 그래서 소나무는 겨울에 잎이 떨어지지 않아도 추위를 견딜 수 있고, 우리들은 언제나 늘 푸른 모습으로 변함없이 묵묵히 자리를 지키는 소나무를 볼 수 있습니다.

소나무 잎을 관찰해봅시다

소나무 잎을 관찰하기 위해 학생들을 큰 원으로 둘러 세웁니다.

"소나무 잎을 주워 관찰 놀이를 해볼게요. 바닥에 떨어진 소나무 잎을 하나씩 주워서 동그란 원을 만들어보세요."

"이제 소나무 잎을 자세하게 살펴보세요. 눈으로 보고, 손으로 만져보고, 코로 향기도 맡아보고, 돌아가며 특징을 한 가지씩 말해보아요. 다른 친구가 이야기한 것은 다시 말하지 않아요. 생각이 나지 않는 친구는 '통과'를 외쳐도 됩니다."

"끝이 뾰족해요."

"찌르면 따가워요."

"2개가 같이 붙어 있어요."

"갈색이에요. 나무에 붙어 있는 잎은 초록색이에요."

"잎 끝에 뭉쳐 있는 곳은 진한 갈색이에요."

오감 중에서 사용할 수 있는 감각을 최대한 활용할 수 있도록 안내해주는 것이 중요합니다. 뾰족한데 얼마나 뾰족한지, 길쭉한데 어떻게 길쭉한지, 위아래로 만졌을 때 촉감은 어떠한지, 손가락으로 솔잎을 비벼볼 때 느낌이 어떠한지, 잎이 붙어 있는 곳은 어떻게 생겼는지 등등 처음에는 단순한 관찰도 힘들어할 수 있지만, 교사가 조금만 안내해주면 다른 친구들이 보지 못한 것을 발견하려고 애쓰는 귀여운 모습을 볼 수 있습니다.

침엽수인 솔잎은 대부분 바늘 모양이라고 표현합니다. 그런데 자세하게 살펴보면 그냥 매끈한 바늘 모양이 아니고, 살짝 각진 부분이 있습니다. 왜 그럴까요? 솔잎은 2개씩 뭉쳐납니다. 신기한 것은 2가닥으로 벌어져 있는 솔잎을 모아보면 원기둥 모양이 된다는 것입니다. 즉, 솔잎이 원기둥이 2개로 갈라진 반원 형태로 자세히 보면 각진 부분이 있습니다. 그렇다면 잎이 3개로 갈라지는 리기다소나무와 5개로 갈라지는 잣나무 잎의 모양은 어떻게 생겼을까요? 상상한 대로 $1/3$, $1/5$로 갈라져 있는 것을 볼 수 있습니다. '침엽수=바늘 모양 잎'으로 교과서만 가지고 공부해서는 알기 힘든 관찰입니다.

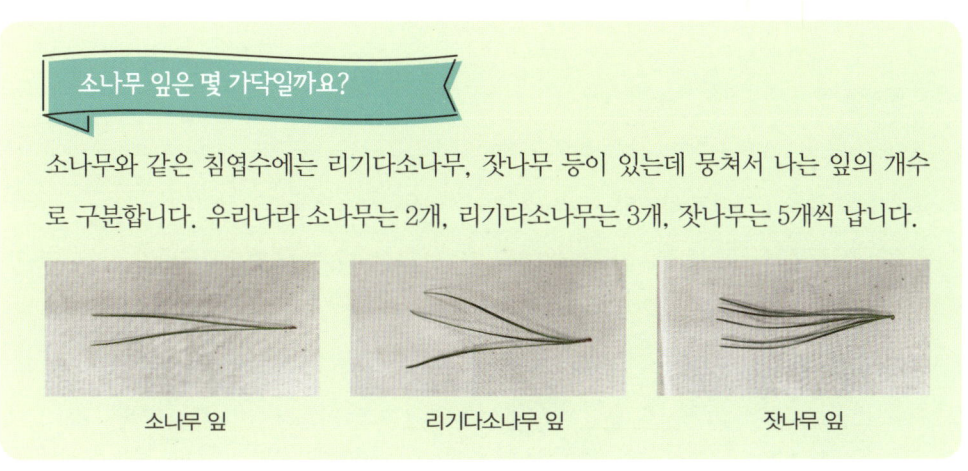

소나무 잎은 몇 가닥일까요?

소나무와 같은 침엽수에는 리기다소나무, 잣나무 등이 있는데 뭉쳐서 나는 잎의 개수로 구분합니다. 우리나라 소나무는 2개, 리기다소나무는 3개, 잣나무는 5개씩 납니다.

소나무 잎 / 리기다소나무 잎 / 잣나무 잎

1학년 학생들에게 한글을 가르치는데 소나무의 생태를 자세하게 설명할 필요가 있을지 고민이 될 것입니다. 국어 시간으로 국한하지 말고 창의적 체험 활동 시간 중 한글 교육 시간을 활용해 생태놀이도 하고 한글 공부도 할 수 있도록 확장하여 이 활동을 진행할 수도 있습니다. 소나무 잎에 대해 알게 되면 관심을 가지고 적극적으로 활동하게 됩니다.

저학년 학생들이지만 책이나 다른 사람들을 통해 생태 지식이 많은 학생들도 있습니다. 선생님들이 소나무에 대해서 알고 있다면 학생들의 관심도나 상황에 따라 필요한 내용을 적절하게 가감할 수 있게 됩니다. 호기심이 많은 학생에게 틈새 시간에 약간의 지식을 알려주면, 정말 신기해하면서 틈만 나면 밖에 나가 관찰하며 노는 모습도 볼 수 있습니다.

2. 솔잎 씨름하기

솔잎으로 씨름을 해봅시다

솔잎 한 가닥 주워 살펴보는 것만으로도 시간이 훌쩍 지납니다. 이제 재미있는 놀이를 할 차례입니다. 솔잎으로 할 수 있는 간단한 놀이로 '솔잎 씨름'이 있습니다. 짧은 시간 안에 승부가 결정되기 때문에 한 명이 여러 명의 친구와 놀이를 하며 친해질 수 있는 놀이입니다.

1 솔잎 씨름 놀이

1. 주변에 떨어진 솔잎을 주워 옵니다.
2. 1차 솔잎 씨름은 두 친구가 서로 마주 본 후 각자의 솔잎을 서로 X자 모양이 되게 합니다.
3. 천천히 잡아 당기다가 상대방 솔잎의 잎집을 먼저 끊어지게 만들면 이깁니다.
4. 2차 솔잎 씨름은 끊어진 솔잎을 X자 모양으로 걸어서 잡아당기며 한 번 더 겨뤄볼 수 있습니다.

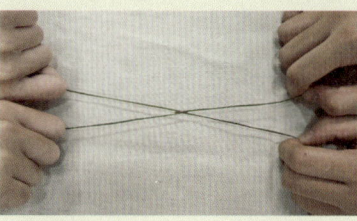 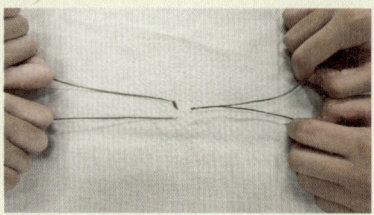

1차 솔잎 씨름

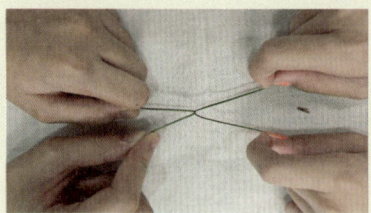 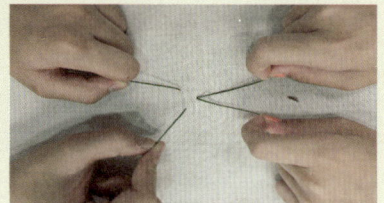

2차 솔잎 씨름

2 솔잎 잎집 가져가기 놀이

1. 주변에 떨어진 솔잎을 주워 옵니다.
2. 2개로 갈라진 솔잎을 하나씩 잡고 천천히 잡아 당깁니다.
3. 잎집에 솔잎이 붙어 있는 친구가 이깁니다.
4. 잎이 3개로 갈라진 리기다소나무잎은 3명, 5개로 갈라진 잣나무는 5명이서 할 수 있습니다.

솔잎 씨름

 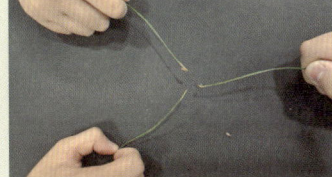
리기다소나무잎 씨름

잣나무잎 씨름

관찰한 솔잎으로 놀이 방법을 설명하고, 한 번 하고 나면 말하지 않아도 금새 새로운 솔잎을 가져와서 "한 번 더해!"를 외칩니다. 솔잎 하나로 몇 명을 이기며 최고의 솔잎이라고 자랑하기도 합니다.

"선생님, 솔잎이 왜 이렇게 잘 빠져요?"

"솔잎을 걸기도 전에 계속 끊어져요!"

라며 속상해하는 학생도 있습니다. 갈색으로 변했거나 마른 솔잎은 쉽게 끊어지고, 솔잎을 십자 모양으로 걸고 시작하기도 전에 끊어지기도 합니다. 생각보다 많은 솔잎이 필요해서 수업 장소에 솔잎이 여유 있는지 미리 살펴보는 것이 좋습니다.

나무에 달린 솔잎을 이용하는 방법도 있습니다. 한 군데에서 많은 양을 채집하는 것은 좋지 않으니, 여러 곳에서 조금씩 채취하도록 합니다.

"솔잎 씨름 재미있어요?"

"네, 그런데 너무 약해서 자꾸 끊어져요."

"그럼 이번에는 나무에 있는 솔잎으로 놀이해볼까요? 바닥에 떨어진 솔잎과 어떻게 다른지 비교해보세요."

솔잎 씨름은 솔잎을 바닥에서 줍거나 나무에서 따서 재미있게 놀 수 있는 간단한 놀이입니다. 갈색과 초록색 솔잎이 싸우면 과연 누가 이길지 겨뤄보는 것도 좋고, 한 가닥의 솔잎을 반으로 접어 싸워보는 것도 가능하니 다양한 방법으로 찾아보는 것도 좋습니다. 승패가 있는 놀이를 할 때에는 학생들이 지나치게 결과에 집착하지 않고 친구들과 즐거운 시간을 보내는 것이 더 중요한 것임을 알게 합니다.

대부분의 생태놀이는 방법만 보면 너무 간단해 보여서 '이렇게 간단한 걸 아이들이 재미있어할까?', '활동이 너무 금방 끝나버릴 것 같은데?'라는 고민이 생기기도 합니다. 하지만 실제로 아이들과 생태놀이를 하다보면 생각보다 신나고 재미있어합니다. 플라스틱 장난감과 온라인 게임에 익숙한 요즘 학생들에게는 신선하게 느껴지기도 합니다. 선생님이 사전에 직접 놀이를 해보고 학생들에게 맞는 방법으로 준비하면 더 효과적입니다. 그동안 못 보고 지나쳤던 자연의 모습을 계절마다 느낄 수 있고, 부담 없이 이동 배움(야외 수업)을 할 수 있는 학교 화단이 보물처럼 느껴질 수도 있습니다.

이런 활동도 있어요 _솔잎 인형 씨름_

주변에 솔잎이 충분하게 있다면 솔잎 인형 씨름을 해볼 수도 있습니다.

❶ 솔잎을 모아서 고무줄로 묶습니다.

❷ 묶음 중간에 다른 솔잎 몇 가닥을 끼워 넣고 아랫부분을 고무줄로 묶습니다.

❸ 아랫부분을 반듯하게 자릅니다.

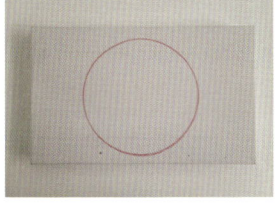

❹ 종이 상자에 동그랗게 원을 그려 씨름장을 만듭니다.

❺ 씨름장 안에 솔잎인형 2개를 세우고 손가락으로 두드립니다.

❻ 상대편 솔잎 인형을 먼저 쓰러뜨리거나 원 밖으로 내보내면 이깁니다.

3. 솔잎 글자 놀이

솔잎은 얇고 길쭉하기 때문에 글자를 만들기에 좋습니다. 2개씩 뭉쳐서 나기 때문에 '솔잎 씨름' 놀이를 통해서 끊어진 솔잎을 이용하면 글자 만들기 활동으로 자연스럽게 연결할 수 있습니다.

먼저 옹기종기 모여 앉아 교과서에서 배운 자음자와 모음자를 복습하며 '소나무'를 만들어봅니다. 우리나라 사람들이 가장 좋아하는 나무이자 어느 학교에나 있는 소나무는 한글과 참 잘 어울리는 나무인 것 같습니다. 받침도 없고, 자음자와 모음자가 쉬워서 한글놀이 단원에 딱 맞는 제시어입니다.

다음으로는 자신의 이름과 친구의 이름, 학교 이름도 만들며 글자 놀이에 빠져보게 합니다. 모음자, 자음자를 만들어 보고, 글씨 쓰는 순서에 맞게 솔잎을 놓아봅니다. 솔잎을 모아 큰 글자를 만들어보기도 하고, 자신과 친구의 이름을 솔잎으로 만들어 보며 재미있는 시간을 보낼 수 있습니다. 또, 선생님이나 친구가 불러주는 단어를 듣고 솔잎으로 글자를 만들어볼 수도 있습니다.

"선생님, ㅇ을 만들 수가 없어요."

"솔잎이 자꾸 펴져요."

아이들에게 예상치 못한 문제가 생깁니다. 솔잎은 길고 뻣뻣하기 때문에 직선으로 이루어진 글자를 만들기에는 적당하지만 'ㅇ'이나 'ㅎ'을 쓰기에는 적당하지 않습니다. 솔잎을 구부려서 'ㅇ'을 만들어보아도 금방 풀어져버리니 울상입니다. 그럴 땐 주변에 있는 다른 자연물을 이용하면 좋습니다. 돌멩이, 작은 꽃송이, 솔방울 등을 이용하면 'ㅇ'과 'ㅎ'도 문제없습니다.

이렇게 학교에서 쉽게 찾아볼 수 있는 솔잎을 국어 시간에 활용한다면 연필로 써보는 것보다 훨씬 재미있게 한글을 익힐 수 있을 것입니다. 그뿐만 아니라 우리가 사랑하는 소나무도 가까이 접하며 자연스레 생태감수성도 기르는 일석이조의 효과를 볼 수 있지 않을까요?

이런 활동도 있어요 | 솔잎 글자 놀이

솔잎 대신 쇠뜨기도 이용할 수 있습니다. 쇠뜨기는 풀이 자라는 곳이라면 어디든지 가장 흔하게 볼 수 있는 식물입니다. 잎이 길쭉해서 솔잎처럼 글자를 만들 수 있고, 특이하게 잎이 마디마다 쏙쏙 빠지고 다시 끼울 수 있습니다. 블록처럼 뺐다가 다시 맞춰  보거나, 중간에 있는 한 마디만 뺀 다음 어느 부분이 빠졌는지 알아맞히는 놀이도 할 수 있습니다.

쇠뜨기 모습　　　　　　쇠뜨기 마디 빼기　　　　　　쇠뜨기 다시 맞추기

02 노오란 가루로 맛있는 간식을 만들어보자!

▷ 『송홧가루 다식 만들기』 1학년 1학기 통합(우리나라, 36~37쪽)

▷ 교과 성취기준
- [2즐02-02] 우리나라의 문화 예술을 즐긴다.

▷ 수업의 개요

구분	시간	내용	자료 및 참고사항
도입	10	[송홧가루 경험 나누기] • 송홧가루에 관한 경험 나누기	송홧가루 사진, 영상자료
전개	60	활동1 송홧가루 알아보기 • 송홧가루가 무엇인지 알아보기 • 소나무의 암꽃과 수꽃 알아보기 활동2 송홧가루 다식 만들기 • 우리 전통 간식 다식 알아보기 • 꿀, 송홧가루, 다식판을 활용하여 다식 만들기 • 다식을 이용한 전통 간식 상 꾸미기	시판 송홧가루, 다식판, 참기름, 꿀 등
정리	10	[전통간식 체험하기] • 송홧가루 다식 맛보기 • 다식을 만들어본 느낌 나누기	

1. 송홧가루 알아보기

해마다 5월 즈음 차 위에 수북하게 쌓이는 노란 꽃가루, 길가는 물론 집 안에도 창문을 잠시 열어두면 쌓이는 노란 꽃가루는 바로 소나무의 수꽃에서 날리는 송홧가루입니다.

학교에 소나무가 있다면 가까이 가서 손끝으로 살짝만 건드려도 노란 가루가 흩날리는 것을 볼 수 있습니다. 이 골칫덩이인 송홧가루로 우리 조상들은 차와 곁들여 먹을 간식을 만들어 먹었다고 합니다. 해외에서는 송홧가루를 건강식품으로 제품화하여 판매까지 한다고 하니 더 이상 집 안이나 자동차를 더럽히는 존재로만 봐서는 안 될 것 같습니다.

"여러분 요즘 길가, 자동차 위, 창틀 등에 쌓인 노란 가루를 본 적이 있나요?"

사진이나 영상 자료를 보여주면서 경험을 나누면 좋습니다. 선생님이 의도적으로 수업 며칠 전 창문을 열어두고 송홧가루가 쌓여서 함께 청소를 했다면 좋은 동기유발 자료가 될 수 있습니다.

송홧가루 날리는 모습

"엄마가 꽃가루 때문에 자동차가 금방 더러워진다고 했어요."

"비염이 있어서 봄만 되면 꽃가루 때문에 재채기가 나서 힘들어요."

"여러분이 본 가루의 정체는 바로 소나무의 꽃에서 나온 꽃가루예요. 이 가루가 바람을 타고 짝을 만나면 열매를 맺고 씨를 만들어요. 그 열매가 바로 솔방울이에요."

학교의 소나무 수꽃이 노랗게 피어있을 때, 꺾어다 살짝 건드리면 송홧가루가 날리는 걸 가까이에서 볼 수 있습니다. 다만 요즘 송홧가루에는 대기 오염물질이 섞여 있어 호흡기에 유입되면 좋지 않고, 종종 꽃가루 알레르기를 갖고 있는 학생이 있을 수 있으니 사진이나 영상 자료로 알려 주는 것도 좋습니다.

소나무의 꽃을 본 적이 있나요?

소나무는 암꽃과 수꽃이 한 나무에서 핍니다. 긴 타원형 모양의 노란색 수꽃 이삭이 햇가지 아랫부분(낮은 가지)에 핍니다. 수꽃에 들어 있는 노란색의 꽃가루를 송홧가루라고 하는데 바람에 날아가 가루받이를 하는 풍매화입니다. 같은 나무의 꽃가루를 받지 않기 위해 피는 시기가 다릅니다. 수꽃이 먼저 햇가지 아래쪽에 피어 다른 나무에 꽃가루를 날려 보냅니다. 자주색의 암꽃은 높은 가지 끝에 피어서 다른 나무에서 날아온 꽃가루를 받아 열매를 맺게 됩니다. 봄철 송홧가루가 날릴 때에 소나무를 자세히 살펴보면 수꽃과 암꽃을 볼 수 있을 것입니다.

소나무 수꽃

소나무 암꽃

함께 핀 수꽃과 암꽃

2. 송홧가루 다식 만들기

요즘 아이들이 자주 접하는 과자나 아이스크림 같이 공장에서 만드는 음식이 없던 시절에 우리 조상들은 모든 음식 재료를 눈에 보이는 주변의 자연에서 얻었다고 말해주면 좋습니다.

"우리 조상님들은 소나무의 꽃가루를 가지고 다식을 만들어 드셨다고 해요. 다식은 차를 마실 때 함께 먹는 달콤한 간식입니다. 전쟁으로 먹을 것이 부족할 때에는 소나무의 속껍질을 이용해 '송기떡'이라는 떡도 만들어 먹었다고 합니다."

"선생님, 그럼 우리 학교에 있는 소나무 가지고도 간식을 만들어 먹을 수 있나요?"

"맞아요. 오늘은 여러분이 아까 보았던 노란 송홧가루로 우리 조상님들이 드셨던 '다식'을 만들어보려고 해요. 보통 차와 함께 먹는 다식은 달콤한 맛을 내요. 그래서 우리도 단맛이 나도록 꿀도 함께 넣어서 만들어볼 거예요."

"에이 선생님, 색은 예쁜데 이상한 풀 맛일 것 같아요."

"소나무 잎 음료수를 먹어본 적 있는데 그 맛이 날 것 같아요."

"우리가 요즘 즐겨 먹는 탕후루나 과자 같은 음식처럼 달고 입맛을 당기는 맛은 아닐 수 있지만 외국에서는 이 송홧가루를 몸을 좋게 하는 영양제로 쓰기도 한다고 해요. 아직 접해보지 않은 음식이지만 우리가 직접 만들어보면 맛있게 느껴지지 않을까요?"

요리에 사용할 송홧가루는 요리용으로 판매되는 것을 구입하는 것이 좋습니다. 직접 요리에 활용할 만큼의 송홧가루를 채취하기도 힘들 뿐더러 물에 넣어 불순물을 걸러내고 말리는 과정을 거쳐야 요리에 활용 가능하기 때문입니다. 인터넷에 검색해보면 요리용 송홧가루를 쉽게 찾아 볼 수 있습니다. 아이들에게 송홧가루 봉지를 보여주면 그 많은 양의 가루를 어떻게 다 모았는지 궁금해서 질문을 하기도 합니다. 송홧가루 채취 과정과 불순물을 제거해서 말리는 과정을 나타내는 관련 영상을 보여주면 왜 당장 우리 학교에 있는 소나무의 송홧가루로 요리를 할 수 없는지, 또 우리 조상들이 어떤 과정을 통해 식물에서 식재료를 얻었는지 알려줄 수 있습니다.

아이들과 다식을 직접 만들 때에는 거창한 요리 실습이라고 생각하지 말고 우리 아이들이 자연에서 온 식재료를 손으로 직접 만져보고 맛본다는 생각으로 접근하면 편할 것 같습니다. 송홧가루와 꿀의 비율은 가루의 상태나 개인의 취향에 따라 조절할 수 있습니다. 송홧가루 향이 강해서 아이들이 먹기 어려운 경우에는 미숫가루와 섞어서 만들면 더 잘 먹을 수 있습니다.

활동은 학급 상황에 따라 3~4명을 한 모둠이 되도록 구성하는 것이 좋습니다. 과정이 간단하기 때문에 짝 활동이나 개인 활동도 가능하지만 그만큼 준비물이 많이 필요하기 때문에 모둠 활동을 추천합니다. 다식판을 사용할 때 반죽이 잘 떨어지지 않는 경우가 많습니다. 그것을 대비해 다식판에 식용유나 참기름을 충분히 발라두는 것이 좋습니다. 가장 추천하는 방법은 랩을 다식판에 덧씌워서 봉지째로 떼어내는 것입니다.

숟가락으로 꿀과 송홧가루가 잘 섞이도록 저어주다 보면 가루가 조금씩 뭉쳐지는 것을 볼 수 있습니다. 잘 섞이게 하기 위해서는 숟가락으로 큰 덩어리들을 잘게 부수면서 저어주는 것이 중요합니다. 그 이후에는 가루의 상태를 보면서 꿀을 더 추가해주면 됩니다. 손으로 한 움큼 집어올린 후 꽉 쥐었을 때 부서지지 않고 손가락 자국이 잘 찍혀 있으면 다식을 만들 준비가 된 것입니다. 학급 상황 등을 고려해서 미리 선생님들께서 반죽을 만들어주고 아이들이 반죽을 조금씩 떼어다 다식판에 찍어보는 식으로 진행해도 됩니다.

이제 다식판에 반죽을 넣고 잘 눌러서 꺼내면 완성입니다. 다만 주의해야 것은 다식판에 반죽을 넣을 때 예쁜 모양이 선명하게 나오도록 하려면 반죽을 손가락으로 꾹꾹 잘 눌러 줘야 한다는 점입니다. 활동할 때 아이들에게도 "엄지손가락으로 힘줘서 꾹꾹 눌러서 넣어야 나중에 다식이 깨지지 않고 예쁘게 나와요"라고 강조했습니다.

송홧가루 다식 만드는 법

◎ 준비물: 송홧가루 종이컵 1컵(100g), 꿀 2큰술(30ml, 설탕 시럽도 가능)

❶ 송홧가루와 꿀을 잘 섞어 줍니다.

❷ 다식판에 랩을 씌운 뒤, 반죽을 꾹꾹 누릅니다.

❸ 문양이 잘 찍혔는지 확인하며, 다식을 떼어냅니다.

3. 전통 간식 체험하기

친구들이 만든 다양한 문양의 다식을 함께 살펴보기도 하면서 봄에 날리는 가루로만 생각했던 송홧가루가 그럴싸한 우리의 전통 음식이 된 것을 눈, 코, 입으로 느껴보게 했습니다.

"노란색이 콩가루랑 비슷해서 고소할 줄 알았는데 쓴맛이 조금 나는 것 같아요."

"우리는 꿀을 넣어서 그런지 달콤한 맛이 있어요."

"식혜랑 같이 먹으니 잘 어울리는 것 같아요."

생소한 향과 맛에 먹기를 꺼려하는 친구가 있을 수도 있습니다. 우리 몸에 좋지 않은 첨가물과 가공을 거치지 않은 자연의 맛은 우리에게 조금 낯설 수도 있지만 이런 맛에 익숙해져야 우리 몸도 건강해지고 자연도 건강해진다는 설명과 함께 다식에 어울리는 전통 음료(식혜)도 곁들인다면 우리 전통 음식에 대한 교육뿐 아니라 아이들에게 색다른 식생활 경험이 될 수 있습니다.

송홧가루로 다식 만들기 수업은 우리나라 전통 음식 문화에 대한 이해와 체험뿐 아니라 자연에서 먹거리로 생산되는 식재료의 맛을 느끼고 즐기는 경험을 통해 자연이 주는 먹거리의 의미를 이해하고, 학생들의 친환경적 식생활의 실천까지 이끌어낼 수 있는 수업입니다. 5월 학교 소나무에 노란 수꽃이 열릴 때쯤 한 번 시도해보는 건 어떨까요?

03 소나무는 어떤 옷을 입고 있을까?

▷ 『소나무 수피 탁본 뜨기』 2학년 1학기 통합(자연, 46~49쪽)

▷ 교과 성취기준
- [2바01-04] 생태 환경에서 더불어 살기 위해 노력한다.
- [2바03-02] 계절의 변화에 대응하며 생활한다.
- [2슬01-04] 사람과 자연, 동식물이 어우러져 사는 생태를 탐구한다.

▷ 수업의 개요

구분	시간	내용	자료 및 참고사항
도입	10	[소나무 특징 알아보기] • 소나무 노래 듣고 가사 살펴보기 • 소나무의 특징 알아보기	
전개	60	**활동1** 숲속 액자 놀이 • 자연물 숲속 액자 놀이 • 종이를 이용한 숲속 액자 놀이 • 숲속 액자 전시회 열기 **활동2** 소나무 수피 탁본 뜨기 • 소나무 수피 자세히 관찰하기 • 소나무 수피 탁본 뜨기	숲속 액자 태블릿 PC (또는 핸드폰) 돋보기(루페) 종이, 4B 연필
정리	10	[소나무 사랑하는 마음 갖기] • 서로의 작품 감상하기 • 활동 소감 이야기 나누기	

1. 숲속 액자 놀이

'숲속 액자 놀이'는 종이 액자에 숲속의 다양한 장면을 담는 활동입니다. 다양한 모양의 액자를 소나무 수피에 대어보면 멋진 작품으로 변신하는 재미를 느낄 수 있습니다.

자연에서 액자를 찾아봅니다. 벌레 먹어서 구멍난 나뭇잎을 통해 보는 세상도 멋지고, 나뭇가지나 칡줄기를 엮어도 훌륭한 액자가 됩니다. 숲속의 자연물을 액자로 만들어보며 자연스럽게 나무와 친구가 될 것입니다.

종이에 사자나 호랑이 모양을 그리고 오려내면 남은 부분이 액자가 됩니다. 동물 모양의 액자를 소나무 수피에 대어보면 동물의 털이나 무늬를 나무의 질감으로 표현하는 재미를 느낄 수 있습니다. 나비 모양의 종이 액자를 화려한 색깔의 꽃에 대어 보면 예쁜 나비가 되지만, 소나무 수피에 대어보면 나방처럼 보일 수도 있습니다.

숲속 액자 놀이

1. 검정(혹은 흰색) 종이에 도안을 그리거나 출력합니다.
2. 테두리가 끊어지지 않도록 도안을 모양대로 오립니다.
3. 도안을 자연물에 대고, 마음에 드는 모습을 촬영합니다.
4. 친구들과 함께 작품을 감상합니다.

학교 숲에서 '숲속 액자 놀이'를 할 때 태블릿 PC나 핸드폰을 이용해서 사진을 찍고, 사진을 모아 숲속 액자 전시회를 열어 자신의 사진을 소개합니다.

"토끼풀 위에 토끼 모양 액자를 놓고 찍으니까 토끼풀이 털같이 보여서 보기 좋아요."

"나비 모양 액자를 가지고 나비의 날개를 빨간색 꽃으로 예쁘게 꾸몄어요."

"나비 모양 액자를 팽나무껍질에 대니까 나방처럼 보여서 재밌어요."

"다람쥐 모양 액자를 소나무껍질에 대고 찍으니까 진짜 다람쥐 같아요."

"나뭇잎이 새 깃털처럼 보여서 멋진 새 모양 액자를 만들었어요."

2. 소나무 수피 탁본 뜨기

'소나무 수피 탁본 뜨기' 활동을 할 때에는 친구와 함께 서로 잡아주며 협동해서 본을 뜹니다. 고정이 필요할 때에는 테이프는 잘 붙지 않으니 장구핀을 사용할 수 있습니다. 종이는 너무 두꺼우면 수피의 모양이 잘 나타나지 않으니, 도화지보다는 A4 용지가 좋습니다. 4B 연필이나 색연필을 사용할 때는 뾰족하게 깎지 말고 뭉툭하게 깎고, 모양을 본뜰 때 연필을 눕혀서 사용하도록 선생님이 시범을 보여줍니다.

소나무 수피 탁본 뜨기

1. 탁본 뜰 나무를 선택한다.
2. 종이를 나무에 고정한다.
3. 4B 연필이나 색연필을 눕혀서 칠한다.
4. 친구들의 작품을 함께 감상한다.

4B 연필 대신 먹물이나 물감을 콕콕 찍어 소나무 탁본을 뜰 수도 있습니다. 화선지를 수피에 대고 손으로 살짝 눌러주고 먹물을 묻힌 헝겊으로 살살 두드리면 문양이 나타납니다. 톡톡 찍는 느낌이 좋아 소나무뿐만 아니라 다른 나무의 탁본도 찍겠다고 하는 아이들도 있고, 나무의 결들이 신기한 듯 친구들을 불러 자기 탁본을 보여주는 아이들도 있답니다. 소나무 수피를 관찰하다가 나무 위로 올라가는 개미와 작은 구멍을 만나게 될 수도 있습니다. 그러면 아이들은 탁본 뜨기 활동은 제쳐두고 한쪽 눈을 바짝 그 구멍에 대고 무언가 찾아 보려고 애를 쓰며 친구들을 불러 모은답니다.

"선생님, 벌레가 있어서 못하겠어요."

"선생님, 종이에 구멍이 났어요. 종이 다시 주세요."

"선생님, 연필이 부러졌어요."

"선생님, 종이가 자꾸 움직여요."

이런저런 이유를 대며 소나무 수피 탁본 뜨기 활동을 어려워하는 아이들도 있습니다. 쉽게 뚝딱 할 수 있는 활동은 아니지만 나무의 수피를 자세히 관찰하며 나무마다 특징이 다름을 알고 질감을 느껴볼 수 있습니다.

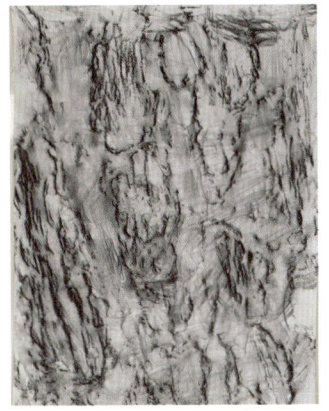
소나무 탁본

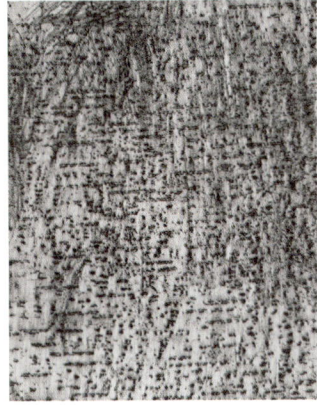
느티나무 탁본

은행나무 탁본

나무껍질

소나무의 겉 껍질은 죽은 것처럼 보이지만 살아있는 껍질입니다. 따라서 세월이 갈수록 나이테가 늘어나면서 껍질은 두꺼워집니다. 옛날 우리 조상들은 소나무껍질로 떡을 만들어 먹었습니다. 4~5월이면 거친 소나무껍질을 깎아내고 속의 흰 껍질을 물에 며칠간 담가 뒀다가 '송피병(송피떡)'이라 부르는 떡을 만들어 먹었다고 합니다.

소나무는 껍질 무늬가 세로로, 벚나무는 가로로 서로 다르게 갈라져 있습니다. 왜 이렇게 껍질 무늬가 서로 다를까요? 갈라진 무늬는 어떤 역할을 할까요? 나무껍질의 무늬는 주로 나무의 성장 방향과 관련이 있습니다. 소나무의 경우, 껍질의 무늬가 세로로 갈라지는 이유는 성장 방향에 따라서 새로운 껍질이 수직 방향으로 성장하기 때문입니다. 다시 말해 성장하는 동안 껍질이 찢어지면서 위에서 아래로 세로로 갈라진 무늬를 형성하는 것입니다. 반면 벚나무의 경우, 껍질 무늬가 가로로 갈라져 있는 이유는 새로운 껍질이 수평 방향으로 성장하기 때문입니다. 즉, 벚나무는 가로로 넓게 성장하면서 가로로 갈라진 무늬를 형성하는 것입니다. 이러한 무늬는 나무의 껍질이 자라는 동안 표면적이 커지면서 생기는 자연스러운 결과물입니다. 나무껍질은 외부로부터 충격이나 영향을 받을 때, 나무 내부의 조직을 보호하고, 영양분과 수분을 저장하는 역할을 합니다.

또한 나무껍질은 나무마다 고유한 특성이 있어 나무를 분류할 수 있는 중요한 요소가 됩니다. 특히 사계절이 뚜렷한 우리나라에서는 초겨울과 이른 봄까지는 나무의 꽃과 잎이 없어 나무 종류를 식별하기가 참 어렵습니다. 그래서 겨울 산행을 할 때는 소나무처럼 상록수이거나 굴참나무, 노각나무, 자작나무처럼 껍질 무늬의 특징이 명확한 나무가 아니면 어떤 나무인지 좀처럼 알아보기가 어렵답니다.

04 솔방울의 변신은 무죄

▷ 『솔방울로 천연 가습기 만들기』 2학년 2학기 통합(자연, 92~93쪽)

▷ 교과 성취기준
- [2즐01-01] 즐겁게 놀이하며, 건강하고 안전하게 생활한다.
- [2즐03-02] 자연의 변화를 느끼며 놀이한다.
- [2즐04-01] 주변의 물건을 활용하여 놀잇감을 만든다.

▷ 수업의 개요

구분	시간	내용	자료 및 참고사항
도입	10	[솔방울과 솔씨 관찰하기] • 솔방울 관찰하기 • 솔방울 안에 들어있는 솔씨 찾아보기	솔씨가 있는 솔방울 돋보기(루페)
전개	60	활동1 **솔방울 마술** • 솔방울 마술 보기 • 솔방울을 꺼내는 방법 생각해 보기 활동2 **솔방울 천연 가습기 만들기** • 마른 솔방울과 젖은 솔방울의 특징 알아보기 • 솔방울로 천연 가습기 만드는 방법 알아보기	솔방울, 작은 병
정리	10	[느낌 나누기] • 친구들이 만든 솔방울 가습기 살펴보기 • 활동 소감 이야기 나누기	

1. 솔방울과 솔씨 관찰하기

솔방울 천연 가습기를 만들기 전에 아이들과 솔방울과 솔씨를 관찰하는 활동이 필요합니다. 미리 솔방울을 준비하여 수업에 활용해야 합니다. 땅에 떨어진 솔방울에는 솔씨가 남아있지 않기 때문에 나무에 달려있는 3년차 솔방울을 수집해야 합니다. 아이들에게 소나무에 달려있는 솔방울을 준비해 오라고 하면 위험할 수도 있고 어려울 수 있으니 힘들어도 교사가 준비해주어야 합니다.

소나무에는 솔방울 가족이 몇 세대가 살고 있을까요?

소나무의 가루받이가 끝나면 콩알 크기 정도의 푸른 솔방울이 열립니다. 솔방울은 다음 해 9~10월쯤 여물어서 갈색으로 변하는데, 2년차 솔방울은 우리가 흔히 아는 솔방울처럼 벌어져있지 않습니다. 3년차가 되어야 솔방울이 검게 변하면서 비늘쪽이 벌어지고 번식을 위해 씨앗이 바람을 타고 날아갈 준비를 합니다. 한 그루의 소나무에 3대의 솔방울이 살고 있는 것도 관찰할 수 있습니다. 학교에 있는 소나무에서 3대의 솔방울을 찾는다면 아이들이 무척 신기해할 것입니다.

1년차 어린 솔방울

2년차 성숙한 솔방울

3년차 익은 솔방울

"솔방울을 관찰해 볼까요? 솔방울이 어떻게 생겼나요?"

"둥근 공처럼 생겼는데 완전히 둥글지는 않네요."

"나무껍질 같아요."

"물고기 비늘 같아요."

"가시가 있는 것도 있어요. 따끔따끔 해요."

솔방울은 나무껍질 같은 비늘이 여러 겹으로 쌓여서 긴 타원형 모양으로 생겼습니다. 솔방울의 비늘 한 가닥 한 가닥을 실편이라고 하는데, 각 실편에는 작은 씨앗이 2개씩 들어있습니다. 보통 솔방울 하나에 실편이 약 50개 정도 있으니, 솔방울 하나에 몇 개의 씨앗이 들어있는지, 솔방울이 다닥다닥 열린 소나무는 몇 개의 씨앗을 만들었는지 생각해보는 것도 재미있습니다.

대부분의 식물들은 엄청나게 많은 씨앗을 만들지만, 조건에 맞는 곳에 떨어져서 본래의 목적대로 싹을 틔우고 살아갈 확률은 매우 희박합니다. 그렇게 때문에 씨앗을 잘 살펴보면 주변 환경을 이용해서 발아율을 높이기 위한 전략으로 신기하고 놀라운 과학적 원리가 숨어 있는 것을 발견할 수 있습니다.

소나무 씨앗은 어떻게 생겼을까요?

솔방울을 관찰하고 나서 조심스럽게 솔방울의 비늘 속을 들여다보면 솔씨가 들어있는 것이 있습니다. 책상이나 바닥에 탁탁 치면 솔씨가 떨어지기도 합니다. 나무에 달려 있는 솔방울을 따서 조심스럽게 건조시키면 솔씨가 날아가지 않고 남아있습니다. 수집한 모든 솔방울에 솔씨가 들어있지 않을 수 있으니 관찰할 솔씨를 미리 준비해줍니다. 크기가 작아 잘 보이지 않으니 돋보기나 루페를 이용합니다.

떨어진 솔방울

솔방울 안에 들어있는 솔씨

소나무 새싹

"솔방울을 살살 바닥에 대고 쳐 보세요. 안에서 뭔가가 떨어지는 솔방울이 있을 거예요."
"이 솔방울은 안 떨어지는데요."
"와, 여기에 날개 달린 게 떨어졌어요."

"단풍나무 씨처럼 단단한 것 옆에 부드러운 날개가 있어요."

"씨를 던지니까 빙그르르 돌면서 떨어져요."

솔방울은 단단한 실편으로 씨앗을 꼭 감추고 있다가 솔방울이 익으면서 실편이 벌어지고 씨앗이 날아가는데, 솔씨는 진한 갈색의 타원형으로 긴 날개가 달려있어 바람에 의해 멀리 날아가기 좋은 구조를 가지고 있습니다.

또, 솔방울은 날씨에 따라 실편이 벌어지거나 오므라들어서 비가 오는 날은 바닥에 떨어진 솔방울의 모양이 달라진 것을 볼 수 있습니다. 이러한 원리 때문에 소나무의 씨앗은 화창하고 바람이 잘 부는 좋은 날씨에는 실편이 벌어지며 멀리 날아갈 수 있고, 비가 오고 습한 날씨에는 실편이 오므려져서 떨어지지 않습니다. 씨앗이 소나무 근처에 떨어지면 햇빛을 못 받아 씨앗이 제대로 자라기 어려우니 아기 씨앗을 건강하게 자라게 하려는 소나무의 노력이라고 볼 수 있습니다.

솔씨가 다 날아간 솔방울도 날씨에 따라 실편을 벌리고 오므립니다. 나무에서 떨어진 솔방울은 생명력을 잃은 열매일 뿐인데 마치 살아있는 것처럼 아기 씨앗을 지키는 마음을 가지고 있다니 놀랍습니다. 학생들과 이런 이야기를 나누다 보면 솔방울 하나하나를 소중한 보물처럼 바라봅니다. 부모님께 효도하라는 잔소리보다 백 배는 더 낫지 않을까요?

2. 솔방울 천연 가습기 만들기

솔방울 미술

"솔방울이 춤을 춘대요."

숲속을 산책하다 보면 솔방울을 자주 보게 됩니다. 흔히 볼 수 있는 이 솔방울이 춤을 춘다는 사실을 알고 있나요? 습도에 따라 솔방울이 열리고 닫히는데 일부 학자들은 이것을 '솔방울의 춤'이라고 부릅니다. 날씨에 따라 서로 다른 박자로 부드럽게 춤을 추기 때문입니다.

솔방울 천연 가습기를 만들기 전에 솔방울을 넣은 페트병을 준비해서 '솔방울 마술' 활동을 하면 아이들의 호기심을 자극할 수 있습니다. 물에 담가서 오므라든 솔방울을 병에 넣고, 건조될 때까지 기다리면 솔방울이 펼쳐지면서 병에서 꺼내기가 어렵게 됩니다. 솔방울을 빨리 꺼내고 싶을 때는 물을 넣으면 솔방울이 다시 오므라들어 꺼낼 수 있습니다.

"어떻게 생수통의 입구보다 큰 솔방울이 생수병 안에 들어갈 수 있을까? 물병 안에 있는 솔방울을 다시 꺼낼 수 있을까?"

질문을 던져놓고 아이들과 솔방울에 대해 이야기를 나누어보았습니다.

"선생님이 구겨서 넣었겠지요."

"물통을 잘라서 꺼내면 되지요."

이렇게 대답하는 아이들에게 힌트를 주었습니다.

"물과 관련이 있는데, 좀 더 생각해볼까요?"

"비 올 때 솔방울이 작아지잖아요."

놀랍게도 솔방울의 특징을 정확하게 대답하는 아이가 있었습니다. 실제로 솔방울이 들어가 있는 물통에 물을 넣고 1~2시간쯤 지나서 솔방울을 꺼내면 아이들은 정말 신기해합니다. 이 원리를 이용해서 솔방울 천연 가습기를 만들 수 있습니다.

솔방울 천연 가습기 만들기

가습기 만들기 활동을 하기 전 아이들에게 가습기가 무엇이고 솔방울이 어떻게 가습기 역할을 할 수 있는지 알아보았습니다.

"솔방울 마술에서 솔방울이 물을 만나면 오므라들고 물이 없을 때는 활짝 펼쳐지는 것을 보았어요. 이것을 이용해 천연 가습기를 만들어보려고 해요. 가습기가 무엇인지 아나요?"

"집에서 물을 넣고 켜면 연기처럼 나오는 것을 본 적이 있어요."

"감기에 걸리면 엄마가 틀어주실 때가 있어요."

"우리 눈에는 보이지 않지만 우리가 있는 이 교실 안에도 작은 물방울들이 공기 사이에 숨어있어요. 그 작은 물방울들이 너무 적을 때를 건조하다고 하고 감기에 걸리기 쉬워져요. 그래서 가습기라는 기계를 사용해서 작은 물방울들을 만들어주는 거예요."

"솔방울은 기계도 아닌데 어떻게 가습기가 될 수 있어요?"

"솔방울을 물에 충분히 적셔서 방에 놓아두면 활짝 펼쳐지면서 가지고 있던 물방울들을 공기들 사이로 보내면서 방이 건조해지지 않게 만들어요. 전기가 없어도 계속 사용할 수 있는 천연 가습기예요."

솔방울 천연 가습기 만들기

1. 솔방울에 보이는 이물질을 제거합니다.
2. 베이킹소다(또는 식초)를 넣은 물에 10~20분 정도 끓입니다.
3. 흐르는 물에 솔방울을 헹굽니다.
4. 쟁반이나 바구니에 솔방울 담아 꾸밉니다.

가습기를 만들 때 가장 신경 써야 할 부분은 여러 가지 오염물질을 잘 제거하는 것입니다. 대기의 오염물질이나 작은 벌레, 곰팡이, 세균 같은 눈에 잘 보이지 않는 것들을 없애기 위해서 끓는 물에 소독하는 과정을 거칩니다. 아이들에게 여러분 방에 항상 놓고 사용해야 하는 것이니 깨끗하게 하기 위해 위와 같은 과정을 거쳐야 한다고 일러줍니다.

이런 활동도 있어요 — 솔방울 공예

사람이 자라고 나이 드는 것처럼 솔방울도 나이가 있답니다. 초록색 비늘이 많으면 어린 솔방울이고, 3년차 솔방울이 되면 나무에서 떨어집니다. 떨어진 솔방울로 팔찌, 메달, 인형, 트리, 모빌도 만들 수 있고, 물감으로 색칠해서 솔방울 꽃을 만들어 꽃병에 꽂아도 예쁘답니다. 아이들이 가지고 놀기에 딱 좋은 솔방울은 자연이 주는 최고의 선물 같아요.

솔방울 트리

솔방울 팔찌

05 짧아도, 길어도 재미있는 솔방울 장난감

▷ 『줄의 길이가 다른 솔방울 장난감 놀이』 2학년 1학기 수학 4. 길이 재기(수학 114-115쪽)

▷ 교과 성취기준
- [2수03-10] 길이 단위 1cm와 1m를 알고, 이를 이용하여 주변 사물의 길이를 측정할 수 있다.

▷ 수업의 개요

구분	시간	내용	자료 및 참고사항
도입	10	[나무 이름 다섯 고개 놀이] • 열매가 맺히는 나무 이름 알아보기	여러 가지 열매
전개	60	활동1 열매 어림대장 놀이하기 • 다양한 열매의 길이 어림하기 • 어떻게 어림했는지 말하기 활동2 열매 길이 재어보기 • 자를 이용하여 열매의 길이 재어보기 • 길이를 '약 몇 cm'로 나타내기 활동3 솔방울 장난감 만들기 • 솔방울 장난감 재료 및 방법 알아보기 • 줄의 길이가 다른 솔방울 장난감 만들기	솔방울, 나무젓가락, 종이컵, 털실, 가위, 테이프, 사인펜, 스티커 등 세계이해교육: 일본 겐다마 만들기
정리	10	[솔방울 장난감 놀이하기] • 친구의 솔방울 장난감 줄 길이 어림하기 • 친구들과 장난감 놀이하기 • 느낀 점 이야기 나누기	

1. 나무 이름 다섯 고개 놀이

"우리 반에 새로운 친구들이 놀러왔어요."

아이들은 웅성거리며 연신 고개를 저어 교실 앞문과 뒷문을 쳐다보기 시작합니다. 우리 반 가장 장난꾸러기인 친구는 새로 온 친구가 부끄러워 자신들의 앞에 나타나지 않고 교실문 밖 복도에 서 있는 것은 아닌지 걱정되어 교실문을 활짝 열어보기까지 합니다. 복도에 아무도 없는 것을 확인하고 궁금함을 참지 못합니다.

"선생님, 복도에 아무도 없는데요?"라고 큰 소리로 이야기합니다.

그때 책상 위에 놓여진 열매 중 하나를 집어 올렸습니다.

"오늘 우리 교실에 다양한 열매 친구들이 놀러왔어요! 그런데 선생님이 우리 교실에 놀러온 열매 친구들의 이름을 잊어버렸지 뭐예요!"

"우리 열매 친구들이 자신에 대한 문제를 준비했어요."

나무도 번식을 위해 열매가 맺히고 그 열매는 나무마다 다양한 크기와 모습을 갖고 있습니다. 다양한 나무 열매를 '친구'라고 소개하여 아이들이 다양한 나무 열매들을 우리 주변에 있는 친구처럼 친근한 존재로 생각했으면 하는 교사의 바람이기도 합니다.

> **첫 번째 고개** : 나는 흐리거나 비가 오는 날은 오므리고, 맑은 날은 열어 씨앗을 멀리 날려 보내!
> **두 번째 고개** : 나는 뾰족뾰족한 바늘잎을 가지고 있어!
> **세 번째 고개** : 나의 바늘잎은 2장씩 묶여 있어!
> **네 번째 고개** : 나는 봄, 여름, 가을, 겨울 모두 푸른 잎을 가지고 있어!
> **다섯 번째 고개** : 나의 이름은 3글자야!

'나무 이름 다섯 고개' 놀이를 하면서 아이들의 반응은 가지각색입니다.

"선생님, 문제가 너무 어려워요! 초성 힌트라도 주세요!"

"선생님, 저는 한글을 모르니 초성 힌트를 주셔도 소용없어요. 그림 힌트 주세요."

"나무가 날씨를 알고 있어요? 대단해요."

"선생님, 저는 두 번째 고개부터 소나무가 답인 거 알았어요."

"바늘잎을 가진 나무는 아주 많은데?"

"씨앗을 멀리 날리기 위해서 솔방울이 맑은 날에만 벌어진다는 것이 신기해요."

나무 이름 다섯 고개 활동은 초등학교 1학년 학생들 수준을 생각하고, 최대한 1학년 학생 입장에서 생각하고 쉽게 만들었습니다. 하지만 학생들의 반응을 보니 '나무의 생태 지식을 어느 정도 갖고 있지 않다면, 쉽게 해결할 수 없겠구나.'라는 생각을 하게 되었습니다. 선생님들께서 '나무 이름 다섯 고개' 놀이를 하신다면 미리 초성 힌트나 그림 힌트를 준비하는 게 좋습니다. 특히 한글을 모르는 학생이 있을 수 있기 때문에 조각 그림이나 조금씩 보여주는 그림 힌트를 준비하시는 것을 추천합니다.

"선생님, 옆에 저 길쭉하게 생긴 솔방울은 뭐예요?"

"스트로브잣나무!"

"선생님, 스트로브잣나무는 발음하기가 너무 어려워요. 혀에 마비가 올 것 같아요."

소나무와 비슷한 열매를 가지고 있고 바늘잎을 가진 다른 열매들의 이름도 알려주고 관찰하게 한 다음 소나무와 닮은 점과 다른 점을 찾아보는 활동도 할 수 있습니다. 열매는 실물로 준비하고 나무의 잎이나 전체적인 모습은 사진으로 준비하면 좋습니다.

"우리 열매 친구들 이름도 알게 되었는데 우리도 스트로브잣나무로 다섯 고개 문제를 만들어볼까?"

"나는 소나무와 닮아서 사람들이 헷갈려 해!"

"나는 추운 겨울에도 푸른 잎을 가지고 있어!"

"나는 바늘잎이 5개씩 뭉쳐 나!"

"나의 열매는 길쭉하게 생겼어!"

"나의 이름은 7글자야!"

2. 열매 어림대장 놀이하기

다양한 열매의 길이 어림하기

'나무 이름 다섯 고개' 놀이를 한 후 학생들에게 모둠별 책상에 놓여진 실물을 하나씩 보여주면서 다시 한번 나무 이름을 불러보며 서로 닮은 듯 다른 모습을 하고 있는 나무의 열매들을 보며 이야기합니다. 본 활동에서 제시된 다양한 열매를 구하기가 어렵다면, 수업의 시기와 맞는 계절에 우리 주변에서 볼 수 있는 열매로 대체하여 수업을 진행해도 좋습니다.

"여러분들 생각에는 어떤 나무 열매가 제일 클 것 같아요?"

"선생님~ 크다는 게 옆으로 넓은 것을 말하는 거예요? 아니면 위아래로 길쭉한 걸 이야기하는 거예요?

"그럼, 선생님이 질문을 바꿔볼게요. 어떤 나무 열매가 제일 길어 보이나요? 여러분이 직접 어림해보도록 해요. 자를 사용하지 않고 어떻게 어림했는지 말해봅시다."

선생님의 말이 끝남과 동시에 대부분의 학생들은 모둠 책상에 놓여진 열매들을 만져보며 일단 몸의 일부인 자신의 손가락을 이용하기 시작합니다. 그런데 한 학생이 자신이 열심히 한글 공부하며 사용했던 짧막해진 지우개를 스트로브잣나무 열매 옆에 살짝 가져다 놓는 것입니다. 지우개를 사용한 이유에 대해 물으니 눈으로 보기에 스트로브잣나무의 열매가 자신의 손가락 마디보다 커 보여 그랬다고 말합니다. 또 한 아이는 메타세쿼이아 열매를 자신의 새끼손가락 한마디에 대어보니 그 크기가 얼추 비슷해서 이제는 메타세쿼이아 열매를 소나무, 오리나무, 스트로브잣나무 열매에 가져다 대며 어림하기를 하기도 합니다. 역시 아이들은 우리가 생각하는 것보다 대단합니다. 일정 시간 후 아이들은 열매 이름 옆에 자신이 어림한 내용을 기록하며 열매의 길이 어림하기 활동을 합니다.

어떻게 어림했는지 이야기 나누기

어림하기 활동이 끝난 후 이제는 모둠 친구들에게 자신이 어떤 방법으로 어림하였는지 말해봅니다. 모둠 친구들에게 자신의 생각을 이야기할 때에는 대화 예절을 지켜 모둠 활동에 참여할 수 있도록 안내합니다. 각 모둠별로 이야기 나눔이 끝나면 각 모둠의 대표가 나와 어떻게 어림했는지 전체 학생들 앞에서 말합니다.

"약 1cm인 엄지손톱을 이용해서 소나무 열매의 크기를 쟀어요."

"약 5cm인 새끼손가락 한마디를 이용해 오리나무 열매의 크기를 재어보았습니다."

"제 지우개 2개 정도가 소나무 열매 길이고 오리나무는 1개 정도네요."

아이들은 각자 자신의 어림하기 방법으로 소나무, 메타세쿼이아, 오리나무, 스트로브잣나무 열매의 길이를 어림해 보았습니다. 누구의 방법이 옳고 그르다고 말할 수 없지만 아이들은 각자의 어림하기 방법을 서로 자랑스럽게 이야기합니다.

소나무 열매

메타세쿼이아 열매

오리나무 열매

스트로브잣나무 열매

본 차시는 2학년 1학기 수학 교과서에 제시된 9차시 '수학이랑 만들어요'의 길이책 만들기 활동을 교과서 100쪽에 그림으로 제시된 '솔방울 장난감 만들기'와 함께 수학 생태놀이로 재구성한 수업입니다. 학교 안에는 다양한 나무들이 있고, 그 나무들이 맺는 열매들의 모양과 크기는 다양합니다. 하지만 우리는 주변에서 쉽게 볼 수 있는 열매와 나무의 이름을 연결하여 생각하기란 쉽지 않습니다. 본 수업에 제시된 열매를 구하기 어렵다면 주변에서 쉽게 구할 수 있는 길이가 다른 열매를 사용할 수 있습니다.

3. 열매 길이 재어보기

이제는 아이들이 어림한 열매의 길이를 정확하게 자로 재어볼 차례입니다.

"어림한 열매의 길이를 정확하게 자로 재볼게요."

아이들은 필통 속에 들어있는 자를 꺼내 모둠 바구니에 들어있는 열매들을 꺼내어 자로 재어봅니다. 자로 재기 전에 눈금을 보며 '0'이라고 쓰여 있는 부분에 재고자 하는 열매의 시작 부분을 맞춘 후 열매 끝 부분의 눈금을 읽습니다. 자 위에 열매를 올려놓고 길이를 재다 보면 눈금이 제대로 읽히지 않아 다시 재야 하는 경우가 발생하니 처음부터 자의 옆 부분에 열매의 시작 부분을 대고 끝부분의 눈금을 읽어 활동지에 기록하도록 안내합니다.

"어림한 길이와 자로 잰 길이가 비슷한가요? 달라도 괜찮아요! 어림하는 방법과 자로 재는 방법을 모두 정확하게 알고 활동했다면 우리 모두 잘한 거예요."

또한 똑같은 열매더라도 크고, 작은 열매들이 있을 수 있기에 자로 잰 길이는 다를 수 있다고 말해줍니다. 모든 문제에는 정답과 오답이 있기 마련입니다. 하지만 어림하기를 하다보면 학년이 높아질수록 쉽게 답하지 못하는 경우가 많습니다. 어찌보면 어림하기는 정답이 없기에 아이들이 쉽게 답할 수 있다고 생각할지 모르지만 자신의 생각을 대답하기 어려워하는 아이들도 생각보다 많았습니다.

'내가 틀리면 어떻게 하지?'

'정답이 아니면 친구들이 틀렸다고 놀릴까?'

'정답을 모르니까 대답하지 않는 게 좋겠어.'

어떻게 하면 이런 두려운 생각에서 벗어나 나의 생각을 자유롭게 이야기할 수 있을까요? 자연 현상은 인간이 예상한 대로, 혹은 예상치 못한대로 이루어지기도 합니다. 아이들이 자연을 벗 삼아 조금 더 자유로운 생각을 할 수 있는 기회는 바로 우리 교사들의 생각과 행동에서 주어진다고 생각합니다.

4. 솔방울 장난감 만들기

솔방울 장난감 만드는 법

◎ 준비물: 솔방울, 나뭇가지(또는 나무젓가락), 종이컵, 털실, 가위, 테이프, 연필

❶ 종이컵 바닥에 나무젓가락이 들어갈 자리의 폭을 연필로 표시합니다.

❷ 표시된 종이컵 바닥을 가위로 자릅니다.

❸ 종이컵 바닥을 자른 후, 자른 곳을 젖히고 나무젓가락을 끼워줍니다.

❹ 나무젓가락을 끼워 빠지지 않게 테이프로 고정합니다.

❺ 솔방울 사이사이로 털실을 엮어 묶습니다.

❻ 솔방울을 묶은 다른 한쪽은 나무젓가락 끝부분에 묶습니다.

1학년 학생들은 가위로 종이컵을 크기에 맞게 자르기 어려울 수 있습니다. 사전 안전 지도를 해주고, 필요하다면 선생님이 미리 잘라두어도 좋습니다. 완성된 솔방울 장난감의 손잡이를 잡고 아래에서 위로 툭 쳐서 올리며 실 끝에 매달려있는 솔방울이 종이컵 안으로 들어갈 수 있도록 합니다.

솔방울 장난감 놀이를 할 때 털실의 길이는 교사가 제시하지 않고 아이들이 나름대로 어림하거나 자로 재어 털실의 길이를 정하여 솔방울 장난감 만들기 활동에 참여합니다. 물론 솔방울을 이용하여 만들기도 했지만, 아이들 중에는 수업 시간에 사용했던 스트로브잣나무 열매를 솔방울 대신 사용해도 되냐고 묻기에 허용하였습니다. 수업을 진행할 때 아이들에게 재료의 허용 범위를 어느 정도까지 인정할 것인지 미리 생각해두는 것도 좋습니다.

본격적인 놀이 활동에 앞서 친구가 만든 솔방울 장난감 줄의 길이를 어림해봅니다. 친구가 만든 장난감 줄의 길이를 어림할 때, 자를 사용하여 미리 자신이 만든 장난감 줄의 길이를 알고 있다면, 아이에게 정답을 말할 기회를 줍니다. 하지만 어림하여 장난감 줄을 만들었다면, 자 혹은 줄자를 이용하여 자신이 만든 장난감 줄의 길이가 얼마인지 알고 활동에 참여합니다.

솔방울 장난감 놀이를 할 때, 성공과 실패에 따라 줄의 길이를 늘리거나 줄이는 전략을 활용할 수 있다는 것을 미리 이야기하면 조금 더 적극적으로 수업에 참여하는 아이들을 볼 수 있습니다. 친구의 솔방울 장난감 줄 길이 어림하기 활동이 끝나면 본격적인 솔방울 놀이 활동이 시작됩니다.

솔방울 장난감 놀이, 스트로브잣나무 열매 장난감 놀이 등 아이들이 사용한 재료에 따라 이름은 다양하게 붙여도 좋습니다. 아이들의 표현에 의하면 솔방울은 둥근 모양, 스트로브잣나무 열매는 길쭉한 모양을 하고 있어 놀이 활동 시 각각의 열매가 갖고 있는 매력을 느낄 수 있습니다.

사실 솔방울보다 스트로브잣나무 열매가 길쭉하고 비늘 사이의 간격이 넓어서 오른쪽에 보이는 사진처럼 종이컵 가장자리에 코~옥 박혀 아이들의 웃음을 자아내기도 했답니다.

"내꺼는 줄이 너무 짧은 것 같아."

"내꺼는 줄이 너무 길어서 종이컵에 잘 들어가지 않아요! 짜증나!"

"선생님, 다시 만들면 안 돼요? 제 솔방울 장난감은 실패인 것 같아요."

"누구 솔방울이 종이컵에 더 많이 들어가는지 내기해요!"

놀이에 참여한 아이들은 각자 성공담과 실패담을 나누며 줄의 길이를 바꾸어 새롭게 도전하며 또 다른 놀이를 만들어냅니다.

평소 쉽게 지나쳤던 주변의 다양한 열매들을 이용하여 재미있는 장난감을 만들고, 길이에 대한 감각도 몸으로 익힐 수 있는 '살아있는 수학 수업'입니다. 주변의 작은 것 하나라도 관심 있게 본다면 그것이야말로 진정한 생태전환교육의 시작입니다.

읽을거리 이런 활동도 있어요.

1. 나뭇잎 길이 어림하기

나뭇잎의 길이, 잎자루 등 기준을 세워 가장 긴 것을 찾을 수 있도록 안내합니다. 나뭇잎의 길이, 잎자루 등 기준에 맞춰 자신이 찾아온 나뭇잎을 친구들이 찾아온 나뭇잎과 비교하여 봅니다. 가장 길이가 긴 어림대장을 찾습니다. 이 활동을 할 때에 떨어진 나뭇잎을 활용해도 좋지만, 나무에게 미안함을 말하고 나뭇잎을 따서 활동해도 좋습니다.

2. 나뭇가지 길이 어림하기

학교 정원이나 운동장에 떨어진 나뭇가지 하나를 가지고 와서 나뭇가지의 길이가 얼마인지 어림하여 말합니다. 나뭇가지 하나, 혹은 두 개를 연결한 나뭇가지의 길이를 어림하는 방법도 있습니다. 이때 어림한 길이는 줄자를 이용하여 정확하게 측정합니다.

3. 친구와 함께 길이 어림하기

먼저 모둠별로 돌아가며 각자가 만들 길이(예시 : 70cm, 100cm 등)를 이야기하고 기록합니다. 5분 동안 모둠별로 이야기한 길이를 연결하여 만들 자연물을 모아옵니다. 자연물을 모두 모았다면, 모든 모둠이 타이머에 맞추어 모아온 자연물을 연결해서 모둠에서 이야기한 길이를 어림하여 만듭니다. 시간이 다 끝난 후 모둠별로 줄자를 이용하여 길이를 측정합니다. 방법을 변경하여 상대 모둠에서 제시한 길이를 만들기 위해 자연물을 연결할 수도 있습니다.

06 솔방울로 이렇게 재미있게 놀 수 있다고?

▷ 『자연 속 운동회』 2학년 1학기 통합(자연, 56~57쪽)

▷ 교과 성취기준
- [2바01-04] 생태 환경에서 더불어 살기 위해 노력한다.
- [2슬01-04] 사람과 자연, 동식물이 어우러져 사는 생태를 탐구한다.
- [2즐01-04] 우리를 둘러싼 자연의 아름다움을 감상한다.

▷ 수업의 개요

구분	시간	내용	자료 및 참고사항
도입	10	[솔방울의 모습을 살펴봐요] • '솔방울 가족'을 듣고 따라 부르기 • 솔방울의 모습을 살펴보고 보이는 대로 이야기하기	
전개	60	선택1 솔방울 탑 쌓기 • 솔방울을 이용해 높이 쌓기 선택2 둥지에 알 넣기 • 자연물을 이용하여 둥지를 만들고 솔방울 넣기 선택3 나는야! 투수왕! • 나뭇가지 사이에 솔방울 던져 통과시키기 선택4 알까기 선수 • 바닥에 그려진 도형 안에 솔방울 튕겨 넣기	
정리	10	[느낀 점 이야기하기] • 솔방울을 가지고 놀이하며 느낀 점 이야기 나누기	

1. 솔방울 탑 쌓기

솔방울 탑 쌓기는 납작한 돌들을 이용해 돌탑을 쌓는 것과 비슷하다고 생각하면 됩니다. 이 놀이를 하기 위해서는 많은 솔방울이 필요합니다. 소나무가 많이 있는 소나무 그늘에서 이 활동을 진행하면 좋습니다. 아이들에게 주변의 솔방울을 찾아 오라고 해도 괜찮지만 모둠을 나누어 어떤 모둠이 더 많이 모으는지 약간의 경쟁을 하도록 해주면 좀 더 재미있게 시작할 수 있습니다.

여럿이 함께 탑 쌓기를 하는 것도 좋지만 3~4명 정도가 좋습니다. 학생 수가 적다면 두 팀으로 나누고 학생 수가 많다면 한 모둠이 3~4명 정도 되도록 팀을 정한 후 자신의 모둠 자리를 정합니다. 모둠의 이름을 만들고, 모둠의 자리에 자연물을 이용해 표시하는 것도 좋습니다. 시간을 정해주고 팀원들이 솔방울 모으기를 실시합니다. 이 활동을 할 때는 아이들의 활동 반경이 넓어 사전 안전 교육이 중요합니다. 선생님이 정해주는 공간을 넘어서 멀리 가지 않도록 하고 풀숲에 함부로 들어가지 않도록 해야 합니다.

"솔방울을 모으느라 고생이 많았어요. 이제 본격적으로 오늘의 게임을 시작할게요. 이 솔방울을 위로 쌓는 것이 오늘의 목표입니다."

아이들이 함께 모아온 솔방울을 쌓기 위해 놀라운 집중력을 발휘하게 됩니다. 솔방울이 동그랗기 때문에 높이 쌓기가 생각보다 쉽지 않을 수도 있습니다. 모둠별로 할 수도 있고, 개인별로 해도 재미있습니다. 쌓는 방법을 미리 설명하지 않고 아이들에게 맡기면 아이들의 창의력도 키울 수 있는 놀이입니다.

"선생님, 꼭 솔방울로만 쌓아야 하나요?"

자꾸 무너지는 솔방울 탑으로 속상한 아이들은 새로운 방법을 시도합니다. 다양한 도구를 활용해도 괜찮다고 하면 소나무 가지를 가져다가 솔방울을 끼우는 아이들도 생기고 다른 모둠에서 하는 것을 보고 더 다양한 방법을 시도하는 아이들도 생깁니다. 지나치게 경쟁하는 아이들이라면 솔방울로 국한해서 게임을 진행하는 것이 좋습니다. 소극적인 아이들이라면 다른 자연물을 활용하는 것까지 허용해주어도 좋습니다. 그 상황에 맞게 교사가 판단하여 조정하는 것도 필요합니다.

솔방울 탑 쌓기가 끝나면 모둠별로 발표하고 듣는 시간을 갖습니다. 쌓은 탑의 이름, 그렇게 이름을 지은 이유, 만들면서 힘들거나 재미있었던 것을 다른 모둠의 아이들에게 설명하게 하고 설명을 듣고 다른 모둠의 아이들은 궁금한 것을 서로 물어볼 수도 있습니다. 높이가 가장 높은 모둠에게도, 설명을 잘한 모둠에게도, 쌓은 탑의 모양이 멋진 모둠에게도 칭찬의 박수를 보낼 수 있습니다.

아이들이 열심히 모아서 활동한 솔방울은 활동이 끝나면 다시 자연으로 돌려보낼 수 있도록 해야 합니다. 또는 모아둔 솔방울로 뒤에 나오는 다른 활동도 같이 할 수 있습니다.

2. 둥지에 알 넣기

소나무 숲에 가서 주변의 모습을 관찰하고 아이들을 두 모둠으로 나눕니다(학생들이 많으면 세 모둠으로 나누어도 좋아요). 솔방울을 제외하고 떨어진 솔잎이나 나뭇가지를 이용해 새 둥지를 만들도록 합니다.

이때는 둥지를 만드는 위치를 정해주어야 다음 활동에 좋습니다. 둥지에 알 넣기 활동을 할 때 둥지가 여기저기에 있으면 안 되니까요.

아이들은 서로 협력해서 솔잎과 솔가지를 이용해 높게, 또는 크

게 새 둥지를 만듭니다.

"여기에 커다란 새 둥지가 생겼네요. 그런데 둥지 안에 알들이 없어요. 오늘은 여러분 주변의 솔방울들이 새의 알입니다. 여러 친구들이 이 둥지에 알을 넣어주는 활동을 할 거예요."

"주변에 있는 솔방울 2개씩 가지고 모여주세요. 자신의 둥지 앞에 선이 보이지요. 이곳에 두 줄로 서주세요."

모둠에서 만들어놓은 둥지에서 3~4m 떨어진 곳에 솔가지를 이용해 출발선을 표시해놓고 솔방울을 준비해서 모이도록 합니다.

"저 둥지에 새 알을 던져 넣을까요? 알을 던지면 깨지겠지요? 소중한 알을 여러분의 무릎 사이에 놓고 둥지까지 이동해 가서 둥지 속으로 넣어야 합니다. 손을 이용하는 것은 안 됩니다. 중간에 떨어뜨리면 탈락입니다. 둥지 밖으로 알이 나가도 탈락입니다."

무릎에 솔방울을 끼우고 콩콩콩 뛰어가서 둥지 위에서 다리를 벌려 솔방울을 내려놓는 아이들도 있고 어그적어그적 걸어가서 내려놓는 아이들도 있습니다. 두 번의 기회를 주고 성공한 알(둥지에 들어간 솔방울)의 개수로 승패를 따지면 됩니다.

자연물을 이용해 놀이를 하고 놀이가 끝난 후에는 자연에 다시 돌려주는 것이 좋습니다. 솔방울과 솔잎, 나뭇가지도 원래 가져온 위치로 되돌리는 활동으로 마무리를 하면 됩니다. 우리가 자연에서 잠깐 빌려온 것을 제자리에 다시 돌려주는 것입니다.

야외에서 활동을 하는 게 생생하고 좋지만 실시하려고 한 날에 날씨가 너무 덥거나 비가 오면 미리 모아놓은 솔방울을 이용해 실내에서 활동할 수도 있습니다. 이때에는 실내에 바구니를 높이와 거리가 다르게 달아놓고 솔방울 던져 넣기 활동을 할 수 있답니다. 솔방울 던져 넣기를 할 경우 처음에 정해놓은 거리를 끝까지 유지하기보다는 연습을 하게 하거나 한두 번 실시해보고 과녁에 잘 들어가지 않는다면 좀 더 가깝게 던지는 위치를 조정하면 됩니다. 출발선의 위치에 따라 점수를 다르게 주는 방법도 재미있습니다. 과녁에서 가까운 곳은 점수가 낮고 멀어질수록 점수가 높아지는 것입니다. 또 과녁을 세분화하는 방법도 있습니다. 안쪽 원에 들어가면 10점, 바깥쪽 원은 5점 이런 식으로 점수를 다르게 할 수 있습니다.

 3. 나는야! 투수왕!

주변에 높지 않은 나무가 있다면 가지와 가지 사이로 솔방울을 던지는 놀이를 이어서 하는 것이 좋습니다. 솔방울이 무겁지 않아서 돌을 던지는 것보다는 요령이 필요할 수 있습니다. 솔방울을 던질 수 있는 공간이 위로 갈수록 넓어져 쉽다고 생각된다면 던지는 거리를 좀 더 멀리하여 난이도를 조절할 수 있습니다. 또 Y자 모양의 나뭇가지 사이에 가로로 나뭇가지를 끼워 넣어서 생긴 삼각형을 통과하도록 할 수도 있습니다. 난이도를 높이는 다양한 방법이 있습니다.

그러한 나무가 없다면 나무를 맞추는 놀이를 진행하는 것도 괜찮습니다. 던져서 통과 시키거나 맞추는 난이도에 따라 점수를 정해서 하는 것도 좋습니다. 높은 점수를 얻으려고 승부욕을 불태우는 아이들도 있습니다.

처음에는 정해준 자리에서 솔방울을 던지지만 활동이 끝난 후에도 그 과녁을 향해 계속해서 던지기를 시도하는 아이들이 있습니다. 솔방울로 시작했지만 주변에서 쉽게 발견되는 돌이나 나뭇가지를 이용하여 놀이를 하기도 하는데 놀이를 끝내기 전에 주의사항을 꼭 안내해야 합니다. 아이들이 서로 맞은편에 위치하지 않도록 해야 합니다. 날아오는 솔방울에 맞을 수도 있기 때문입니다. 솔방울은 덜 위험하지만 아이들이 응용한 놀이에서는 어떤 물건이 날아올지 모릅니다.

나무가 있는 숲에서 진행하는 것이 좋지만 날씨 때문에 어렵다면 실내에서 할 수도 있습니다. 한 번 사용하고 버리는 현수막을 활용하면 좋습니다. 천의 가운데에 구멍을 내고 그 구멍에 솔방울을 던져 넣도록 합니다. 구멍의 크기, 현수막의 높이로 난이도를 조절할 수 있습니다.

4. 알까기 선수

작은 네모 하나를 만들고 주변에 솔방울을 흩어 놓아줍니다. 동그라미도 상관없습니다. 두 사람이 가위바위보로 순서를 정합니다. 이긴 사람이 먼저 손가락으로 튕겨서 네모 안에 솔방울을 넣는 놀이입니다. 한 번에 들어가지 않을 수도 있습니다. 기회는 한 번이고 상대방에게 기회가 넘어갑니다. 솔방울을 튕기려면 손가락의 힘이 필요합니다. 손가락이 아플 수 있으니 어린이용 목장갑이 있으면 더 좋습니다.

"선생님, 손가락을 튕기는 게 잘 안 되어 속상해요."

저학년 아이들은 손가락 튕기기를 어려워하는 경우가 있습니다. 그런 경우에는 손가락을 막대기처럼 해서 치는 것까지 허용해줄 수 있습니다. 그것도 힘들다면 주변의 나뭇가지나 나무젓가락 등을 이용해 솔방울을 치게 할 수도 있습니다.

"친구가 넣은 솔방울을 제가 쳐내도 되나요?"

"네. 가능합니다. 그런데 자신의 솔방울도 같이 나갈 수도 있답니다."

자신이 튕긴 솔방울이 네모 안에 든 솔방울을 밖으로 튀어나가게 할 수도 있습니다. 어느 방향으로 얼마큼의 세기를 줘야 하는지 작전을 짜며 고심하게 됩니다. 마지막까지 네모 안에 들어가 있는 솔방울이 많은 사람이 이깁니다. 그런데 이렇게 서로 쳐내고 하다 보면 누가 넣은 것인지 구분되지 않아 싸움이 발생할 수도 있습니다. 바둑돌처럼 흰 돌과 검은 돌이 있는 것이 아니고 솔방울의 모양이 비슷하기 때문입니다.

처음부터 솔방울의 모양이나 크기가 확실하게 다른 것으로 준비한 뒤 어느 솔방울을 차지할지 가위바위보로 정하면 좋습니다. 또 솔방울과 잣나무 열매처럼 다른 종류를 준비할 수도 있습니다. 이것도 어렵다면 솔방울에 스티커를 붙이거나 네임펜으로 표시를 해서 구분할 수도 있습니다.

읽을거리 이런 활동도 있어요.

솔방울 한 가지로 할 수 있는 놀이는 무궁무진합니다. 수업 환경이나 인원에 따라 활동을 하는데 적합한 것들을 선택하여 생태 놀이로 활용할 수 있습니다. 솔방울 생태놀이를 통해 소근육을 발달시키며 집중력을 키울 수 있고, 다양한 신체 놀이와 접목하여 체력을 단련할 수 있습니다. 자연에서 다양한 방법으로 문제를 해결해 나가며 창의력을 신장시킬 수 있습니다.

1. 구슬치기 대장

둥글게 원을 그리고 원 가운데 부분에 20~30여 개의 솔방울을 모아놓습니다. 솔방울이 모여 있는 원에서 2m 정도 떨어진 곳에 출발선을 표시합니다. 한 아이당 2~3개의 솔방울을 가지고 출발선에 모입니다. 자신이 가지고 있는 솔방울을 세게 던져서 원 안에 모여 있는 솔방울을 원 밖으로 보낸 개수만큼 자신의 점수가 되는 것입니다. 개인 활동으로 각자 점수를 낼 수도 있고 모둠을 나누어 원 밖으로 나간 솔방울의 개수를 합하여 모둠 점수를 낼 수도 있습니다.

2. 솔방울 제기차기

솔방울을 꼭지 부분을 실이나 고무줄로 묶고 실의 끝부분을 잡고 제기차기 놀이를 해 봅시다. 한 손으로 끈을 붙들고 오른발이나 왼발로 솔방울을 차는 활동입니다. 솔방울을 찰 때는 양쪽 발을 다 사용해도 좋습니다. 다리의 힘을 길러주고 공간 감각과 균형 감각을 키워줄 수 있습니다. 제기차기를 잘 하게 되면 실의 끝부분을 잡지 않고 차도록 하여 난이도를 조절할 수도 있습니다.

3. 솔방울 꼬리잡기

50~60cm 정도 되는 끈을 준비해서 솔방울의 꽁지 부분을 묶어줍니다. 그리고 학생들의 허리에 묶어서 솔방울이 엉덩이 쪽으로 가게 해줍니다. 혼자서 하기 어려우니 서로 도와주도록 합니다. 뛰어다닐 수 있는 공간을 정해주고 상대방의 솔방울 꼬리를 잡도록 합니다. 서로 부딪혀 다치지 않게 조심해야 합니다. 솔방울 꽁지를 세게 잡지 않고 살짝 만지기만 해도 잡힌 것으로 정하는 것이 좋습니다. 처음에는 개인전으로 하다가 꼬리가 잡힌 사람이 안 잡힌 사람의 허리를 잡아 한 줄 기차를 만들어 여러 번 진행할 수 있습니다.

02 | 피고 지고 또 피는 무궁화

나는 누구일까요?

여름에 약 100일간 꽃이 피어요.

한 나무에서 3천 송이 이상의 꽃이 피기도 해요.

매일매일 새로운 꽃이 피어요.

무슨 꽃일까요?

바로 무궁화

무궁 무궁 무궁화

무궁화는 여름부터 가을까지 하염없이 꽃이 피고 지기를 반복하여 여름 내내 나무에 꽃이 피어있는 것처럼 보입니다. 그래서 이름도 무궁화(無窮花)라는 이름이 붙여졌습니다. 하나로 모여있는 꽃잎은 우리 겨레의 단결과 협동심을 상징합니다. 또 여름철 100여 일간 한 그루의 무궁화에서 3천 송이 이상의 꽃을 피우는 것은 우리 민족의 인내, 끈기, 진취성과 닮았습니다.

무궁화 꽃은 한 송이씩 피는데 아침에 피었다가 저녁에는 꽃잎을 말아 오므리고 잠을 잡니다. 다음날 시든 꽃이 그대로 떨어지기 때문에 하루살이 꽃입니다. 꽃의 수명은 하루지만 가지가 생장하면서 매일 새로운 싱싱한 꽃을 피웁니다. 먼저 핀 꽃이 지고 나면 그 옆에서 다시 꽃눈이 생겨 서리가 내릴 때까지 꽃을 계속해서 피우는 특성이 있습니다.

| 아침의 무궁화 | 꽃잎을 말고 있는 무궁화(저녁) | 무궁화 씨앗 |

9월 지나면 타원형 열매가 꽃받침에 싸여 있다가 잘 익은 열매는 위쪽부터 다섯 갈래로 갈라져 벌어집니다. 열매 속에는 갈색의 씨앗이 촘촘하게 많이 들어있습니다. 털이 달린 씨앗이 하나둘씩 바람을 타고 날아갑니다. 하나의 씨앗을 살펴보면 납작한데 가장자리에 긴 털이 나 있습니다. 더 자세히 살펴보면 태극 무늬가 보이기도 합니다. 다음 해 무궁화의 잎이 나고 꽃이 필 때까지 열매 껍질이 나무에 매달려 있는 경우가 있습니다. 떨어질 때까지 기다려주는 것이 아닐까요? 생명력이 강한 무궁화는 이른 봄에 씨앗을 뿌려도 잘 자라고 꺾꽂이를 해도 번식할 수 있습니다.

나라꽃 무궁화

무궁화를 국화로 정한다고 국가 기관에서 결의하거나 법령으로 공포한 것은 아닙니다. 관습적으로 국화로 여겨온 것입니다. 이홍직의 '국사대사전'에 '무궁화는 구한말부터 우리나라 국화로 인식되었는데 국가나 개인이 정한 것이 아니라 국민 대다수에 의해 자연발생적으로 그렇게 된 것'이라고 기록되어 있습니다. 자연발생적으로 겨레의 얼과 민족성을 상징하는 꽃이 되었다는 점에서 더 의미 있는 것 같습니다.

국기봉은 무궁화의 꽃봉오리 모양을 본떠서 만들었습니다. 무궁화 도안이 사용된 훈장도 있고 대한민국 여권 표지에도 무궁화 문양이 들어가 있습니다. 자동차 번호판 봉인도 무궁화 압인입니다. 지금은 보기 어렵지만 기차도 무궁화호가 있었고 위성도 무궁화 이름이 있습니다. 국회의원 배지, 정부 부처의 상징물에도 무궁화 문양이 들어가 있습니다.

나라꽃 무궁화에 대해 관심 갖기를 바라며 무궁화를 기념하는 날이 없는 것을 안타깝게 여긴 어린이들의 뜻을 모아 2007년에 8월 8일이 무궁화의 날로 만들어졌습니다. 숫자 8을 옆으로 눕히면 무한대 기호(∞)가 되어 '끝이 없다'는 뜻과 무궁하다는 의미가 같아서 그렇게 정했다고 합니다.

무궁화 종류가 너무 많아요

무궁화의 종류는 200종 이상이라고 합니다. 꽃잎의 색에 따라 단심계, 배달계, 아사달계의 3종류로 구분합니다. 꽃의 중심부에 붉은색(단심)이 있으면 단심계, 붉은색이 없이 흰색만 있으면 배달계, 중심부에 붉은색이 있고 꽃잎에 무늬가 있는 종류는 아사달계라고 부릅니다.

꽃잎의 색에 따른 무궁화 분류

단심계

배달계

아사달계

학교 주변뿐만 아니라 어디서든 가장 많이 볼 수 있는 무궁화는 단심계입니다. 단심계는 또다시 구분되는데 꽃 중심부에 있는 붉은 무늬에 따라서 백단심계, 홍단심계, 청단심계로 구분됩니다. 복잡한 것 같지만 이름을 붙인 것을 알게 되면 금방 기억할 수 있게 된답니다.

단심계 무궁화 분류

백단심계

홍단심계

청단심계

01 넘어져도 괜찮아

▷ 『나뭇가지 균형잡기 놀이』 1학년 1학기 통합(학교, 60~61쪽)

▷ 교과 성취기준
- [2즐02-01] 즐겁게 놀이하며, 건강하고 안전하게 생활한다.

▷ 수업의 개요

구분	시간	내용	자료 및 참고사항
도입	10	[준비운동] • 음악에 맞추어 춤추며 몸 풀기	
전개	60	활동1 **다양한 균형잡기 동작해보기** • 무궁화 나뭇가지로 균형잡기 • 나뭇가지 올려서 균형잡기 활동2 **나뭇가지로 놀이하기** • 나뭇가지 균형 잡고 이어달리기 • 나뭇가지로 다양한 놀이하기	무궁화 나뭇가지 (다른 나무도 가능)
정리	10	[정리하기] • 정리 운동을 하며 신체의 각 부위 풀어주기 • 배려하는 마음에 대해 이야기 나누기	

1. 자연과 어울려 자라는 아이들

자연에서 자라요

우리의 몸은 크고 작은 다양한 근육으로 이루어져 있습니다. 대근육과 소근육을 많이 사용하고 자극하며 골고루 발달해야 하는 성장기의 학생들에게는 온몸의 근육을 사용해보는 것이 중요합니다. 그러나 요즘 학생들은 컴퓨터나 스마트폰을 들여다보느라 가만히 앉아만 있거나 코로나 대유행을 겪으며 여럿이 함께 어울려 놀아본 경험이 많지 않습니다. 그래서 아이들이 자연 속에서 재미있는 놀이를 하며 평소에 사용하지 않는 다양한 근육을 사용할 수 있는 기회를 가질 수 있도록 수업을 구성해보았습니다.

왜 무궁화 가지일까요?

겨울 추위가 지나고 3~4월 무궁화 싹이 나오기 전에 가지치기를 해주면 원하는 나무 모양으로 만들 수 있습니다. 또 생장 상태가 좋지 않은 가지를 솎아내어 크고 아름다운 꽃을 피우는 데 도움이 됩니다. 이렇게 가지치기하고 버려진 무궁화의 나뭇가지를 이용하여 재미있는 균형잡기 놀이를 할 수 있습니다.

다른 나뭇가지를 이용해도 좋지만 수업에서 무궁화 가지를 사용하는 이유는 잔가지가 없이 매끄럽고 곧게 자라서 여러 놀이에 활용하기 좋기 때문입니다. 또 무궁화는 학교에서 쉽게 볼 수 있어서 나뭇가지를 구하기도 쉽습니다.

그리고 무궁화 가지는 탄력이 좋고, 잘라진 나무가 말라서 갈라지거나 끊어지는 일이 적습니다. 그래서 매끄럽고 낭창낭창한 무궁화 나뭇가지를 예전에는 사랑의 매로 많이 사용했다고 합니다.

하지만 "꽃으로도 때리지 말라."라는 말처럼 체벌은 절대 있어서는 안 될 일입니다. 무궁화가 우리나라를 상징하는 꽃이기 때문에 한 번 더 살펴보며 사랑하는 마음을 기르는 것도 중요한 이유 중 하나입니다.

날이 풀리고 바람이 따뜻해지는 봄이 되어 무궁화 가지가 자라는 모습을 자주 들여다봅니다. 어느날 출근길에 보니 가지가 적당히 자란 것 같아서 '이따가 행정실 주무관님께 몇 개만 잘라달라고 말씀드려야겠다.'라고 마음 먹었습니다. 그런데 수업이 끝나고 무궁화를 확인하러 화단에 갔더니 무궁화 키가 줄어들어 버렸습니다. 당황스러운 마음으로 행정실 주무관님께 여쭤보니 이미 가지치기를 끝내고 잘려진 가지는 짧게 잘라서 버리셨다는 겁니다. 인근 학교에 계시는 다른 선생님께 부탁을 드려 간신히 무궁화 가지를 확보하기는 했지만 참으로 당황스러운 기억입니다. 나뭇잎이나 꽃도 계절이 중요하지만 특히 나뭇가지를 활용하여 수업을 하기로 계획했다면 꼭 미리 행정실에 말해두는 것이 필요하겠습니다. 생태자료 쇼핑몰 등에서 판매하는 것도 있지만 생김새나 길이가 비슷합니다. 획일적인 교구보다는 자연적으로 떨어진 다양한 나뭇가지를 활용하면 더욱 재미있고 창의적인 놀이를 할 수 있습니다.

 ## 2. 무궁화 나뭇가지로 균형잡기

신체를 이용해서 균형 잡기

손바닥이나 손가락 등 다양한 신체 부위에 나뭇가지를 올려놓고 균형을 잡아봅니다.

"얘들아, 나뭇가지가 떨어지지 않도록 손바닥에 올려놓을 수 있니?"

"에이, 선생님! 너무 쉬운데요?"

"그래? 그렇다면 이번에는 손가락 위에 나뭇가지를 올려보자. 이것도 잘할 수 있으려나?"

"어! 으악! 선생님! 자꾸 떨어져요."

나뭇가지에 닿은 면적이 줄어드니 아이들이 중심 찾기를 어려워합니다. 하지만 포기하지 않고 몇 번의 시도 끝에 결국 균형잡기를 해냅니다. 어느 정도 적응이 되면 이번엔 발등에 올려놓아봅니다. 가만히 서있기도 힘들어 하던 아이들이 나뭇가지를 발등에 얹고 한바퀴 돌기까지 합니다. 신발과 발목 사이에 나뭇가지를 끼워 빠지지 않게 꼼수를 부리는 아이들도 있지만 모두 웃으며 넘어갑니다.

어느 정도 적응이 되면 나뭇가지를 가로가 아닌 세로로 세워 손바닥, 손가락, 발등에 올려 균형잡기 놀이를 하면 재미있습니다.

균형잡기 고수되기

이제 단계를 올릴 시간입니다. 신체 부위에 나뭇가지를 올려놓는 균형잡기를 제법 하게 되어서 이번엔 나뭇가지 위에 다른 나뭇가지를 올려놓게 했습니다. 생각대로 균형이 잘 잡히지 않아서 어려워했지만 교사가 몇 번 시범을 보여주니 이번에도 역시 중심점을 찾아 균형잡기를 곧잘 해냅니다. 아이들이 처음에는 어려워하지만 도전 정신을 자극해서 즐겁게 참여했습니다.

3. 무궁화 나뭇가지로 놀이하기

균형 잡고 이어달리기

아이들이 어느 정도 균형잡기에 익숙해지면 신체 부위에 나뭇가지를 올리고 반환점을 돌아오는 균형 잡고 이어달리기를 해도 재미있습니다.

"선생님! 제 나뭇가지는 절대로 떨어지지 않아요!"

"야~ 너는 파마 했잖아!"

뽀글뽀글 파마머리 사이에 나뭇가지를 끼워 넣고 달려나가서 다른 친구들의 원성을 듣지만 마냥 즐겁습니다. 머리 위에 나뭇가지를 올려놓는 모양도 가지각색입니다. 나뭇가지를 떨어뜨리면 안 되니 마음껏 달리지 못하고 답답해하지만 웃음소리가 끊이지 않는 놀이시간입니다. 위에 올려놓는 나뭇가지의 수를 점점 늘려보는 것도 재미있습니다.

나뭇가지를 세우고 손뼉치기

무궁화 가지를 자기 몸 앞에 세운 뒤 나뭇가지를 놓았다가 손뼉을 한 번 치고 다시 나뭇가지를 잡는 놀이도 있습니다. 나뭇가지를 놓았다가 다시 잡는 동안 손뼉을 많이 치기 위해서는 나뭇가지의 균형을 잘 잡아야 한다는 것을 알게 됩니다.

나뭇가지가 쓰러지기 전에 한 바퀴 돌기

나뭇가지를 자기 몸 앞에 세운 후 나뭇가지를 손에서 놓고 자기 몸을 한 바퀴 돌린 후 손에서 놓은 나뭇가지를 다시 잡는 놀이도 재미있습니다. 두 바퀴, 세 바퀴 늘리면서 나뭇가지 잡기 놀이를 할 수 있습니다. 나뭇가지를 잡지 못하거나 나뭇가지가 먼저 쓰러지지 않고 누가 누가 오래 버티는지 시합하는 것도 좋아합니다.

지팡이를 잡아라 놀이하기

긴 나뭇가지가 있다면 '지팡이를 잡아라' 놀이를 할 수 있습니다.

> 1. 동그랗게 원 모양으로 선 후 나뭇가지를 하나씩 세워서 잡습니다.
> 2. 교사의 신호에 맞추어 잡고 있던 나뭇가지를 놓고 몸만 옆으로 이동합니다.
> 3. 옆에 있던 친구가 놓고 간 나뭇가지가 쓰러지기 전에 재빨리 이동해서 잡습니다.
> 4. 처음에는 2명으로 시작해서 점차 사람 수를 늘려가며 놀이를 합니다.

이 놀이는 아이들 사이의 간격이 너무 가까워도 어렵고 또 멀어도 어렵습니다. 여러 번 시행착오를 겪으며 적당한 거리와 간격이 어느 정도인지 알아갈 수 있도록 합니다.

또 내가 옆으로 이동해서 나뭇가지가 쓰러지기 전에 잡아야 하는 것처럼 내 나뭇가지를 다음 친구가 잘 잡을 수 있도록 해주는 것도 중요합니다.

"나만 옆에 있는 나뭇가지를 잡으면 되는걸까?"

"아니요. 모두 잘 잡아야 돼요."

"그렇다면 친구가 내 나뭇가지를 잘 잡을 수 있게 하려면 어떻게 해야 될까?"

"나뭇가지가 쓰러지지 않게 잘 놓아야 해요."

"맞아. 친구가 나뭇가지를 잡기 전에 쓰러지지 않도록 균형을 맞춰 잘 세워놔야겠지."

나뭇가지의 길이는 아이들의 허리춤에 오는 정도가 좋지만 일률적으로 똑같은 길이의 가지보다 다양한 길이로 놀이를 하는 것도 더 생동감 있고 재미있습니다. 또 얇은 가지보다는 적당히 굵기가 있는 것이 좋습니다.

"얘들아, 나뭇가지가 중간에 쓰러지면 동그란 원 모양이 제대로 만들어질 수 있을까?"

"아니요. 모양이 찌그러지고 이상해져요."

지팡이 잡기 놀이가 단순한 재미로 끝나지 않도록 나뭇가지 하나하나가 소중하듯 생태계에 있는 모든 것들이 소중한 존재라는 이야기를 한 번 더 나누어봅니다.

"우리가 동그란 모양을 만들기 위해서는 모든 나뭇가지가 쓰러지지 않아야 해. 하나하나 다 소중하고 필요한 존재들이야."

인디언텐트 만들기

친구들과 함께 인디언텐트처럼 나뭇가지를 세워보는 활동을 할 수도 있습니다. 무궁화 나뭇가지가 매끈해서 서로 걸쳐 놓기 어렵기 때문에 제대로 서있지 못하고 금방 쓰러지기 쉽습니다. 그래서 처음에는 2개를 기대어 세워본 후 점차 개수를 늘려가며 세워보면 좋습니다.

나뭇가지 놀이는 몸을 재빠르게 이동하며 대근육도 사용하고, 나뭇가지의 균형을 잡으며 소근육도 사용하기 때문에 초등학교 1학년 아이들이 하기에는 조금 어렵습니다. 하지만 몇 번 연습하다 보면 조금씩 요령을 익히게 됩니다.

읽을거리 — 이런 활동도 있어요.

작은 나뭇가지를 활용해서도 다양한 생태놀이를 할 수 있습니다.

1. 산가지 떼어내기 놀이

① 나뭇가지를 바닥에 모아 놓습니다.
② 바닥에 쌓인 나뭇가지 더미에서 다른 나뭇가지는 건드리지 않고 하나씩 떼어냅니다.
③ 나뭇가지를 가져오는 중에 다른 가지를 건드리면 무효!
　다음 친구에게 기회가 넘어갑니다.
④ 바닥에 있는 나뭇가지를 모두 가져올 때까지 순서대로 집어 갑니다.

2. 산가지 들기 놀이

① 바닥에 나뭇가지 1개를 놓습니다.

② 그 위에 나머지 나뭇가지를 엇갈려 나란히 놓습니다.

③ 바닥에 놓은 나뭇가지를 천천히 들어 올립니다.

④ 나뭇가지를 떨어뜨리지 않고 얼마나 높이 들어 올릴 수 있는지 비교해봅니다.

3. 나뭇가지 던지기 놀이

① 바닥에 나무 슬러시(나무를 가로로 얇게 자른 조각)를 놓습니다.

② 각자 나무막대를 하나씩 들고 나무 슬러시를 중심으로 동그랗게 섭니다.

③ 가운데 있는 나무 슬러시를 향해 동시에 나무막대를 던집니다.

④ 나무 슬러시에 가장 가깝게 나무막대를 놓은 사람이 이깁니다.

사진 속 수업에 사용한 나무 슬러시는 자귀나무 조각입니다. 예전에는 자귀나무를 결혼 선물로 심어주었다고 합니다. 밤이 되면 나뭇잎이 서로 마주 보고 접히는 모양을 보며 합환수라고 부르며 사랑의 나무로 여겼습니다. 친구들과의 우정, 가족과의 사랑을 키울 수 있는 나무라고 설명해주면 서로 갖고 싶어서 승부욕을 불태웁니다.

수업 중에 놀이를 하며 자귀나무 슬러시를 받지 못한 학생이 속상한 모습으로 찾아온 적이 있었습니다. 엄마, 아빠가 자주 싸운다며 꼭 갖고 싶다고 말하는 학생에게 주었더니 집에 가져 가서 부모님 침대 머리 맡에 아주 소중하게 놓아드렸다고 합니다. 자연물을 이용해서 놀고, 자연물을 선물로 나누며 작은 의미를 부여하는 것은 살아있는 생태교육이자 인성교육이 될 수 있습니다.

02 무궁화 꽃이 피었습니다!

▷ 『무궁화 꽃놀이』 1학년 1학기 통합(우리나라, 26~27쪽)

▷ 교과 성취기준
- [2바03-02] 계절의 변화에 대응하며 생활한다.
- [2바03-04] 공동체 속에서 지속가능성을 위한 삶의 방식을 찾아 실천한다.

▷ 수업의 개요

구분	시간	내용	자료 및 참고사항
도입	10	**[그림책 읽어주기]** • 「무궁화 꽃이 피었습니다」 그림책 읽어주기 • 등장인물(시루떡, 화전 등)의 특징 이야기하기	동화책 「무궁화 꽃이 피었습니다」
전개	60	**활동1** 무궁화 꽃잎으로 얼굴 꾸미기 • 꽃잎을 이마, 코, 볼 등에 붙이기 • 예쁘게 꾸민 얼굴 사진 찍기 **활동2** 무궁화 화전 만들기 • 무궁화 꽃술 따고 씻기 • 화전 구워서 상차림하기 • 친구들과 맛있게 먹기	찹쌀가루, 멥쌀가루, 프라이팬, 꿀, 접시, 뒤집개
정리	10	**['무궁화 꽃이 피었습니다' 변형된 놀이하기]** • [선택1] 무궁화 꽃이 '노래합니다', '무궁화 꽃이 춤을 춥니다' • [선택2] '할미꽃이' 피었습니다, '제비꽃이' 피었습니다.	

1. 무궁화 꽃잎으로 얼굴 꾸미기

피고 지고 또 피는 무궁화, 얼마나 알고 있나요?

무궁화가 우리나라를 대표하는 꽃이라는 걸 모르는 사람은 아마 없겠지요? 초등학교 1학년 학생도 교과서에서 배우고 있습니다. 8월의 뜨거운 태양만큼이나 학교 정원을 화려하게 수놓는 꽃은 바로 무궁화입니다. 7월부터 10월까지 학교 정원은 그야말로 '무궁화 삼천리 화려강산'입니다. 나태주 시인의 '풀꽃'에서처럼 자세히 보니 예쁘고, 오래 보니 사랑스럽고 정감이 갑니다. 그러나 대부분의 사람들은 무궁화가 피는 여름에는 무궁화를 잘 알아보지만 꽃이 없이 잎과 가지만 있을 때는 쉽게 구분하지 못합니다.

몇 년 전 청와대 관람을 갔을 때 청와대 정원 곳곳에 대통령의 이름이 새겨진 표지석과 함께 무궁화 나무가 있었습니다. 5월이었기 때문에 꽃이 피지 않아서 같이 간 일행 중 아무도 무궁화 나무를 알아보지 못했습니다. 그때 처음 보았습니다. 꽃이 피지 않았는데도 무궁화 나무의 자태가 참 곱다는 것을, 그리고 목대가 그렇게 굵게 자랄 수도 있다는 것을……

이제 졸업식이나 입학식 같은 학교 행사나 개업식 축하 화환을 무궁화 나무로 하면 어떨까요? 개업식을 축하할 때 돈나무, 해피트리 등 좋은 꽃말을 가진 나무도 있지만 무궁한 발전을 기원하는 뜻에서 무궁화 화분도 좋을 것 같습니다. 우리나라를 상징하는 나라꽃이라 국가 행사에 꽃다발로 많이 사용될 법도 하지만 무궁화 꽃의 특성상 하루만 피었다가 지는 꽃이라 꽃다발로 제작하기는 어렵겠구나 생각됩니다.

작년 모범 공무원 표창 시상식에서 가슴에 한지로 만든 무궁화 코사지를 달았을 때 애국심이 솟는 듯한 느낌이 들었습니다. 이렇게 무궁화가 축하하는 자리, 기념하는 자리에 많이 등장했으면 좋겠습니다.

무궁화 꽃잎으로 얼굴 꾸미기

무궁화가 피기 시작하는 7월, 1학년 아이들과 무궁화와 친해지는 활동을 했습니다. 무궁화 꽃잎으로 이마, 코, 턱, 손등, 아이들이 붙이고 싶어하는 곳에 모두 붙여보았습니다. 무궁화는 접시꽃과 같이 아욱과라 꽃잎에 끈적이는 점액질이 있습니다. 꽃잎 안쪽 끝부분을 1~2cm 정도 두 갈래로 갈라서 피부에 붙이면 잘 떨어지지 않습니다. 그래서 코에 붙인 꽃잎을 입으로 바람을 불어 먼저 떨어뜨리는 사람이 이기는 놀이도 했습니다.

"선생님, 저는 이마에 붙였더니 인디언 추장 같아요."

"저는 볼에 연지곤지처럼 붙였어요."

"저는 턱에 붙여서 수염을 만들었어요."

아이들과 함께 무궁화 꽃잎을 이마에 붙이고 인디언 추장처럼 뛰어다니고, 턱과 인중에 붙여서 수염난 할아버지처럼 지팡이를 짚고 다니며 놀았습니다.

아이들이 무궁화에 좀 더 관심을 가졌으면 하는 바람입니다. 또한 작열하는 태양 아래에서도 한 송이가 아니라 천 송이가 넘는 꽃을 피우며 100일을 지키고 있는 무궁화에게서 우리 아이들이 인내와 끈기를 배울 수 있으면 좋겠습니다.

꽃잎의 앞면과 뒷면을
약 1cm 정도 반으로 가르기

손등에 나비 모양으로 붙이기

코나 이마에 닭벼슬처럼 붙이기

2. 무궁화 화전 만들기

무궁화로 화전을?

무궁화 화전 만들기 활동을 하기 전에 아이들에게 「무궁화 꽃이 피었습니다」(천미진, 출판 키즈엠, 2019) 동화책을 읽어줍니다. 이 책에 등장하는 인물은 다양한 한국의 전통 떡들입니다. 시루떡, 가래떡, 꿀떡, 쑥떡, 인절미, 화전 등 하나하나의 떡들이 하는 행동에 떡의 특징을 잘 드러나 있어서 아이들의 호기심을 자극해줍니다. 또한 다양한 떡의 특징뿐만 아니라 '무궁화 꽃이 피었습니다' 전래놀이의 규칙을 잘 이해할 수 있게 됩니다.

무궁화로 화전을 만든다고 하니 아이들은 '무궁화 꽃을 먹을 수 있어요?'라며 눈을 동그랗게 뜨고 묻습니다. 어른들도 진달래 화전은 친숙하지만 무궁화 화전은 생소하게 받아들이는 경우가 많습니다. 그러나 우리가 알고 있는 것보다 먹을 수 있는 꽃은 훨씬 많습니다.

무궁화 화전에 사용할 꽃을 준비해서 먼저 꽃술을 떼고 씻어 물기를 닦아줍니다. 화전을 만들 때 반죽은 찹쌀과 멥쌀을 7:3 또는 8:2 정도로 섞는 게 좋습니다. 찹쌀만 쓰면 너무 찰져서 축 늘어지기도 하고 서로 엉겨붙어서 떼기가 어렵습니다. 무궁화는 꽃이 큰 편이고 꽃잎이 5장이라 완자를 크게 빚어야 꽃잎이 완자 위에 올라갈 수 있습니다.

프라이팬에 구울 때 아이들은 서로 뒤집겠다고 아우성입니다. 뜨거운 프라이팬이 걱정되어 번호대로 순서를 정해 손잡이가 긴 뒤집개로 노릇노릇하게 굽도록 기회를 주었습니다. 역시 성격이 차분한 아이는 화전도 골고루 잘 구웠습니다. 무궁화 꽃잎 색깔을 살려 구우려면 먼저 둥글납작한 완자의 한쪽을 굽고 뒤집어서 꽃잎을 붙인 다음에는 다시 뒤집지 않아야 합니다.

아이들은 꽃잎 색깔을 살려 예쁘게 굽지는 못했지만 꿀을 곁들여 맛있게 먹었습니다.

무궁화 화전 만드는 방법

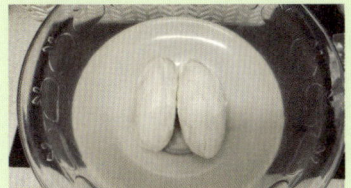

❶ 찹쌀과 멥쌀가루를 7:3 비율로 섞어 반죽을 만듭니다.

❷ 꽃술을 떼고 씻어서 물기를 제거합니다.

❸ 동그랗게 완자 모양으로 빚은 후 납작하게 만들어줍니다.

❹ 꽃술을 뗀 무궁화 꽃잎을 반죽 위에 올립니다.

❺ 기름을 두르고 노릇하게 구워줍니다.

❻ 꿀을 곁들여 상차림을 합니다.

봄에는 진달래, 개나리, 유채꽃, 여름에는 무궁화, 도라지꽃, 가을에는 마리골드, 구절초 등 쉽게 구할 수 있는 식용 꽃으로 아이들과 함께 화전을 만들어보면 어떨까요? 그리 어렵지 않습니다. 조물조물 만져지는 촉감과 알록달록 예쁜 꽃으로 시각을 자극하고, 고소한 맛으로 아이들의 미각까지 자극해준다면 우리 아이들과 자연을 이어주는 멋진 일을 만들 수 있을 것입니다.

다음 술래는 누구?

무궁화 꽃잎으로 화전을 만들어 먹고, '무궁화 꽃이 었습니다' 전래놀이로 수업을 마무리했습니다. 술래가 돌아보면 멈추고 다리가 흔들리면 안 됩니다. 입술이 움직여도 안 됩니다. 이 전래놀이에서 가장 큰 재미는 술래가 외치는 구령이 참여하는 사람의 타이밍을 얼마나 빼았는가인데, 재치있는 아이는 빠르게 그리고 천천히 구령을 외쳐서 친구들이 언제 움직여야 할지 예측하기 어렵게 만들기도 합니다.

이 놀이는 수시로 하는데도 아이들은 질리지도 않나 봅니다. 무궁화 꽃이 피는 더운 여름 날에도 땀을 뻘뻘 흘리며 하고 있습니다. 그런데 술래가 잡으러 뛰어오는데도 도망을 가지 않는 아이도 있습니다. 술래가 되고 싶어서 일부러 도망을 안 가고 잡히는 것입니다. 이렇게 술래가 있는 놀이를 하다 보면 모든 아이들이 술래가 되고 싶어합니다. 모두 한번씩 돌아가면서 술래를 해보게 하지만 오늘 술래를 못했다며 서운해하는 아이가 생길 때도 있습니다. 다음 놀이는 술래를 못한 그 아이부터 시작하기로 약속했습니다. '무궁화 꽃이 피었습니다' 놀이는 변형된 유형이 많습니다.

"선생님이 '허수아비 꽃이 피었습니다'라고 하면 너희는 어떤 자세로 멈출거야?"

"허수아비처럼 한 발로 서있기로 해요."

"그럼, '공룡 꽃이 피었습니다'라고 하면 어떻게 할까?"

"공룡 모습 흉내 내며 멈추기로 해요."

술래가 '무궁화' 대신 다양한 지시어를 넣어서 할 수 있습니다. 이렇게 다른 지시어를 넣어서 활동할 때에는 미리 아이들과 어떤 지시어를 넣으면 좋을지 이야기 나누어 보는 것도 좋습니다. 술래가 '무궁화 꽃이 노래합니다'라고 하면 아이들은 노래를 해야 합니다. 술래가 '무궁화 꽃이 춤을 춥니다'라고 하면 아이들은 춤을 추어야 합니다. 이 놀이를 생태놀이와 연계하여 술래가 '할미꽃이 피었습니다'라고 하면 아이들은 꽃의 특징을 나타내는 할머니 흉내를 내야 합니다. 술래가 '제비꽃이 피었습니다'라고 하면 아이들은 제비 흉내를 내야 합니다.

무궁화 꽃으로 얼굴을 꾸며보고, 무궁화 화전을 만들어 먹고, 무궁화 꽃이 피었습니다 놀이까지 무궁화와 함께 한 하루, 아이들에게는 무궁화와 가까이서 눈맞춤하는 시간이 되었길 바랍니다.

> **읽을거리 무궁화의 효능**
>
> 무궁화는 우리나라 꽃으로만 인식하고 있으나, 동의보감이나 본초강목에도 수록되어 있듯이 우리 옛 조상들은 무궁화 꽃잎, 잎, 씨 등을 모두 식재료와 약재로 사용했습니다. 궁중 요리에 꽃봉오리를 삶아서 향신료와 간장으로 맛을 내어 먹기도 했습니다. 그리고 무궁화에는 피부의 노화현상을 줄여주는 '사포나린' 성분 중 인체에 유효한 성분이 다량 함유되어 있다고 합니다. 최근에 동물 실험에서 '사포나린'은 항산화 효과를 가지고 있고, 혈당 감소, 항균성 그리고 간 보호 등의 효능이 있다는 연구 결과들이 보고되고 있습니다. 동의보감에는 '아이들이 감기에 걸렸을 때 또는 불면증이 있을 때 복용하면 깊은 잠을 잘 수 있어 쉽게 치료할 수 있다.'라고 하니 깊이 알수록 조상들의 지혜가 참 존경스럽습니다.

03 하루의 가치 = 무궁화의 하루

▷ 『무궁화의 하루』 1학년 2학기 통합(하루, 82~89쪽)

▷ 교과 성취기준
- [2바03-01] 하루의 가치를 느끼며 지금을 소중히 여긴다.
- [2바03-02] 계절의 변화에 대응하며 생활한다.
- [2즐03-01] 하루를 건강하고 활기차게 지낸다.

▷ 수업의 개요

구분	시간	내용	자료 및 참고사항
도입	10	[전통 속 무궁화 찾기] • 전통혼례 의상 중 '활옷' 살펴보기 • '어사화' 속 무궁화 찾아보기	
전개	60	활동1 무궁화 꽃의 소중한 하루 살펴보기 • 무궁화 꽃의 하루 살펴보기 • 무궁화 꽃의 하루와 나의 하루 활동2 무궁화 꽃을 활용한 놀이 • 무궁화 꽃 그림(글자) 꾸미기 • 무궁화 꽃 손가락 인형 만들기 • 무궁화 꽃 포환 던지기	떨어진 무궁화 꽃잎, 광목천, 검은색 도화지, 목공 풀, 스프레이 풀
정리	10	[무궁화 꽃 놀이 소감 나누기] • 무궁화에 대해 알게 된 사실 이야기 나누기 • 활동 후 느낀 점 이야기하기	

1. 전통 속 무궁화 찾기

전통혼례 속 활옷을 입은 신부

아이들과 현장체험학습으로 찾은 전통 문화원에서 전통 혼례하는 모습을 보았습니다. 그때 보았던 양 볼에 예쁜 연지곤지를 찍은 신부가 입고 있던 활옷에 화려한 꽃이 수놓아져 있는 것을 보고 한 아이가 해설사 선생님께 어떤 꽃인지 여쭈어보았습니다. 해설사 선생님께서 아이들에게 어떤 꽃인지 물어보니 아이들은 장미, 진달래 등 화려한 꽃들만 이야기했습니다. 그런데 해설사 선생님께서 답해주신 내용은 의외로 '무궁화'였습니다. 의외의 답변에 적잖이 놀란 아이들은 대한민국 땅에 많고 많은 꽃 중에 하필이면 왜 무궁화가 수놓아져 있는지 물으니 옛날에는 무궁화가 '아이를 많이 낳는 다산'을 의미한다고 답해주셨습니다. 아이들은 처음에는 '무궁화=다산'의 의미 연결이 되지 않아 혼란스러운 얼굴로 체험을 이어나가기 시작했습니다.

쉬이 물렀거라! 장원 급제자 출두요!

모자 위에 더듬이처럼 기다란 선이 있고 더듬이에 꽃이 달린 어사화가 있습니다. 조선시대 과거에 급제한 사람이 임금님께서 하사한 이 어사화를 쓰고 3일 동안 행차를 했습니다. 아이들도 TV 드라마에서 봤다고 신기하다고 이야기합니다. 장원 급제한 사람이 흥겨운 음악 연주와 함께 마을 입구에서부터 행진할 때 착용했습니다. 이 행진은 다른 학자들, 선배 혹은 친지를 방문할 때 과거 급제자의 도착과 성공을 알리는 것입니다. 이렇게 영광스러운 행진에 쓴 어사화에 달린 꽃이 바로 '무궁화'라고 합니다.

또한 활옷, 어사화 속 무궁화 꽃 말고 어디에 무궁화가 사용되고 있는지 사진을 보며 이야기를 나누어 보았습니다. 이러한 무궁화 모양은 우표뿐만 아니라 국가 상징에 사용되기도 하고, 배지, 훈장이나 상징 등에도 무궁화 모양이 사용됩니다. 이렇게 훌륭하고 귀한 일에 빠지지 않는 꽃이 바로 무궁화입니다.

활옷(전통 혼례복)

우표

어사화

대통령 표창

- 출처(활옷, 어사화) : 국립중앙박물관
- 출처(대통령 표창) : 행정안전부–어린이–우리나라 국가상징–무궁화

2. 무궁화 꽃의 소중한 하루 살펴보기

무궁화 꽃의 하루를 살펴보아요!

학교 뒤 보라색 정자는 점심시간마다 아이들이 책을 가지고 둘러 앉아 하하호호 웃으며 책을 읽는 멋진 공간입니다. 이 정자 뒤편에는 작은 학교 정원이 있습니다. 누가 먼저 먹을세라 재빠르게 달려가 한입 가득 물고 나오는 빠알간 앵두가 탐스럽게 열린 앵두나무, 하루에 꽃이 피고 지는 우리나라 꽃 무궁화, 꽃과 잎이 만나지 못하는 상사화, 보라색 꽃이 장관을 이루는 맥문동으로 가득찹니다.

무궁화 꽃이 피지 않은 초록색 무궁화 나무를 본 많은 아이들은 잎과 줄기만으로 무궁화인지 알아보지 못합니다. 무궁화가 활짝 핀 요즘에서야 꽃을 보고 이제는 누가 먼저라고 할 것도 없이 "무궁화"를 외칩니다. 아이들과 무궁화 동산을 산책하며 무궁화 꽃에는 신비한 비밀이 숨겨져 있다고 말했더니 아이들이 궁금해하며 자신들이 생각하는 것들을 하나 둘씩 늘어놓기 시작합니다.

"선생님, 혹시 잎의 색깔이 바뀌나요?"

"아냐! 이 무궁화 나무는 내가 유치원 때부터 여기에 있었단 말야. 그런데 봄, 여름 모두 초록색이었어."

"혹시 무궁화 꽃의 색깔이 바뀌나요?"

"우와~ 비밀에 거의 가깝게 왔어요. 무궁화 꽃과 관련이 있어요. 우리 함께 무궁화 동산에 있는 무궁화 꽃들을 잘 살펴보고 다시 모이도록 해요."

여기저기 흩어져서 무궁화 꽃을 살펴보고 모인 아이들은 한 명씩 돌아가면서 자신이 관찰한 모습을 이야기합니다.

"선생님, 제가 봤던 무궁화 꽃잎은 땅바닥으로 고개를 숙이고 쭈글쭈글했어요."

"선생님, 저는 이제 막 피기 시작한 무궁화 꽃을 봤어요."

"전 처음에 장미를 본 줄 알았어요. 진짜 장미와 닮았어요."

"아, 다른 꽃을 잘못 본 거 아냐?"

"안 믿을 줄 알았지. 그래서 사진 찍어 왔어요. 한번 보실래요?"

아이가 친구들 앞에 내민 사진 속 무궁화는 정말 장미처럼 피어나고 있어서 무궁화인지 모르는 사람들이 봤다면 장미라고 착각할 정도로 아름다웠습니다.

같은 장소, 같은 시간에 무궁화 정원에서 본 무궁화는 꽃방울에서 터지기 시작한 꽃, 활짝

핀 꽃, 시든 꽃 등 다양한 모습을 하고 있습니다. 이런 무궁화에 신기한 비밀이 있습니다. 그것은 바로 무궁화 꽃이 하루 동안 피고 진다는 사실입니다.

사진을 통해 아침부터 저녁까지 하루 동안 무궁화 꽃이 어떻게 피고 지는지 살펴봅니다.

무궁화 꽃의 하루와 나의 하루

무궁화 꽃이 피고 지는 모습을 사진으로 본 아이들과 함께 하루 동안 열심히 꽃을 피우고 지는 무궁화를 보며 무궁화 꽃의 하루와 나의 하루가 어떤 점이 같은지, 어떻게 보람차게 하루를 보내는지 나의 하루를 되돌아보며 이야기를 나누었습니다.

무궁화가 아침에 예쁜 무궁화 꽃을 피우기 위해 꽃봉오리에서 힘겨워하는 모습이 꼭 이불 속에서 일어나기 싫어서 엄마를 향해 "5분만 더요."라고 외치는 자신의 모습과 같다고 말합니다. 물론 아이들의 입장에서는 만졌을 때 딱딱한 꽃봉오리를 뚫고 가녀린 꽃잎이 나온다는 것이 얼마나 힘겨운 모습으로 상상하였을지 짐작이 되는 말이었습니다.

이렇게 힘겹게 꽃봉오리에서 꽃잎이 나오고 말아져있던 꽃잎이 하나 둘씩 펴질 때의 모습은 맛있는 아침밥을 먹고, 깨끗하게 세수도 하고, 예쁘고 멋진 옷도 입고, 거울을 보며 머리를 빗고 신나는 발걸음으로 학교를 가는 자신의 모습과 같다고 말하는 아이도 있었습니다. 아이들의 상상력이란 참 대단합니다.

그렇다면 무궁화 꽃이 활짝 핀 모습을 '나의 하루' 중 어떤 시간, 무엇을 하고 있는 '나'의 모습으로 표현했을까요? 아이들은 무궁화 꽃이 활짝 핀 모습을 자신이 가장 즐거운 시간, 바로 학교에서 친구들과 노는 놀이 시간으로 표현합니다. 집에서 스마트폰 게임을 할 때 가장 즐거울 거라고 생각했던 것과 달리 아이들은 학교에서 친구들과 놀 때 자신들이 가장 행복하다고 말합니다. 활짝 핀 무궁화 꽃이 친구들과 놀 때 자신들이 활짝 웃고 있는 모습과 똑같아서 '나의 하루' 중 학교에서 친구들과 놀 때라고 말하는 아이들을 보니 기특합니다.

마지막으로 시들어 가는 잎은 하루 열심히 놀았기 때문에 행복하지만 지친 몸으로 집에 가서 깨끗하게 씻고, 쉬는 '나'의 모습과 같다고 말합니다. 그러자 한 친구는 무궁화 꽃이 시들어 떨어지는 모습이 학교 끝나고 학원 갔다가 저녁 늦게 집에 돌아와 파김치가 되는 자신의 모습과 같다며 슬프다고 말하는 친구도 있었습니다. 학원과 스마트폰으로 친구들과 함께 놀며, 자연을 느낄 수 없는 아이들이 많아지고 있기에 학교 안에서만이라도 우리가 아이들의 마음을 조금 더 행복하게 만들어주기 위해 노력해야 한다는 생각이 들었습니다. 무궁화가 꽃을 피우고 지며 하루를 알차게 보낸 듯 우리 아이들의 '하루'도 정말 알차고 소중하다는 것을 느꼈으면 좋겠다는 생각이 들었습니다.

3. 무궁화 꽃을 이용한 놀이

시든 무궁화 꽃잎으로도 신나게 놀 수 있다고?

우리 학교는 읍내에서 5km 떨어진 곳에 있어서 대부분의 아이들이 통학버스로 등하교를 합니다. 통학버스 탑승하는 곳에는 몇 그루의 무궁화 나무가 있습니다. 어느 날 아이들이 무궁화 꽃이 떨어져 있는 것을 가지고 와서 교실 책상 위에 올려놓고 재미있게 노는 모습을 보고 떨어진 무궁화 꽃으로 할 수 있는 다양한 활동을 했습니다.

1. 꽃 그림(글자) 꾸미기

아이들과 떨어진 무궁화 꽃잎을 주우러 나갔는데, 한 아이가 "선생님, 뱀 지나가는데요."라고 말하며 나의 뒤를 손으로 가리켰습니다. 아이의 손이 가리키는 곳을 향해 고개를 돌려보았더니 작은 뱀이 꿈틀거리며 길을 가로질러 지나가고 있었습니다.

자연에서 놀다보면 '이럴 수 있어.'라고 생각하지만 떨어진 무궁화 꽃잎을 주우러 갈 때에는 특히 모기, 뱀 등 해충과 독충이 있을 수 있으니, 조심해야 한다는 것을 다시 한번 이야기해줄 수 있었습니다. 또한 야외에 나갈 때 뱀이나 벌 등이 있을 것을 대비하여 동물들에게 알려주는 방법으로 땅바닥을 쿵쿵 울릴 정도로 소리를 내는 것도 있다고 알려주었습니다.

"쿵쿵쿵~ 우리가 밖에 나왔어. 우리가 너희를 밟지 않게 조심해줘."

이렇게 우리의 위치를 알려주고 풀숲에 가는 것이라고 1학년 친구들과 약속했습니다.

떨어진 꽃잎을 모아서 하얀색 광목천 위에 올려놓았더니 우리 반에서 가장 산만하고 말이 많은 친구가 나와 아무 말 없이 무엇인가에 열중하고 있는 모습을 보였습니다. 무엇을 하고 있는지 자세히 들여다보니 광목천에 놓여진 무궁화 꽃잎과 잎, 열매를 이용해서 나만의 그림을 그리고 있었습니다. 아이들과 이야기를 나누며 각자의 광목천에 그림을 그리거나 글자를 꾸며보도록 했습니다. 각자 꾸민 무궁화 꽃으로 그려본 글자와 그림에 대해 소개하는 시간을 가졌습니다.

"선생님, 저는 학교 정원에서 보았던 나비를 꾸며보았어요."

"저는 우리나라 꽃인 무궁화를 생각하면서 태극기를 꾸며보았어요. 그런데 생각보다 쉽지 않아요."

"우리 반의 또 다른 이름인 '캐릭'이라는 글자를 꾸며 보았어요. 제가 글자를 잘 몰라서 친구에게 도움을 받아서 완성했어요."

"저는 제 이름이 좋아요. 그림을 그려볼까도 했지만, 제 이름을 꾸며보았어요. 처음에는 이름만 썼는데, 무엇인가 허전해서 이름에 하트도 씌워주었어요."

시들어 떨어져 그냥 없어져버릴 무궁화 꽃이 아이들에 의해 아름다운 작품으로 다시 태어났습니다. 무궁화 꽃잎 전체를 이용하여 그림을 그리는 것도 좋지만, 꽃 송이 하나 또는 꽃 잎 하나를 가지고 캐릭터를 그려보면 재미있습니다.

아이들이 만든 자신들의 작품을 하루 정도 놔두고 싶다고 간청해서 교실 한켠에 놔두었더니 다음날 광목천에 작은 벌레들이 우글거리고, 잎은 더 쪼그라들어 하얀 곰팡이가 꽃을 피웠습니다. 그러니 선생님들께서는 이 점에 유의해서 사진으로 작품을 남기고 바로 자연으로 돌려보내주면 좋습니다.

2. 무궁화 꽃 손가락 인형

"선생님, 이 무궁화 꽃은 이상한 모자를 쓰고 있어요. 이 꽃도 가져가서 사용해도 돼요?"

아이가 내민 무궁화 꽃은 정말 꽃받침까지 그 모습 그대로 있어서 사용해도 좋지 않을까라는 생각으로 모아보자고 이야기했습니다.

교실로 돌아온 아이들은 각자가 생각하는 그림이나 글자를 꾸미고 있었는데 '이상한 모자를 쓴 무궁화'라 표현한 아이는 무궁화 꽃을 한참 들여다보고 있습니다. '이상한 모자' 속에 무엇이 들어있는지 궁금해 하길래 뜯어서 살펴보라고 하니 부들부들 떨리는 손으로 꽃받침 꼭지 부분을 잡고 똑 땄습니다. 그리고는 꽃받침과 잎을 따서 가지런히 광목천

위에 올려 놓았습니다. 한참 뒤 시간이 지나서 다시 보니 자신이 딴 꽃받침을 손가락에 씌어보다가 꽃잎으로 머리를 만들어주고 있는 것입니다.

아이에게 무엇을 만들고 있는지 물어보니 "무궁화 꽃 손가락 인형이에요."라고 말합니다. 아이의 손가락 끝에서 새롭게 태어난 '무궁화 꽃 손가락 인형'에 눈, 코, 입도 그려주니 정말 그럴싸합니다.

무궁화 꽃 손가락 인형을 만들 때에는 꽃잎을 손가락에 먼저 붙이고 난 뒤 꽃받침을 씌워주면 꽃잎이 떨어지지 않습니다. 혹 떨어진다면 손가락에 꽃잎을 씌운 뒤 바닥에 놓고 꽃받침을 씌워주면 좋습니다.

3. 무궁화 꽃 포환 던지기

오늘도 아이들은 무궁화 꽃 놀이 활동을 위해 학교 안에 있는 무궁화 나무 근처를 열심히 돌아다니며 떨어진 무궁화 꽃을 모아옵니다. 땅바닥에 떨어져있는 무궁화 꽃으로 어떤 다양한 놀이를 할 수 있을까에 대해 이야기를 나누던 중 한 아이가 자신의 무궁화 꽃을 손바닥에 올려놓고 무게를 재어보더니 혼잣말로

"조금 무겁네. 던지면 멀리 날아갈 수 있겠는데?"

하면서 휘익 하고 던져버립니다. 그러더니 정말 멀리 날아 갔다고 좋아합니다.

아이들은 그 친구의 모습을 보며 우리도 한번 해보자고 아우성입니다. 활동을 하기 전에 이 놀이의 이름을 정해보기로 합니다.

"선생님, 무궁화 대포 놀이는 어때요?"

"이상해요. 무궁화 대포라니? 총 쏘는 거는 아니니까. 멀리 던지기는 어때요?"

"멀리 던지기보다 저번에 언니, 오빠들이 검은색 큰 쇠구슬 가지고 던지기 하던데… 이름이 뭐지?"

"아, 그거 포환 던지기. 우리 형이 학교 대표로 나갔잖아. 그때 들어서 알고 있어."

라고 말하며 어깨를 으쓱거립니다.

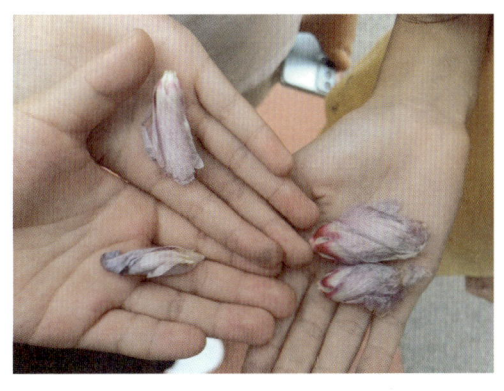

친구들의 이름짓기에서 선정된 이름은 '무궁화 꽃 포환 던지기'입니다. 앞으로 우리 학교는 떨어진 무궁화 꽃을 찾아 볼 수 없을 정도로 깨끗해질 예정입니다. 무궁화 꽃 포환 던지기를 위해서는 우선 떨어진 무궁화 꽃을 준비해야 합니다. 여러번 하다 보니 무궁화 꽃잎이 망가질 수 있어서 교체할 수 있는 무궁화 꽃을 2~3개 더 여유 있게 준비하면 좋습니다.

무궁화 꽃이 준비되면 어떤 부분을 앞으로 하여 던지면 멀리 나갈 것인지 각자 무궁화 꽃을 살펴보며 생각해봅니다. 처음에는 아무 생각 없이 던지던 아이들도 자신보다 멀리 나가는 친구들을 보며 무궁화 꽃을 바꿔보기도 하고, 무궁화 꽃잎 쪽이 아닌 꽃받침쪽으로 날려보기도 하고 자신만의 방법을 생각해봅니다. 그렇게 해서 안 되면 결국 가장 멀리 날린 친구에게 가서 그 비법을 물어보기도 합니다.

무궁화 꽃 포환 던지기는 일정한 출발선에 서서 교사의 신호에 맞추어 던집니다. 물론 멀리 날아가기도 하고, 멀리 날아가지 못해 속상해하기도 하지만 우리 아이들은 오늘도 행복합니다.

04 무궁화 씨앗의 여행

▶ 『나의 상상 씨앗 이야기』 1학년 2학기 통합(상상, 92~93쪽)

▶ 교과 성취기준
- [2슬04-02] 상상한 것을 다양한 매체와 재료로 구현한다.
- [2즐04-02] 자유롭게 상상하며 놀이한다.

▶ 수업의 개요

구분	시간	내용	자료 및 참고사항
도입	10	['태극기와 무궁화' 노래 부르기] • 무궁화 노래 부르기	
전개	60	활동1 무궁화 열매 개봉박두 • 무궁화 열매와 씨앗 돋보기로 살펴보기 활동2 씨앗의 여행 놀이하기 • 여러 가지 씨앗의 특징 알아보기 (바람, 물, 동물 등을 이용한 씨앗의 이동 방법) 활동3 나의 상상 이야기 나누기 • 태극기와 국기봉에 숨은 무궁화 이야기 • 씨앗의 여행 상상 이야기 만들기	무궁화 열매와 씨앗, 돋보기(루페) 과녁판, 다양한 씨앗 이야기 활동지
정리	10	[나의 상상 이야기 나누어 보기] • 내가 상상한 씨앗의 여행 이야기하기	

1. 무궁화 열매 개봉박두

무궁화 열매는 언제 생길까?

학생들이 어떤 식물을 인지하고 기억해낼 때 떠올리는 대표적인 이미지는 그 식물의 꽃일 것입니다. 우리나라를 상징하는 국화인 무궁화도 마찬가지입니다. 아이들에게 무궁화 꽃을 보여줄 때 그 식물이 무궁화임을 알아채지 못하는 경우는 드뭅니다. 하지만 무궁화의 열매나 씨앗을 보여줬을 때 알아보는 학생들은 얼마나 될까요? 무궁화 꽃 못지않게 무궁화의 열매와 그 속에 담긴 씨앗을 소재로도 진행할 수 있는 생태교육의 요소는 무궁무진합니다.

무궁화 꽃이 한창 피어나는 여름에는 무궁화 열매를 찾아보기 힘듭니다. 보통의 식물은 꽃이 지고 나면 그 자리에서 열매를 맺게 됩니다. 무궁화는 7~9월경에 개화합니다. 이른 새벽에 꽃이 핀 뒤 해 질 무렵에는 꽃이 떨어지고 그 자리에 새로운 꽃이 피어나기를 반복합니다. 다른 식물들의 기준대로 본다면 매일 새로운 열매가 맺혀야 하겠지만 무궁화는 피고 지는 과정을 반복하다 아침 저녁으로 기온이 쌀쌀해고 서리가 내리는 상강 전에 (10월 중순) 마지막 꽃을 피운 뒤 열매를 맺기 시작합니다. 초록색이던 무궁화 열매는 누런빛으로 익어가다 마치 새의 부리처럼 다섯 갈래로 갈라지며 씨앗을 퍼뜨립니다.

초록 무궁화 열매 사진

익은 무궁화 열매 사진

다섯갈래로 갈라진 무궁화 열매

열매가 익어 꼬투리가 터지기 전 아이들과 함께 학교 화단으로 나가 무궁화를 찾아봅니다. 뜨거운 여름 무궁무진하게 피어오르던 무궁화 꽃은 이제 찾아 볼 수 없고 그 자리엔 노랗게 변해가는 무궁화 열매가 자리잡고 있습니다.

"여러분, 무궁화 꽃을 관찰했던 기억이 나나요?"

"네 하얀색, 보라색 꽃이 피어있었던 것 기억나요."

"바닥에 무궁화 꽃이 많이 떨어져 있었어요!"

저마다 무궁화 꽃에 대한 것들을 기억하고 대답합니다.

"그때와 지금 무궁화의 다른 점은 찾아 볼 수 있을까요?"

"날씨가 추워져서 꽃이 다 떨어지고 없어요."

"네, 맞아요. 식물들은 꽃을 피우고 나비나 벌, 바람이 소개해주는 다른 꽃과 결혼을 하고 나면 꽃을 떨어뜨리고 열매를 만들기 시작해요."

"여름에 볼 때 무궁화 꽃이 많이 떨어져 있었는데 무궁화 열매는 없었던 것 같아요."

"무궁화는 다른 식물과는 달라요. 역시 우리나라를 상징하는 꽃이니 만큼 특별한 점이 있겠죠? 무궁화는 매일 꽃이 피고 지는데 수많은 꽃이 떨어지고 나면 마지막 꽃을 피운 뒤 열매가 맺힙니다."

무궁화 씨앗은 어떻게 생겼을까?

아이들에게 노랗게 잘 익은 무궁화 열매를 하나씩 조금스럽게 따서 소중하게 교실 책상 위에 올려두도록 합니다.

"처음 열릴 때 초록색을 띠던 무궁화 열매는 잘 익으면 노란색으로 변해요. 이 열매 안에는 무엇이 들어있을까요?"

"무궁화 씨앗이 들어 있을 것 같아요."

"맞아요. 아기 무궁화 나무를 만들기 위한 씨앗들이 여러 개 들어 있어요. 이 씨앗들이 퍼져서 자리를 잡고 자라면 무궁화 나무가 된답니다. 그런데 무궁화 나무는 신기한 점이 또 있어요. 씨앗이 없이도 가지를 잘 잘라서 땅에 꽂으면 거기에서 무궁화 나무가 새로 자라기도 해요. 그 방법을 가지를 꺾어서 꽂는다고 하여 꺾꽂이라고 해요."

무궁화 열매를 열어 씨앗을 관찰하기 전 재미있는 놀이 활동도 할 수 있습니다.

"이제 무궁화 열매를 열어서 안에 들어있는 무궁화 씨앗을 관찰할 거예요. 그런데 그 전에 여러분이 얼마나 멋진 열매를 따왔는지 놀이활동을 해보려고 해요. 많은 무궁화를 새로 피우려면 열매에 씨앗이 많이 들어야 좋겠죠? 무궁화 열매를 열어 누구 열매에 씨앗이 가장 많이 들었는지 겨뤄보기로 해요."

단순하게 열매에서 씨앗을 꺼내보는 활동도 놀이와 함께하면 아이들이 좀 더 흥미를 갖고 수업에 참여할 수 있습니다.

"무궁화 씨앗은 어떻게 생겼나요?"

"털이 많이 달려있어요."

"털 색깔이랑 모양이 사자 갈기처럼 생겼어요."

"제 것은 이미 열매가 조금 터져있었는데 새 부리 안에 노란 털들이 보여요."

아이들에게 루페를 하나씩 나누어주고 씨앗 하나를 골라 자세히 관찰도록 합니다. 크기, 색깔, 모양이 어떠한지 아이들이 말해보도록 합니다.

"갈색 달 모양이 있고 주변에 노란 솜털이 나 있어요."

"가운데 갈색 부분은 딱딱하고 노란색 털은 부드러워요."

"노란 털이 잘 뽑힐 줄 알았는데 힘줘서 뽑아보려고 해도 잘 안 뽑혀요."

"자연에 있는 것들 중에 이유 없이 있는 것은 없다고 해요. 여러분이 관찰한 무궁화 씨앗의 갈색 부분은 무엇이고 노란 솜털은 왜 있을까요?"

"가운데 딱딱한 것은 씨앗 같아요. 식물 기르기 할 때 씨앗을 만져보면 모두 딱딱했어요."

"씨앗이 바람을 타고 멀리 멀리 날아가게 도와주는 것 같아요."

"무궁화 씨앗처럼 식물들은 바람을 타거나 물 위에 떠서 아니면 사람이나 동물의 몸에 붙어서 멀리 멀리 여행을 해요. 그럼 이 씨앗들은 왜 멀리 여행을 하려고 할까요? 만약 여러분이 딴 무궁화 씨앗이 멀리 퍼지지 않고 모두 같은 자리에 떨어지면 어떻게 될까요?"

"씨앗들이 서로 너무 가까워서 숨막히고 답답하다고 느낄 것 같아요."

모든 식물들은 번식 전략으로 다양한 방법을 활용하여 자신의 씨앗을 되도록 멀리 퍼뜨리려고 합니다. 씨앗들이 서로 멀리 퍼지지 못하고 가까운 곳에만 모두 자리를 잡고 싹을 띄우면 충분히 자라기 위한 물과 양분이 부족할 수 있기 때문입니다.

무궁화 씨앗의 번식 전략에서 더 나아가 식물이 씨앗을 퍼뜨리는 다양한 방법을 알아보고 그 원리를 이용한 놀이를 하면 아이들의 생태적 지식도 확장하고 자연에서 얻는 씨앗으로도 이렇게 재미있게 놀 수 있구나 느낄 수 있는 계기가 될 수 있습니다.

2. 씨앗의 여행 놀이하기

바람을 타고 날아가는 씨앗 - 무궁화 씨앗 입으로 불어 날리기

무궁화 씨앗을 가지고 할 수 있는 가장 간편한 놀이는 입으로 불어서 날리기입니다. 하얀 천이나 종이를 바닥에 깔고 목표물만 만들어주면 준비는 모두 끝납니다. 정해진 위치에 서서 입바람으로 무궁화 씨앗을 목표물에 들어갈 수 있는지 겨루는 놀이입니다. 처음에는 생각보다 씨앗이 멀리 날아가지 않아 쉽지 않을 수도 있습니다. 아이들이 너무 어려워한다면 목표물을 넘어 누가 제일 멀리 보내나 시합을 하여도 좋습니다.

솜털을 이용해 바람을 타고 씨앗을 멀리 멀리 퍼뜨리는 식물은 많이 있습니다. 그중 아이들이 흥미를 가질

만한 쇠채와 박주가리 씨앗을 추가로 활용하여 씨앗 놀이를 할 수 있습니다. 입으로 불거나 손으로 흔들면 바람을 타고 유유히 오랜 시간 비행을 합니다. 선생님이 시범으로 박주가리 열매를 터뜨려 바람에 흔들면 아이들은 보자마자 소리치면서 씨앗을 잡으려고 이리저리 뛰어다니는 모습을 볼 수 있습니다.

쇠채 씨앗　　　　　　박주가리 씨앗

박주가리 씨앗 날리는 모습

물에 둥둥 떠가는 씨앗 - 모감주나무 씨앗 뱃놀이하기

아이들이 가장 재미를 갖고 신기해하는 씨앗은 모감주나무, 벽오동나무 씨앗입니다. 이 나무들은 씨앗을 퍼뜨릴 때 열매가 배의 역할을 하여 물을 타고 씨앗을 이동시킵니다. 이러한 습성 때문에 중국에서 해류를 타고 씨앗이 넘어와 우리나라의 서쪽 해안가에 모감주나무가 많이 분포한다는 주장도 있습니다.

얼핏 보면 나뭇잎처럼 생긴 열매는 그 안에 씨앗을 매달고 있는데 뒤집으면 딱 나룻배 모양을 하고 있습니다.

"오늘은 여러분이 선장님이 될 거예요. 소중한 씨앗을 담아 항해를 해보려고 합니다."

아이들에게 씨가 달린 열매를 주고 학교의 연못이나 놀이터에 놀면서 파놓은 도랑에 가서 띄워보도록 합니다. 어떤 아이는 무심코 휙 던져 씨앗이 물에 빠지기도 하고 어떤 친구는 열매 일부분이 떨어져 나가 서서히 물속으로 잠기기도 합니다. 유난히 물의 흐름을 잘 타고 가는 씨앗에 모든 아이들의 이목이 집중됩니다.

"이렇게 씨앗이 싹을 틔워 한 그루의 나무와 풀이 되는 건 쉬운 일이 아니에요. 우리 반이 모두 씨앗을 실은 배를 띄웠지만 끝까지 침몰하지 않고 항해를 하는 씨앗이 몇 개 안 되는 것처럼요."

벽오동나무 씨앗

모감주나무 씨앗

모감주나무 씨앗 물에 띄우기

동물의 몸에 붙어 이동하는 씨앗 - 도꼬마리 씨앗으로 다트 놀이하기

도꼬마리 씨앗은 동물이나 사람의 몸을 이용해 이동하는 대표적인 씨앗입니다. 아이들도 가족을 따라 들이나 산으로 나들이를 갔다가 부모님과 도꼬마리를 활용해서 장난을 해본 경험이 있을 것입니다.

때로는 옷에 붙은 도꼬마리를 보고 벌레인 줄 알고 놀라기도 합니다. 도꼬마리가 털이나 옷에 잘 붙는 것은 씨앗의 뾰족한 끝이 살짝 구부러져 있기 때문인데, 이 성질을 모방하여 우리가 흔히 '찍찍이'라고 부르는 벨크로를 만들었습니다.

도꼬마리는 특이하게 열매 속에 2개의 씨앗이 들어있습니다. 열매를 잘라 씨앗을 확인해보며 형제간의 사랑과 희생으로 비유하여 이야기해주면 아이들이 재미있게 듣습니다. 큰 형님 씨앗이 먼저 싹을 틔우면 작은 동생 씨앗은 영양분이 되어 도꼬마리가 잘 자라게 도와줍니다. 그런데 큰 씨앗이 썩거나 죽으면 도꼬마리의 생명을 이어가기 위해 작은 씨앗이 싹을 틔웁니다.

"눈도 없고 귀도 없는 작은 씨앗이 싹을 틔우고 살아가기 위해서 이렇게 애쓰는데, 사람인 우리는 어떻게 살아가야 할까요?"라고 이야기하면 제법 진지한 대답을 하기도 합니다. 그리고 처음에 도꼬마리 열매가 징그럽다고 만지지도 않던 아이들이 조심스럽게 씨앗을 들고 자세히 살펴봅니다. 그럼 이제 자연물에 대한 거부감이 사라졌으니 열매를 가지고 놀 수 있는 준비가 된 것입니다.

3. 나의 상상 이야기 나누기

무궁화의 여행

앞에서 살펴보았던 다양한 식물 씨앗의 여행 방법을 토대로 그 씨앗들은 어떤 여행을 하게 될지 상상 이야기를 만들어보는 활동을 교과서 활동과 연계하였습니다. 무궁화에 담긴 태극기 이야기도 소개하고 이렇게 상상 이야기를 꾸미면 된다는 예시도 보여줄 겸 선생님의 상상 이야기로 활동을 시작합니다.

"선생님은 무궁화 열매와 무궁화 씨앗을 보고 역시 괜히 무궁화가 우리나라 꽃이 된 것이 아니구나라는 생각을 했어요. 선생님의 상상 이야기를 듣고 나면 우리학교 건물 옥상에 있는 태극기를 볼 때마다 무궁화가 떠오를 거예요."

선생님의 상상 이야기

태극기가 된 무궁화 열매

아침 저녁으로 찬바람이 선선하게 부는 10월의 어느날, 한 무궁화 나무에서 무궁화 열매 2개가 열렸어요. 성장한 무궁화 열매 형제는 여행을 떠나기로 결심했어요. 형 열매와 동생 열매는 함께 손을 잡고 세상을 구경하며 돌아다녔어요. 걷다보니 지쳐서 잠시 쉴 곳을 찾았어요. 그 때 동생 열매 눈에 흰 깃발이 달린 기다란 막대기가 눈에 띄었어요. 형 열매는 더 높은 세상을 보고 싶었어요. 그래서 깃대 위로 올라가 자리를 잡았어요. 동생 열매는 형 열매를 따라 깃대를 올라가던 중 씨앗이 터졌어요. 터진 씨앗 중 2개의 씨앗이 흰 깃발의 가운데에 앉았고 꼬투리들은 씨앗 주변을 둘러쌌어요. 이렇게 무궁화 열매 형제는 태극기가 되었답니다.

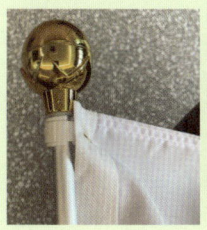  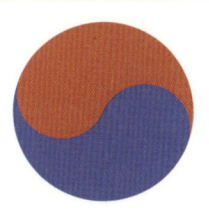 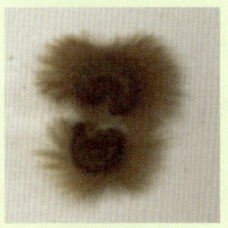

선생님의 상상 이야기에서는 우리나라 국화인 무궁화의 열매와 태극기의 연관성에 상상을 더해 표현하고자 태극기의 국기봉 모양이 무궁화의 열매를 따왔다고 이야기하지만 국기봉은 무궁화의 꽃봉오리를 본 따 만들었다고 합니다. 무궁화의 꽃봉오리와 열매는 외관이 매우 유사하기 때문에 구분하는 것이 쉽지는 않습니다. 시기상 열매가 열릴 법한 때에 맺히고 시간이 지나면서 노랗게 익어간다면 열매로 보는 것이 좋습니다.

무궁화 씨앗은 2개를 맞대어 보면 태극 무늬와 비슷한 모양입니다. 씨앗과 태극 무늬가 어떤 연관이 있을까요? 참 신기한 일입니다.

바람을 타고 날아서 여행하는 무궁화 씨앗, 시냇물 따라 항해를 떠나는 모감주나무 씨앗, 동물의 털에 앉아 여행하는 도꼬마리 씨앗 등 저마다 놀이를 하면서 보고 느꼈던 생각과 감정을 담아 제각각 상상 이야기를 꾸며냅니다. 씨앗을 의인화하여 상상하는 과정에서 아이들은 자연스레 식물에 감정이입을 하게 되고 하나의 씨앗이 싹을 틔우는 여정이 쉽지만은 않음을 깨닫게 됩니다. 이와 같이 저학년 생태수업의 경우 생태놀이와 함께 식물을 의인화하여 대화나 이야기를 만드는 활동을 더한다면 학생들의 생태감수성도 기를 수 있습니다.

03 | 달콤한 비밀을 품은 단풍나무

🌱 가을에 변신하는 단풍나무

가을에 노랗고 빨갛게 물드는 단풍나무는 산과 들에서 많이 자라지만 학교 주변에서도 쉽게 관찰할 수 있습니다. 단풍(丹楓)의 한자는 '붉을 단', '단풍나무 풍'으로 가을에 붉게 물들어서 붙여진 이름입니다.

꽃이 지고 열매가 맺히는데 열매 양쪽에 날개가 달려 있습니다. V자 모양이긴 하지만 거의 수평으로 벌어집니다. 양쪽으로 벌어져 열리는 날개 열매는 익으면 바람개비처럼 돌면서 멀리 날아가며 떨어집니다. 단풍나무 열매가 바람에 날아가는 모습에서 헬리콥터의 프로펠러 원리가 나왔다고 합니다.

단풍나무 꽃

단풍나무 열매

단풍나무 씨앗

단풍나무 목재는 나무질이 단단하고 갈라지지 않기 때문에 볼링장 바닥을 까는 재료로 쓰입니다. 산속 골짜기에서 많이 자라지만 다양한 재배 품종을 만들어 정원수로 사랑받는 나무가 되었습니다.

🍂 가을이 되면 왜 울긋불긋 단풍이 들까?

가을이 되어 기온이 떨어지면 나무들은 추운 겨울에 살아남기 위한 준비를 합니다. 물이 부족한 시기에 나무 안의 물을 지키기 위해 물과 이산화탄소가 지나가는 통로를 막습니다. 식물의 잎은 물의 증발을 막기 위해 줄기 부분에 붙어있는 잎자루 끝에 '떨켜'를 만듭니다. 광합성을 하여 잎에서 만들어진 양분이 떨켜 때문에 줄기

단풍나무의 떨켜

로 이동하지 못하고 잎에 쌓여 색소로 변하면서 단풍이 물듭니다.

그런데 모든 나무의 잎이 같은 색으로 단풍이 드는 것은 아닙니다. 붉은 단풍은 붉은색 '안토시아닌' 색소, 노란 단풍은 '카로티노이드' 색소에 의해 색이 나타나게 됩니다. 참나무의 경우는 '탄닌'이라는 색소 때문에 잎이 황갈색으로 변합니다.

또 찬 공기와 더 많이 닿는 잎의 바깥쪽부터 엽록소가 파괴되면서 점점 더 안쪽으로 물들어 갑니다. 일반적으로는 일교차가 크고 날씨가 건조하면서 맑은 날이 계속될수록 단풍이 예쁘게 든다고 합니다. 단풍이 든 잎은 잎자루 끝에 떨켜층이 발달하면서 가지에서 떨어져나가는데 이것이 바로 낙엽입니다.

🍂 메이플 시럽

메이플 시럽은 한국의 단풍나무와는 다른 '설탕단풍나무(Sugar maple)'에서 채취합니다. 보통 핫케이크나 와플에 곁들여 먹는데 요즘에는 다양한 요리에 이용됩니다. 아메리카 원주민들이 수백 년 전 유럽인들이 들어오기 이전에 처음으로 만들어 사용했다고 하는데 이후 유럽 정착자들도 적극적으로 받아들여 이용하게 되면서 널리 퍼졌습니다.

단풍나무의 수액이 달다는 것은 어떻게 알았을까요? 한 어린 아이가 다람쥐가 단풍나무의 줄기에 상처를 내고 입을 대고 수액을 빨아먹는 것을 보았습니다. 호기심에 그 아이는 다람쥐처럼 그대로 흉내내다가 단풍나무의 수액이 달콤하다는 것을 알아냈다는 이야기가 전해집니다.

메이플 시럽을 만드는 것은 많은 노력과 시간이 필요한데 수액이 흐르기 시작하는 늦겨울이나 초봄에 수액을 수집하여 증발기에서 오랜 시간 끓여 수분을 제거하고 농축합니다. 수액이 걸쭉해지면 더 진하고 풍미도 짙어진다고 합니다.

현재는 캐나다가 메이플 시럽의 최대 생산국이고 미국에서도 많이 생산하고 있는데 우리나라에서는 고로쇠 시럽을 만들어 이용하기도 한답니다.

단풍나무의 종류

가을에 예쁘게 옷을 갈아입는 단풍나무는 종류가 아주 많습니다. 당단풍나무는 단풍나무와는 달리 어린 가지에는 흰색의 털이 약간 나 있습니다. 단풍나무는 잎이 5~7갈래로 갈라지는데 당단풍나무는 좀 더 많이 7~9갈래로 갈라집니다. 중국단풍은 잎이 3갈래로 갈라지고 수피는 결따라 종이처럼 찢어집니다. 열매의 날개가 단풍나무는 거의 수평으로 벌어지는 반면 중국단풍은 90도보다 작은 각도로 벌어지는 게 특징입니다.

신나무는 잎이 세 갈래로 얇게 갈라지고 황색에서 연한 분홍색의 단풍이 듭니다. 고로쇠 수액으로 유명한 고로쇠나무도 노란 단풍이 예쁜데 잎이 5갈래로 갈라지고 꽃은 이른 봄에 잎보다 먼저 가지 끝에 모여서 핍니다. 날개 열매가 단풍나무에 비해 크고 작은 잎 3개가 모여있는 복자기나무도 가을에 예쁘게 물드는 나무입니다.

중국단풍

당단풍

세열단풍(공작단풍)

고로쇠나무

신나무

복자기나무

01 단풍잎 세상 속으로

▷ 『**나뭇잎 놀이**』 2학년 1학기 통합(자연, 52~53쪽)

▷ **교과 성취기준**
- [2슬01-04] 사람과 자연, 동식물이 어우러져 사는 생태를 탐구한다.

▷ **수업의 개요**

구분	시간	내용	자료 및 참고사항
도입	10	[나뭇잎 마술] • 「나뭇잎 마술」 그림책 읽기 • 나뭇잎 앞면, 뒷면 햇빛에 비추어 보기	그림책 「나뭇잎 마술」
전개	60	활동1 우리 학교 자연 지도 그리기 • 학교의 자연물 관찰하기 • 자연 지도 만들기 활동2 나뭇잎으로 놀기 • 나뭇잎 가위 바위 보 • 나뭇잎 이어달리기 • 나뭇잎 컬링 • 나뭇잎 뒤집기	
정리	10	[놀이 소감 나누기] 가장 재미있었던 놀이, 가장 힘들었던 놀이는 무엇인지 이야기 나누기	

1. 우리 학교 자연 지도 그리기

나뭇잎에 비밀이 있다고요?

'학교 자연 지도 만들기' 활동을 하려면 학교 숲이나 정원에 있는 나무들을 잘 살펴보아야 합니다. 이 활동을 하기 전에 「나뭇잎 마술」(타다 타에코 글, 정영원 옮김, 비룡소) 책을 읽어주고 시작하면 좋습니다. 나뭇잎은 그 종류에 따라 여러 가지 잎맥이나 가장자리 톱니의 생김새가 다릅니다. 하트 모양, 그물 모양, 예쁜 레이스 모양, 복잡한 미로 모양 등 신기하고 재미있는 잎맥이 많습니다. 햇빛을 받으면 마치 마술처럼 드러나는 잎맥을 관찰하고, 잎맥의 모양이 무엇을 닮았는지 아이들과 얘기해보는 것도 재미있는 활동입니다.

햇볕이 좋아 산책하기 좋은 날, 이 책에 소개된 것처럼 아이들과 함께 나뭇잎의 앞뒷면을 돌려보고 만져본 다음 햇빛에 대어보았습니다.

"얘들아, 단풍나무를 비춰보면 잎맥의 모양이 뭐처럼 보이니?"

"복잡한 미로처럼 보여요."

"선생님, 은행나무 잎은 폭죽을 터트린 것처럼 보여요."

"저는 은행나무 잎에서 별똥별이 쏟아지는 것 같아요."

"목련 잎의 잎맥은 거북이 등딱지 모양 같아요."

단풍나무, 은행나무, 배롱나무, 팽나무, 느티나무 등의 나뭇잎 모두 잎맥의 모양이 마술처럼 신기하게 보였습니다. 어른이 보기에도 가장 신기했던 것은 「나뭇잎 마술」 책에 소개된 토끼풀을 햇빛에 비춰보는 마술이었습니다.

"우와~ 정말 고리 하나가 없어졌네?"

"진짜 신기한 마술이다!"

나뭇잎을 햇빛에 비춰보는 단순한 활동이었는데도 아이들의 입에서는 "우와~~" 탄성이 나왔습니다. 토끼풀의 잎에는 희고 둥글게 무늬가 있는데, 이 흰 무늬는 잎 표면과 엽록소 사이에 있는 공기층 때문에 나타나는 현상이라고 합니다. 햇빛을 비추면 엽록소가 드러나 그 부분이 초록색으로 보여 흰 무늬가 사라지는 거라고 합니다. 저학년 아이들에게 엽록소와 공기층에 대해 설명하지 않더라도 아이들과 눈맞춤한 나뭇잎이나 풀들은 이제 더 이상 다같은 나무, 그냥 잡초가 아닐 것입니다. 이 활동은 고학년 과학 잎맥 수업에 활용해도 참 좋을 것 같습니다.

나뭇잎 햇빛에 비춰보기

단풍나무 잎 마술

은행나무 잎 마술

칠엽수 잎 마술

목련나무 잎 마술

토끼풀 마술

우리 학교 자연 지도를 그려볼까요?

요즘 생태환경문제가 부각되면서 학교 숲 가꾸기나 정원 사업에 관심이 많아져 다양한 나무를 식재한 학교 정원이 늘고 있습니다. 그러나 나무에 대한 관심을 갖지 않으면 아이들은 물론 교사조차도 어떤 나무가 학교에 있는지조차 모르는 경우가 많습니다.

학교 자연 지도 만들기 활동은 2학년 1학기 통합(자연)교과에 제시되어 있습니다. 이 활동은 학교 정원을 둘러보며 나무에 대한 관심을 갖게 하고, 다양한 생태 관련 수업에 활용할 수 있어 좋습니다. 학교 자연 지도를 만들 때, 수목표찰이 없는 경우 나무의 이름을 알 수 있게 지역의 생태 강사를 학교로 초빙하여 생태수업을 진행하면 도움이 될 수 있습니다. 나무가 너무 많아서 표시하기 어렵다면 대표적인 나무 몇 가지만 넣어 자연 지도를 만들어도 상관없습니다.

처음에는 자연 지도에 나무 정도만 넣어 수업을 진행하려 했지만 나무를 넣고 나니 아이들은 주변에 있는 꽃이나 작은 풀들까지 넣고 싶어합니다. 그 주변을 날아가는 곤충이나 벌레, 돌까지 넣는 아이들도 생깁니다. 학교에 있는 나무, 풀, 곤충, 돌 등 자연물 하나하나에 관심과 사랑을 주는 계기가 되기도 합니다. 자연 지도를 만들면서 나무와 풀들의 이름을 알게 되고 친해진 나무를 좀 더 자세히 관찰하며 자연과 친해지는 시간을 만들어 보면 좋겠습니다.

2. 나뭇잎으로 놀기

안 내면 술래! 가위 바위 보!

향기로운 꽃내음과 초록초록한 풍경이 가득한 5월, 숲 산책을 떠나는 길 어디선가 향긋한 향기가 솔솔 불어옵니다. 어떤 식물의 향기일까요? 바로 아까시나무입니다. 흔히들 '아카시아'라고 부르지만 올바른 이름은 '아까시나무'이고, 실제로 아카시아는 우리나라에는 없는 열대지방의 나무입니다.

어릴 때 한 번쯤 아까시나무 잎으로 가위바위보 놀이를 해본 적이 있을 것입니다. 친구와 짝을 지어 가위바위보를 해서 아까시 나뭇잎을 하나씩 따서 빨리 따는 사람이 이기는 놀이입니다. 아까시 잎을 쭉 훑어 멋진 꽃다발을 만들고, 나뭇잎을 다 뗀 후에는 그 줄기로 친구들에게 아까시 파마를 해주기도 했습니다. 또 서로의 줄기를 엇갈리게 걸어서 나뭇잎 씨름도 했습니다. 아까시나무 대신 등나무 잎으로 가위바위보 잎 따기 놀이를 할 수도 있습니다.

1. 같은 나뭇잎으로 가위바위보 놀이하기

학교 정원의 나무 그늘을 찾아 나무껍질, 나뭇잎, 꽃 등을 관찰한 뒤 그 나무의 잎을 두 장씩 따서 간단하게 가위바위보 놀이를 할 수 있습니다. 교사가 나무 한 그루를 정해주고 아이들에게 마음에 드는 나뭇잎을 두 장씩 따라고 말합니다. 단, 교사는 아이들이 나뭇잎을 가지고 모이기 전까지 가위바위보의 우승 조건을 말하지 않습니다. 아이들이 모이면 교사는 "가장 큰 나뭇잎은?"이라는 기준을 말해주고 "가위바위보!"를 외치면서 두 장 중 한 장을 선택하여 나뭇잎을 내밉니다. 각자 내민 나뭇잎 중에서 가장 큰 나뭇잎을 찾은 친구가 이기는 놀이입니다. 나뭇잎이 비슷할 경우 서로 포개어 가장 큰 나뭇잎을 찾기도 합니다. "가장 긴 나뭇잎은?", "벌레 먹은 부분이 가장 많은 나뭇잎은?" 등 기준은 무궁무진합니다.

목련나무 잎으로 가위바위보
(가장 큰 나뭇잎은?)

칠엽수 나뭇잎으로 가위바위보
(벌레먹은 구멍이 가장 많은 나뭇잎은?)

아까시나무 잎으로 가위바위보
(이긴 사람이 한 장씩 떼기)

2. 서로 다른 나뭇잎으로 가위바위보 놀이하기

"이제 여러분이 각자 마음에 드는 나뭇잎을 종류가 다르게 다섯 가지를 가져오세요. 다 모이면 나뭇잎 가위바위보를 할게요. 나뭇잎을 딸 때는 미안하고 고마운 마음을 담아 꼭 필요한 만큼만, 하나씩만 따세요."

"선생님, 다섯 개 모두 준비했어요."

"나뭇잎 가위바위보 시작합니다. 손가락 모양을 닮은 나뭇잎은? 하나 둘 셋!"

"선생님, 제가 이겼어요. 저는 단풍잎이에요."

"그럼, 다음… 새의 깃털을 닮은 나뭇잎은?"

"선생님 이거 보세요. 제가 이겼어요. 깃털처럼 보이지요?"

아까시 잎을 내민 아이와 자귀나무 잎을 내민 아이가 서로 자기 것이 더 깃털처럼 생겼다며 큰 소리를 내기 시작합니다. 그래서 두 아이 모두에게 나뭇잎 왕관을 씌워주었습니다. 이 외에도 나뭇잎의 색깔, 벌레 먹은 구멍의 갯수나 크기, 나뭇잎 가장자리 모양 등 다양한 기준으로 나뭇잎 가위바위보 놀이를 할 수 있습니다.

사람이 만들어낸 장난감과 달리 자연물은 각자가 가진 촉감과 형태가 다양합니다. 나뭇잎으로 가위바위보를 하다 보면 아이들이 자연스럽게 나뭇잎을 만지게 되고, 그만큼 관찰의 시간도 가질 수 있어서 좋습니다. 이날 숲 체험에서는 산초나무 잎을 비벼 냄새를 맡아보기도 하고, 가죽나무 잎 냄새도 맡아보았습니다. 이렇게 놀다 보면 나뭇잎의 형태, 질감과 색깔, 향기 등을 통해 아이들의 '감각적 지식이 좋아지고 자연과도 더욱 가까워지게 됩니다.

단풍잎(가위), 팽나무잎(바위), 은행잎(보)

'가장 큰 나뭇잎은?' 가위바위보

'가장 긴 나뭇잎은?' 가위바위보

단풍잎 이어달리기

1. 전체 아이를 2~3 모둠으로 나누고 나뭇잎 1장씩을 준비하도록 합니다.
2. 각 모둠의 첫 번째 선수가 출발선에 서서 나뭇잎을 던집니다.
3. 두 번째 선수가 첫 번째 나뭇잎이 떨어진 곳에서 자기 나뭇잎을 이어 던집니다.
4. 첫 번째 선수가 던진 나뭇잎은 그 자리에 둡니다.
5. 마지막 선수까지 나뭇잎을 던진 뒤 가장 멀리 간 모둠이 이깁니다.

학교 주변에 있는 나무들을 관찰하고 자연 지도를 만든 것을 활용해 자연 지도에 있는 단풍나무를 찾아가봅니다. 단풍나무 아래에 떨어진 단풍잎을 이용해 활동을 할 수도 있지만 나무에 붙어있는 잎을 따서 활용할 수 있습니다.

"지금부터 단풍잎 이어달리기를 할 거예요. 나뭇잎을 1개씩 따오세요."

"선생님, 나뭇잎을 함부로 따면 안 되잖아요. 자연을 사랑해야지요."

"맞아요. 나뭇가지를 함부로 꺾거나 나뭇잎을 마구 따는 건 안 되지요. 그런데 나무는 자신에게 필요한 것보다 잎을 더 많이 만든대요."

"그럼, 조금씩 따는 건 괜찮겠네요?"

"네. 나무는 자신이 쓰고도 남을 만큼 잎을 만들어 나누어줄 수 있거든요. 그렇지만 한 가지에서 잎을 많이 따지 말고 여러 곳에서 조금씩 따주세요."

여러 나무에서 다양한 나뭇잎을 수집해서 활용할 수도 있지만 하나의 나무에서 나뭇잎을 수집하는 것을 추천합니다. 아이들 키에 닿을 정도의 나무를 고르고 미안함과 고마움을 표현하도록 합니다. 다른 잎이나 나뭇가지에 피해를 주지 않고 조심해서 딸 수 있도록 안내해줍니다.

각자 수집해 온 나뭇잎을 관찰합니다. 이 활동을 할 때는 자신의 나뭇잎이 어떤 모양을 하고 있는지 알고 있어야 잘할 수 있다고 미리 말해주어 세심하게 관찰하게 합니다.

출발선을 정하고 이어달리기를 합니다. 여러 가지 방법이 있지만 대표적으로 손으로 던져서 하는 방법, 나뭇잎을 손바닥에 놓고 입으로 불어서 하는 방법이 있습니다. 학생 수가 적을 경우는 한 사람이 여러 장의 나뭇잎을 사용하게 할 수 있습니다.

나뭇잎이 가벼워서 생각보다 앞으로 나가지 않습니다. 어떤 아이는 단풍잎을 또르르 말아서 꽃자루가 앞으로 향하게 한 후 휙 던집니다. 입으로 부는 경우도 다양하게 고민합니다. 바람의 영향을 받기 위해, 또는 덜 받기 위해 자세를 낮추기도 하고 발꿈치를 들기도 합니다. 또 같은 단풍잎으로 할 경우 옆 팀의 나뭇잎과 비슷한 위치에 떨어지기도 하여 어떤 잎이 우리 모둠의 나뭇잎인지 확인하는 경우도 있습니다.

나뭇잎 컬링

컬링은 두 팀으로 나누어 얼음 위에서 둥글고 납작한 돌을 미끄러지게 하여 과녁에 넣어 득점하는 경기입니다. 둥글고 납작한 돌 대신 단풍나무를 이용하고 과녁은 놀이에 사용하는 컬링 과녁을 이용해도 되고 흙 바닥에 그림을 그려도 좋습니다.

돌이나 공이 아니기 때문에 멀리에서 밀거나 굴리는 것은 어렵습니다. 가까이에 서서 입으로 불거나 손으로 던져서 컬링을 하면 됩니다. 문제는 단풍나무 잎이 같으면 각 모둠의 나뭇잎이 무엇인지 몰라서 점수를 내기 어렵습니다. 청단풍, 홍단풍처럼 색이 다른 단풍나무를 이용하거나 크기가 비슷하다면 잎의 종류가 달라도 괜찮습니다.

단풍 들 시기가 되지 않아 붉게 물든 단풍나무가 없다고 걱정하지 않아도 됩니다. 주위에서 찾아보면 봄에도 붉은 잎을 가진 홍단풍이 있습니다. 또 단풍나무과에 많은 종류의 단풍나무들이 있는데 그 잎 중에 두 가지를 선택해서 하는 방법이 있습니다. 신나무, 당단풍, 중국단풍, 복자기나무 등이 주변에 있는지 살펴보고 활용하면 좋습니다.

단풍과 공작단풍 두 팀으로 나누어 나뭇잎 컬링하기

칠엽수 초록 잎과 붉은 잎 두 팀으로 나누어 나뭇잎 컬링하기

나뭇잎의 크기에 따라 거리 조정하기

나뭇잎 뒤집기

두 팀으로 나누어 앞뒷면의 색이 다른 판을 뒤집는 놀이는 아이들이 참 좋아하는 경기입니다. 이 게임을 나뭇잎으로 해보아도 재미있습니다. 이 활동을 하기 위해서는 나뭇잎 이어달리기보다는 잎이 좀 더 많이 필요합니다. 단풍나무로 활동을 한다고 했을 때 각각의 단풍나무 잎이 서로 다릅니다. 한 나뭇잎이라도 앞면과 뒷면이 다릅니다. 만졌을 때의 촉감, 털의 위치와 유무도 활동 전에 아이들과 충분히 이야기를 나눕니다. 물론 단풍나무과의 잎도 앞면과 뒷면이 색부터 확실하게 차이가 나는 경우(은단풍)도 있습니다.

학교 주변에서 찾을 수 있는 단풍나무의 잎을 수집하여 잔디밭이나 운동장 등 넓은 곳에 뿌립니다. 두 모둠으로 나눠서 각 모둠의 대표가 앞면으로 할지 뒷면으로 할지 정합니다. 30초 정도의 시간을 주고 모둠이 정한 앞면이나 뒷면이 위로 오도록 뒤집기를 시작합니다. 끝나는 신호에 따라 활동을 마무리하고 정리합니다. 이 놀이를 통해 나뭇잎의 앞, 뒷면의 모습을 알 수 있고, 잎맥도 관찰할 수 있어서 좋습니다.

나뭇잎 뒤집기에 활용한 칠엽수 잎

나뭇잎 뒤집기

이런 활동도 있어요 나뭇잎 작품 전시회

나만의 나뭇잎 작품 만들기 활동을 위해서는 자연물을 직접 채집하고 있는 그대로의 자연 상태로 활용하는 게 가장 좋습니다. 그러나 활동을 하려고 한 날에 날씨가 너무 덥거나 비가 와서 활동이 불가능한 경우가 있습니다. 나뭇잎을 미리 준비하여 냉장고에 넣거나 젖은 신문에 끼워 보관하여 사용하지만 시간이 지나면 잎의 모양이 변하여 활용하기 힘들 수 있습니다.

잎의 모양을 확실하게 관찰하고 잎맥의 모양까지 그대로 유지하게 만들어서 활용할 수 있는 방법이 있습니다. 두꺼운 하드보드지에 스프레이 풀로 나뭇잎을 붙이면 한달이 지나도 처음 상태를 유지할 수 있습니다. 색도 잘 변하지 않고 잎 가장자리가 말리지 않습니다. 눈알 스티커로 살짝 재미를 주고 펜으로 나뭇잎 주변에 글씨를 써서 소감을 남길 수도 있습니다. 작품 자체를 풀밭이나 준비한 천에 펼쳐놓아 전시만 해도 아이들은 자신의 나뭇잎 작품을 뿌듯해하고 소중하게 생각합니다.

1. 검은색 두꺼운 하드보드지를 10×10cm(나뭇잎이 크면 좀 더 크게 준비) 크기로 잘라서 준비합니다.
   * 아이들이 자르기는 어려우니 미리 잘라서 준비합니다(종이 절단기 이용).
2. 바닥에 신문지를 깔고 자른 하드보드지 위에 스프레이 풀을 뿌립니다.
3. 준비한 나뭇잎을 하드보드지에 붙입니다.
4. 눈 모양이 그려진 스티커를 원하는 위치에 자유롭게 붙입니다.
5. 스프레이 풀이 마르면 흰색 젤 펜으로 나무 가장자리에 글씨를 씁니다.
6. 만든 작품을 모아 전시회를 하고 소감을 나눕니다.

나만의 나뭇잎 작품

나뭇잎 작품 전시회

나뭇잎을 스프레이 풀로 붙이고 가장자리에 글씨를 쓸 때는 스프레이 풀이 마르도록 기다려야 합니다. 가장자리 전체에 소감이나 자신에게 하고 싶은 말을 쓸 수 있습니다. 가장자리 전체에 다 쓰는 아이들도 있지만 한쪽에만 일부에만 쓰는 경우도 있는데 다 괜찮습니다. 아이들이 쓴 글을 하나씩 읽어보며 왜 그런 말을 썼는지 궁금하면 서로 물어볼 수도 있습니다.

나만의 작품이 완성되면 가지고 나와서 내려놓게 합니다. 아무렇게 흩어놓아도 보기에 멋진 작품이 됩니다. 눈동자의 위치가 독특해서 재미있는 경우도 있습니다. 혼자가 아니라 여럿이 모여서 하나의 멋진 작품이 완성되어 마치 협동화를 제작한 것처럼 하나가 됩니다.

하드보드지를 자르고 풀로 붙이는 과정은 번거롭고 쉽지 않은 작업입니다. 그렇지만 '나만의 나뭇잎 작품 만들기' 활동뿐만 아니라 '나뭇잎 뒤집기 놀이'까지 할 수 있으니 의미 있는 활동입니다.

02 단풍잎과 함께 찰칵!

▷ 『단풍잎 손수건 만들기』 2학년 1학기 통합(자연, 54~55쪽)

▷ 교과 성취기준
- [2슬01-04] 사람과 자연, 동식물이 어우러져 사는 생태를 탐구한다.

▷ 수업의 개요

구분	시간	내용	자료 및 참고사항
도입	10	[학교 자연 지도 살펴보기] • 자연 지도에 있는 나무 알아보기	전 차시에서 만든 자연 지도 활용
전개	100	**활동1** 나만의 반려나무 정하기 • 나만의 반려나무 찾아보기 • 나무에 이름표 붙여주기 **활동2** 나만의 단풍잎 손수건 만들기 • 무늬를 찍고 싶은 단풍잎 찾아오기 • 단풍잎을 얹어 손수건에 무늬 찍기 **활동3** 자연과 함께 사진 찍기 • 반려나무에게 단풍잎 손수건 자랑하기 • 손수건 작품과 함께 학교 숲에서 사진 찍기	손수건, 고무망치, 고무판, OHP, 단풍잎, 네임펜
정리	10	[단풍잎 손수건 감상하기] • 친구들과 완성된 단풍잎 손수건 감상하기 • 감상 소감 나누기	

1. 나만의 반려나무 정하기

다 같은 나무가 아니예요!

우리 학교 정원에는 둘레가 한 아름이 넘는 아름드리 나무들이 많이 있습니다. 정문 앞에 있는 팽나무부터 느티나무, 소나무, 향나무, 은행나무까지 아주 다양합니다. 그리고 6월~7월에 노을빛에 물든 듯 몽환적이고 비단빛깔 꽃이 예쁘게 피는 자귀나무, 6월쯤에 하얗고 우아하게 생긴 꽃이 향기를 뿜어내는 태산목, 잎이 보통 7개로 갈라져서 이름 붙은 칠엽수, 예부터 집안에 심으면 가문에 큰 인물이 나온다고 하여 길상목으로 여겨진 회화나무까지 보통 학교 정원에서는 잘 볼 수 없는 나무들도 많습니다. 화창한 봄날 '나의 반려나무 정하기' 활동을 하기에 더없이 좋은 환경입니다.

"학교 정원에 있는 나무 중에서 '나의 반려나무'를 한 그루씩 정해볼까요? 학교의 자연 지도를 보면서 정원을 둘러보세요. 그리고 가장 마음에 드는 나무에게 가서 앞으로 좋은 친구가 되자 하며 안아주세요."

"선생님, 저는 소나무랑 친구할래요. 나무껍질이 진짜 철갑처럼 생겨서 멋져요."

"선생님, 저는 배롱나무를 찜했어요. 키가 작아서 진짜 친구하기에 딱 좋아요."

"반려나무를 껴안아보니 느낌이 어떤가요?"

"선생님, 벌레가 기어다녀서 안아주기 힘들어요."

"느티나무는 소나무보다는 매끈매끈해요."

"배롱나무는 느티나무보다 더 부드럽고 무늬도 있어요."

"이제 여러분이 6학년 졸업할 때까지, 중학교에 가서도 내 나무가 어떻게 변해가는지, 어떤 곤충들이 오고 가는지 잘 관찰해보세요. 그리고 매일 등교할 때나 하교할 때 인사해주세요."

반려나무 정하기 활동을 하고 바로 주말을 보냈는데 아이들은 잊지도 않고 월요일 등굣길에 가방을 멘 채로 반려나무에게 인사를 하러 갑니다. 학교 숲으로 가서 자기의 나무를 쓰담쓰담 해주는 아이들을 바라보면서 자연과 감각으로 접촉해서 생태감수성이 길러진다면 좋겠다는 생각이 들었습니다. 반려나무를 정한 후, 그 나무에 어울리는 별명을 붙여주고, 이름표도 달아주었습니다. 아이들이 반려나무에 붙여준 별명에는 나름대로 재미있는 이유가 있습니다.

"선생님, 저는 배롱나무를 '대롱이'라고 부를 거예요. 꽃이 대롱대롱 예쁘게 달려서요."

"제 소나무 별명은 '송송이'예요. 소나무랑 잘 어울리는 것 같아서요."

"제 느티나무는 '느낌이'예요. 그냥 만지는 느낌이 좋아서요."

"저는 팽나무 별명을 '팽팽이'라고 지어줬어요. 열매에서 팽팽 소리가 난다고 해서요."

학교 정원에서 '나의 반려나무'를 정하고 난 후, 한여름에 운동장 놀이터에서 놀던 아이가 시원한 얼음물을 자기 나무에게 주는가 하면, 추운 겨울에 반려나무에게 옷을 입혀준다고 하는 아이들도 있습니다. 그림 일기장에 자기 나무의 생긴 모습을 그리고, 나무와의 첫인사를 쓰는 아이도 있습니다.

> 내가 그의 이름을 불러 주기 전에는
>
> 그는 다만
>
> 하나의 몸짓에 지나지 않았다.
>
> 내가 그의 이름을 불러주었을 때
>
> 그는 나에게로 와서
>
> 꽃이 되었다.
>
> – 김춘수 '꽃' 중에서 –

덩그러니 있던 그냥 나무들은 비로소 우리 아이들에게 '꽃'이 된 것입니다. 학교 숲이나 정원에 나무가 많다면 이렇게 자기 나무를 하나씩 정해서 꾸준하게 관심과 사랑을 쏟게 하는 것도 자연 사랑의 한 방법일 거란 생각이 듭니다.

1. 나의 반려나무를 정합니다.

2. 반려나무에 이름표를 달아줍니다.

3. 나만의 단풍잎 손수건을 들고 반려나무와 함께 인증샷을 찍습니다.

반려나무: 은행나무
(별명: 노랑이)

반려나무: 배롱나무
(별명: 대롱이)

반려나무: 소나무
(별명: 송송이)

2. 모여라! 단풍나무 가족들

선선한 바람이 불기 시작하면 우리는 곱게 물든 단풍을 기대하며 단풍놀이 계획을 세웁니다. 가을에 가장 먼저 단풍을 보여주는 벚나무도, 길거리를 노랑으로 뒤덮는 은행나무도, 붉은색 잎이 제법 예쁜 화살나무도 가을 분위기를 살리는 색깔로 가을을 치장하지만 단풍의 최고봉에 있는 나무는 뭐니 뭐니 해도 단풍나무입니다.

단풍나무는 붉은 단풍으로 사랑받지만, 단풍이 들기 전에도 사람들이 많이 알아보는 나무입니다. 쫙 펼친 손처럼 여러 갈래로 갈라진 잎 때문입니다. 단풍나무속 나무 중에서 중국단풍이나 당단풍, 고로쇠나무는 단풍나무속이라고 해도 고개가 끄덕여지는데 단풍나무와 잎 모양이 전혀 다르게 생겼지만 단풍나무속인 나무가 여러 가지 있습니다. 숲에 생태 공부를 하러 다니면서 만난 신나무를 알게 된 지 몇 년이 지난 후, 이 나무의 열매를 보고 비로소 신나무가 단풍나무속이라는 걸 알게 되었습니다. 참 신선한 충격이었습니다. 팽그르르 돌며 떨어지는 신나무 씨앗. 열매를 보지 않았다면 신나무가 단풍나무 가족이라는 것을 알아차리지 못했을 겁니다. 신나무 잎은 세 갈래의 로켓 모양이라 단풍잎과는 좀 다르게 보이는데 붉은 단풍은 참 예뻐서 눈길이 갑니다.

신나무의 가족관계를 알았을 때보다 더 신선한 충격은 바로 복자기나무를 만났을 때입니다. 복자기라…… 이름부터 쉽게 다가오지 않고 생김새는 단풍나무 근처에도 못 갑니다. 그러나 가을에 충북 단양에 나들이 갔다가 길게 늘어선 가로수 단풍의 색깔이 참 예뻐서 가까이 가봤더니 바로 복자기나무였습니다. 소나무처럼 자태가 우아하기를 하나, 느티나무처럼 듬직하기를 하나, 플라타너스처럼 넓은 그늘을 만들기를 하나, 초록 잎일 때는 도대체 똑 부러지게 잘난 구석이 하나도 없어 보이는 그저 흔한 나무로 보였는데 복자기나무의 몹시도 붉은 단풍을 보고 단풍나무 가족으로 인정했습니다.

생기 가득한 단풍잎이 초록색으로 풍성해지는 6월, 아이들과 단풍잎 손수건을 만들어보기로 했습니다. 학교 정원에는 단풍나무와 공작단풍(세열단풍) 두 가지만 있어서 주말 산행길에 단풍나무 가족들을 수집해 와야지 마음먹었습니다. 아이들에게 단풍나무 가족들이 많다는 것을 알려주고 싶었습니다. 중국단풍, 당단풍, 고로쇠나무, 신나무 등 그날은 단풍나무 가족을 찾기 위한 산행이었습니다. 잎을 딴 후 마르지 않게 신문지에 물을 적시고 잎들을 사이에 넣어서 가져왔습니다. 아이들의 생태놀이 수업을 위한 자료 수집과 생태 공부를 위한 산행, 일석이조의 효과에 스스로 뿌듯해하면서 그날만큼은 참교사인양 단풍나무 가족들을 수집했습니다.

가을에 붉게 물든 단풍잎으로 손수건을 만들어도 예쁘지만 초록 단풍잎 손수건 또한 초록초록한 싱그러움을 간직할 수 있습니다. 단풍잎뿐만 아니라 여러 가지 나뭇잎, 풀잎, 꽃잎 등을 이용해서 만들 수도 있습니다. 나뭇잎 손수건 만들기 활동은 나무에 물이 올라 성장이 왕성한 5~6월이 더 좋습니다. 7~8월에 접어들면 나뭇잎이 뻣뻣해지면서 물이 잘 들지 않는 나뭇잎들이 많이 생깁니다. 10월에 접어들면 나뭇잎들은 급속하게 물기를 잃어가기 때문에 나뭇잎 손수건을 만들기에 적절치 않은 나뭇잎들이 많습니다.

단풍잎 손수건을 완성한 후 집에 가져가서 식초 세 방울을 물에 타서 손수건을 조물조물 담근 후 말려주면 물이 잘 빠지지 않고 오래 보존할 수 있습니다. 그리고 손을 닦는 손수건 용도뿐만 아니라 가정에서 물건을 보관할 때 덮어두는 용도로 사용해도 예쁘고 좋습니다. 나만의 단풍잎 손수건 만들기 활동을 통해 자연물을 이용해 생태와 간접적으로 교감함으로써 아이들이 자연을 더 가깝게 느끼지 않을까요?

단풍잎 손수건 만들기

❶ 손수건을 녹색 고무판 위에 얹어 놓습니다.

❷ 단풍잎이나 풀잎을 손수건 위에 얹어 놓습니다.

❸ 무늬가 찍힐 위치에 풀잎을 얹고 손수건을 반으로 덮습니다.

❹ 손수건 위에 투명용지(OHP 필름)를 덮습니다.

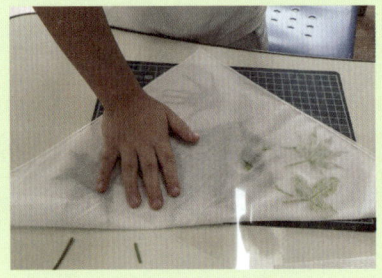

❺ 색이 골고루 스며들도록 고무망치로 두드립니다.

❻ 네임펜으로 잎의 이름을 씁니다.

단풍잎 손수건을 완성한 후, 학교 정원에 있는 자신의 '반려나무'에게 보여주러 나갈 거라고 했더니 아이들이 환호성을 지릅니다. 바깥 활동이 그렇게도 좋은가 봅니다. 아이들은 넓은 곳에서 소리지르고 뛰고 달려야 몸도 마음도 옹골지게 영글 것입니다. 단풍잎 손수건을 들고 자기의 반려나무에게 달려가서 찰칵! 인증샷을 찍고, 한참을 뛰어놀았습니다.

이런 활동도 있어요 - 나뭇잎 손수건 잘 만드는 방법 Q&A

Q 어떤 나뭇잎이 손수건에 잘 찍히나요?

A 나무의 종류에 따라 차이가 많이 나요. 초본(풀잎)은 보통 초록 물이 잘 드는 편이나 목본(나뭇잎)처럼 잎맥이 예쁘게 찍히지는 않아요.
- ★ 물이 잘 찍히는 나뭇잎: 단풍나무속(단풍나무, 당단풍, 중국단풍, 세열단풍, 신나무, 복자기나무 등), 무궁화, 대추나무, 산수유, 싸리나무, 국수나무 등
- ★ 물이 잘 찍히지 않는 나뭇잎: 벚나무, 참나무, 느티나무, 플라타너스 등

Q 어떻게 해야 잘 되나요?

A 나뭇잎 손수건 만들기는 크게 두 가지 방법이 있어요. 하나는 투명(OHP) 필름을 놓고 풀잎을 보면서 두드리는 것이고, 다른 하나는 손수건을 절반 또는 대각선으로 접고 그 사이에 나뭇잎을 넣고 투명(OHP) 필름으로 덮은 후 두드리는 거예요. 어느 방법으로 하든 두드리는 동안 밀리지 않게 잡아 주어야 깨끗하게 물이 잘 들어요.

손수건을 접어서 살펴보면 나뭇잎의 앞면은 선명하고 뒷면에는 엽록소가 빠져 녹색으로 물이 듭니다. 이것을 비교해보는 것도 재미있는 활동입니다. 단풍나무는 앞면, 뒷면 관계없이 물이 잘 찍히고 단풍이 드는 단계(녹색→빨강, 노랑, 주황) 그대로 손수건에 잘 나타납니다.

Q 손수건의 재질은 어떤 것이 좋은가요?

A 면이 촘촘할수록 좋습니다. 가격이 싸고 엉성한 거즈천은 적절하지 않습니다.

Q 고무망치는 어떻게 사용하나요?

A 면이 둥근 형태일 때는 그대로 사용하면 되는데 평면의 고무망치인 경우에는 둥그런 옆면으로 두드리는 것이 좋습니다.

Q 고무망치 대신 어떤 것을 사용할 수 있나요?

A 숟가락으로 두드리거나 동전으로 문질러도 괜찮습니다. 그러나 초등학교 저학년은 손에 힘이 부족하기 때문에 망치로 힘 있게 두드리는 것이 더 좋습니다.

Q 어떻게 해야 물이 빠지지 않나요?

A 다리미로 다려주면 물이 잘 빠지지 않습니다. 또는 식초 세 방울을 물에 타서 손수건을 잠깐 담갔다가 말려주면 잘 빠지지 않습니다. 그러나 계속 빨 때마다 조금씩 색이 옅어질 수 있습니다.

03 단풍잎 콜라쥬, 꼬마 작가 전시회

▷ 『자연의 변화를 느끼며 나뭇잎 꾸미기』 2학년 2학기 통합(계절, 42~43쪽)

▷ 교과 성취기준
- [2즐03-02] 자연의 변화를 느끼며 놀이한다.
- [2슬02-02] 계절과 생활의 관계를 탐구한다.

▷ 수업의 개요

구분	시간	내용	자료 및 참고사항
도입	20	[나뭇잎 동화책 읽기] • 「나뭇잎 손님과 애벌레 미용사」 함께 읽기 • 만들어보고 싶은 머리 모양 말해보기	그림책 「나뭇잎 손님과 애벌레 미용사」 도화지, 색연필, 목공 풀, 나뭇잎
전개	50	활동1 나뭇잎 팔레트를 완성해요! • 다양한 색의 단풍잎 모아보기 • 나뭇잎 피자 만들어보기 활동2 나는 나뭇잎 헤어 디자이너 • 도화지에 자신이나 친구의 모습 그려보기 • 나뭇잎으로 머리 모양 채워 완성하기	
정리	10	[나뭇잎 작품 큐레이터가 되어보자] • 내가 꾸민 작품 친구들 앞에서 발표하기	

1. 동화책으로 만나보는 나뭇잎

가을에 가장 계절의 변화를 느껴볼 수 있는 것이 무엇일까요? 선선하게 부는 갈바람, 노랗게 익어가는 들판 등 다양한 것이 있지만 단연 가을을 대표하는 것은 울긋불긋 단풍이 아닐까 합니다. 통합교과 '계절' 단원의 핵심 주제 중 하나가 계절의 변화를 느끼며 놀이하기입니다. 학교에서 쉽게 구할 수 있는 단풍잎을 활용하여 놀이를 해보고 나아가 자연의 아름다움을 느낄 수 있는 작품을 꾸며보는 활동으로 수업을 구성했습니다.

먼저 「나뭇잎 손님과 애벌레 미용사」라는 그림 동화책으로 수업을 열어봅니다. 이 책은 나뭇잎 손님이 애벌레가 운영하는 미용실에 찾아가 머리 모양을 단풍잎, 은행잎 등 우리 주변에서 볼 수 있는 다양한 나뭇잎으로 바꿔가면서 벌어지는 이야기로 이루어져 있습니다. 아이들로 하여금 나뭇잎의 모양과 색깔 그리고 계절의 변화에 대해 자연스럽게 흥미를 갖게 수 있는 그림책입니다. 책의 분량이 많지 않으니 학교 벤치에 앉아 읽으면서 아이들이 책에 나오는 나뭇잎이 우리 학교 어디에 있나 여기저기 고개를 돌려 찾아보는 모습을 볼 수 있습니다.

"나뭇잎 손님의 머리와 똑같은 나뭇잎을 본 적이 있나요?"

"학교에 있는 단풍잎이요! 근데 색깔은 좀 달라요."

"노란색 은행나무는 우리 할아버지 동네에서 본 것 같아요."

"가족과 수목원에 갔을 때 이 책에 나오는 양버즘나무 낙엽을 본 적 있어요. 제가 본 건 갈색이었는데 책에는 초록색이네요?"

2. 나뭇잎 물감을 찾아요

가을에 시기만 잘 고려하면 학교 화단에 수채 물감을 뿌려놓은 듯 다양한 색의 나뭇잎과 낙엽들을 볼 수 있습니다.

"오늘은 그림을 사인펜이나 색연필 대신 나뭇잎으로 색칠할 거예요. 우리 그림 그릴 때 많은 색이 있으면 작품 완성하기가 훨씬 쉽겠죠? 우리 학교 숲에서 찾을 수 있는 색은 무슨 색이 있을까요?"

"단풍나무요. 잎이 빨개요."

"저쪽에 있는 단풍나무는 주황색도 있고 아직 초록색도 있어요."

"제가 본 단풍잎은 잎 끝에만 빨간색이라서 더 멋진 것 같아요."

"오늘 주인공이 단풍잎이긴 하지만 여러분이 필요하다면 다른 낙엽이나 풀도 괜찮아요."

모둠별로 바구니를 준비해 최대한 다양한 색의 단풍잎을 모아 올 수 있도록 합니다. 같은 날 봐도 나무마다 단풍잎 색이 검붉은 색, 빨간색, 초록색 제각각인 것을 알 수 있습니다. 그리고 단풍잎이 주인공이긴 하지만 은행나무, 양버즘나무, 참나무 등 다른 종류의 나뭇잎, 강아지풀, 민들레꽃 같은 다른 식물의 줄기나 꽃을 활용해 적절하게 섞는 것도 아이들이 창의적으로 작품을 표현하는 데 도움이 됩니다.

교육과정 운영상 수업 시기를 단풍이 물든 시기로 잡기 힘들다면 학교나 주변에 홍단풍나무가 있는지 한 번 살펴보시기 바랍니다. 가을이 아니어도 붉은색을 띄는 홍단풍나무도 쉽게 찾아 볼 수 있으니 봄과 여름에도 단풍나뭇잎을 활용한 수업이 충분히 가능합니다.

모든 단풍잎을 가지고 그냥 바로 교실로 들어가버린다면 아이들의 아쉬운 원성을 듣게 됩니다. 아이들이 가져온 다양한 나뭇잎, 꽃, 열매 등을 이용하여 '**나뭇잎 피자**' 만들기 활동을 합니다. 떨어진 나뭇가지로 둥그렇게 피자 테두리를 만들고 사이사이 피자 조각이 되도록 구분을 지어놓습니다. 아이들이 구해온 나뭇잎과 열매들로 토핑을 올려 창의적으로 나뭇잎 피자를 꾸밉니다.

"선생님 우리 모둠은 갈색 낙엽으로 불고기 피자를 만들었어요."

"나뭇잎들이 혼자 있을 때도 멋있지만 함께 어울려 있으니까 더 예쁜 것 같아요."

나뭇잎 피자 만들기 활동을 통해 다른 친구는 어떤 나뭇잎을 구해왔는지 살펴볼 기회도 되고 여러 색이 한데 모여 조화를 이루는 자연의 아름다움도 감상할 수 있습니다.

3. 나는 나뭇잎 헤어 디자이너

단풍잎 헤어 디자이너가 되어 봅시다

단풍잎을 충분히 모았다면 이제 본격적으로 단풍잎을 활용한 작품을 만들어볼 순서입니다. 나뭇잎은 모아놓고 하루만 지나도 말라서 작품을 꾸미려고 할 때 어려움을 겪을 수 있습니다. 되도록이면 화단에서 나뭇잎을 구한 뒤 바로 교실에서 작품 만들기를 진행하는 것을 추천합니다. 바로 수업을 진행하기 힘들 때에는 나뭇잎들을 지퍼백에 넣어서 냉장고에 보관하면 하루, 이틀 정도는 처음 상태처럼 보관할 수 있습니다.

"열심히 모아온 나뭇잎을 물감처럼 이용해서 앞에서 함께 읽어본 애벌레 미용사처럼 멋진 머리 모양을 만들어볼 거예요. 우선 도화지 한 가운데에 커다란 동그라미를 그려보세요. 이 동그라미가 바로 나의 얼굴이 될 거예요. 동그라미가 너무 크거나 작으면 예쁘게 그리기가 어려워요. 자기 손바닥보다 조금 더 크게 동그라미를 그려보세요"

우선 8절 도화지에 자신의 얼굴 모습을 간단하게 그려봅니다. 물론 나뭇잎으로 꾸며야 하는 머리카락 부분을 제외합니다. 얼굴이나 눈에 간단하게 채색해도 좋고, 가지고 온 나뭇잎을 활용해서 눈, 코, 입을 꾸며도 좋습니다. 단풍잎 모양 그 자체를 활용하는게 자연물의 특징이 잘 드러나서 좋지만 필요에 따라서 가위로 일부를 잘라서 사용해도 괜찮습니다.

"모두들 얼굴을 완성했다면 이제 우리는 멋진 미용사가 되어볼 거예요. 여러분은 평소에 어떤 머리를 하고 싶었나요? 어떤 나뭇잎을 사용하면 될까요?"

"저는 폭탄머리를 하고 싶어요. 뾰족뾰족한 빨간색 단풍잎을 많이 붙일 거예요."

"저는 노란색으로 염색을 하고 싶어서 노란색 은행잎도 섞어볼 거예요."

"여러 가지 머리 색으로 하면 예쁠 것 같아요. 색이 조금씩 다른 단풍잎들을 조금씩 사용할 거예요."

목공 풀을 이용해 미용사가 되어 나뭇잎 머리를 붙여주면 완성입니다. 단풍잎이 다양하면 다양할수록 좋은 작품이 나오니 주어온 나뭇잎은 모둠에서 같이 쓸 수 있도록 하는 것이 좋습니다.

학생들이 완성한 작품의 나뭇잎은 시간이 지나면 나뭇잎이 말라서 끝이 구부러지고 만지면 금방 바스러질 수 있습니다. 몇몇 학생들은 자기들이 디자인해놓은 머리가 곱슬머리로 변해버렸다고 울상을 짓기도 합니다. 손 코팅지를 이용하여 작품 위를 덮어주면 더 오래 감상할 수 있습니다.

단풍잎으로 디자인하기

◎ 준비물: 8절 도화지, 색연필, 운동장에서 모아온 나뭇잎, 목공 풀, 가위, 손 코팅지

❶ 밑그림을 그리고 간단하게 색칠합니다.   ❷ 단풍잎을 목공 풀을 활용해 머리에 붙여줍니다.

단풍잎 작품 큐레이터가 되어보자

친구들 앞에서 완성된 작품을 서로 발표해보는 시간을 갖는 것이 좋습니다. 누구를, 왜 그렇게 표현했는지, 또 어떤 나뭇잎을 사용했는지 발표하면서 생태학적 지식도 덤으로 얻어갈 수 있는 기회가 됩니다. 색연필, 물감 같은 인공적인 미술 재료가 아닌 자연이 뽐내는 자연 물감 단풍을 활용해 멋진 작품을 만들면서 아이들이 계절의 변화와 자연의 아름다움을 느낄 수 있는 수업을 꾸려보시기 바랍니다.

읽을거리 이런 활동도 있어요.

1. 나뭇잎과 가지로 가을 밥상 꾸미기

돌멩이는 접시로, 나뭇가지는 젓가락으로, 낙엽과 열매, 씨앗은 음식으로 한상차림을 합니다. 빙 둘러앉아 함께 식탁을 꾸미고 소꿉놀이를 하며 계절의 변화를 느껴볼 수 있는 계기가 될 수 있습니다.

2. 나뭇잎 협동화 그리기

한 사람당 협동화를 꾸밀 2개씩의 낙엽만 줍습니다. 먼저 낙엽을 구해온 순서대로 줄을 서서 차례대로 자기가 구해온 낙엽을 바닥에 배치합니다. 사전에 상의하지 않고 자기 순서에 임기응변으로 작품을 완성해야 하니 친구 한 명 한 명이 낙엽 하나 하나를 놓을 때마다 지켜보는 아

이들 사이에서 환호성이 터지거나 탄성이 흘러 나옵니다. 모두 완성된 작품에 참여한 아이들의 발을 모아 인증샷을 찍는 것도 큰 추억이 됩니다.

04 핑그르르 단풍 씨앗 장난감

▷ 『주변의 물건으로 놀잇감 만들기』 2학년 2학기 통합(물건, 58~59쪽)

▷ 교과 성취기준
- [2바04-01] 모두를 위한 생활 환경을 만드는 데 참여한다.
- [2슬04-01] 생활 도구의 모양이나 기능을 탐색하고 바꾸어본다.
- [2즐04-01] 주변의 물건을 활용하여 놀잇감을 만든다.

▷ 수업의 개요

구분	시간	내용	자료 및 참고사항
도입	10	[자연에서 만나는 놀잇감 이야기하기] • 내가 좋아하는 장난감 3가지 이야기하기 • 옛날의 놀잇감 이야기해보기	
전개	60	활동1 단풍나무 씨앗으로 놀기 • 단풍나무 씨앗 다양한 방법으로 날리기 • 단풍나무 씨앗 과녁에 던지기 활동2 단풍나무 씨앗 장난감 만들기 • 단풍나무 씨앗과 같은 모양의 장난감 만들기 • 프로펠러형 장난감 만들기	단풍씨앗, 과녁판 단풍나무 씨앗 프로펠러 도안, 가위, 클립
정리	10	[느낀 점 나누기] • 직접 장난감을 만들어 놀아본 느낌을 이야기하기	

1. 자연에서 만나는 놀잇감

밖으로 나가면 놀 수 있는 재료가 많아요

요즘 마트나 장난감 가게에 가면 아이들이 가지고 놀기에 좋은 장난감들이 넘쳐납니다. 이런 장난감이 없었던 시절에도 아이들은 무언가를 가지고 놀기를 좋아했을 것입니다.

"장난감이 없었던 옛날의 아이들은 무엇을 가지고 놀았을까?"

아이들은 부모님들이 어릴 적 가지고 놀았던 놀잇감에 대한 이야기를 떠올리며 기다란 막대기, 나뭇잎, 돌, 도토리, 솔방울, 열매, 씨앗 등을 '놀잇감'이라고 대답합니다. 이러한 놀잇감은 자연에서 얼마든지 빌려다 쓰고 놀이가 끝나면 다시 자연으로 돌아갑니다.

아이들의 장난감에서 유해물질이 검출되었다는 뉴스를 들은 적이 있습니다. 장난감의 주 원료인 플라스틱을 부드럽게 만들기 위해서 쓰이는 유해물질에 아이들이 오랜 시간 노출되면 생식기능 저하뿐만 아니라 여러 문제가 생길 수 있다고 합니다. 안전 인증 표시를 강화하고 있지만 불안함은 여전히 존재합니다. 자연물을 놀잇감으로 활용한다면 유해물질로부터 안전하게 놀 수 있습니다.

자연 놀잇감은 만드는 방법이 딱 정해져 있는 것은 아닙니다. 주위 환경에 따라 재료도 다양해지고 만드는 사람의 호기심이나 능력에 따라 생각하지도 못한 새로운 것을 창조해 내기도 합니다. 처음의 계획대로 놀잇감을 만들 수 없다 하더라도 비용에 상관없이 얼마든지 다시 만들 수 있습니다.

 2. 단풍나무 씨앗 날리기

날아라! 단풍 씨앗

단풍나무속 나무는 청단풍, 적단풍(홍단풍), 은단풍, 복자기나무, 중국단풍, 고로쇠나무 등이 있으며 잎의 모양과 단풍 색이 다양합니다. 재미있는 것은 씨앗의 크기와 모양도 다르다는 것입니다. 주변에 다양한 단풍나무가 있다면 아이들과 함께 단풍나무를 관찰하고 씨앗을 수집하면 좋습니다. 씨앗의 날개가 붙어있는 것을 함께 수집해야 놀이에 활용할 수 있습니다.

우리 학교 자연 지도에 단풍나무가 있다면 아이들과 함께 나가서 단풍나무 씨앗을 준비합니다. 만약 학교 정원이나 숲에 단풍나무가 없다면 다른 곳에서 미리 수집해 와서 아이들에게 관찰하도록 합니다. 한 종류의 단풍나무 씨앗만 준비하는 것보다는 다양한 단풍나무속의 씨앗을 함께 준비해 온다면 아이들의 흥미와 호기심이 높아질 것입니다. 단풍나무 종류마다 씨앗의 모양, 크기, 떨어지는 모습이 다릅니다. 교사가 어떤 나무인지 이름도 알고 설명해주면 좋겠지만 다 구분할 수 없다고 해도 상관없습니다. 이름을 몰라도 다양한 단풍나무 종류가 있고 나무마다 잎 모양, 열매 모양과 크기, 벌어지는 각도가 다르다는 것을 비교하고 관찰할 수 있습니다.

단풍나무 열매 수집이 끝났다면 처음부터 날리는 방법을 시범 보이거나 알려줄 필요는 없습니다. 오히려 다양하게 시도할 수 있도록 자유롭게 날려봅니다. 씨앗을 공중에서 그대로 놓는 아이, 하늘 위로 던지는 아이, 야구공처럼 멀리 던지는 아이 등 다양한 방법으로 던지게 됩니다. 그렇게 한 후 땅에 떨어지는 모습이 어떠했는지를 물어보면 아이들의 관점에서 다양한 답변을 들을 수 있습니다.

"빙글빙글 돌며 떨어졌어요."

"날개가 춤을 추며 떨어져요."

"바닥에 바로 떨어지던데요."

하늘 위로 던져보거나 머리 위에서 그대로 놓아보면서 떨어지는 모습의 차이점을 찾아보는 것도 재미있습니다. 우리가 흔하게 만나는 단풍나무는 씨앗이 작아서 떨어지는 시간 차이를 확인하기 어려울 수 있습니다.

이때 복자기나무 씨앗과 은단풍 씨앗을 던져서 비교할 수 있다면 차이를 확실하게 알 수 있습니다. 일단 두 씨앗의 모양을 관찰하고 이야기를 나눕니다. 복자기나무 씨앗의 날개는 짧고 씨앗은 무겁습니다. 은단풍은 씨앗의 날개 길이가 길고 씨앗의 무게는 가볍습니다. 두 씨앗 중 무엇이 먼저 땅에 떨어질지 알아맞추도록 하고 그 이유를 물어봅니다. 복자기나무의 씨앗이 회전하며 빨리 떨어지고 은단풍의 씨앗은 가벼워 천천히 돌며 복자기나무보다 늦게 떨어지는 것을 볼 수 있습니다.

"그런데 왜 단풍나무의 씨앗이 빨리 떨어지지 않고 빙글빙글 돌며 천천히 떨어질까요?"

"멀리 가려고 그러는 거 아닐까요?"

"맞아요. 그럼 엄마 밑에 있지 않고 왜 멀리 가려고 할까요?"

아이들의 생각을 자유롭게 들어주고 단풍나무의 입장에서, 또는 씨앗의 입장에서 어떤 게 앞으로 살아가는 데 도움이 될지 생각해보게 합니다.

"이 나무에 있는 단풍나무 씨앗이 몇 개나 될까요?"

"엄청 많아요."

"만약 이 단풍나무의 씨앗들이 바로 아래로 다 떨어져서 새로운 싹이 나온다면 어떻게 될까요?"

"단풍나무는 햇빛을 좋아하는데 그늘 때문에 잘 크지 못할 것 같아요."

"엄마가 다 키우려면 힘들겠는데요."

"형제들하고도 싸우고 엄마랑도 싸워야겠어요."

"바람을 타고 최대한 멀리 멀리 좋은 땅을 찾아갑니다."

씨앗들은 자기의 자손을 퍼트리기 위해 새나 다른 동물들을 이용하기도 하고 바람을 이용하기도 한다는 이야기를 더 들려줍니다.

"이 단풍나무의 씨앗이 어렵게 날아가 땅에 떨어진 곳이 싹을 틔우고 살아가기 좋은 곳이라면 새로운 단풍나무가 탄생하겠지요. 하지만 돌 위에도 떨어질 수 있고 물 위에도 떨어질 수 있겠지요."

그럼 멀리 날아가기 위해서는 바람과 함께 회전이 잘되어야 하는데 어떻게 놓아야 회전이 잘될 수 있을까요? 단풍나무의 씨앗이 어떻게 달려있는지를 관찰해보면 쉽게 알 수 있습니다. 단풍나무 씨앗의 날개가 아래로 향해 있습니다. 즉 날개보다 무거운 씨앗 부분이 빨리 떨어지려고 하는 것을 씨앗 날개가 공기 소용돌이를 일으켜 공중으로 뜨는 힘을 만들어 회전을 하며 천천히 떨어지는 것입니다. 그러니 빙글빙글 도는 모습을 보려면 위로 던져 날개 부분이 아래로 향하게 만들어 떨어지게 하면 회전하며 떨어지는 모습을 관찰할 수 있습니다.

3. 단풍나무 씨앗 장난감 만들기

보금자리에 단풍나무 씨앗을 살그머니 넣기

이제 단풍나무 씨앗으로 장난감처럼 놀아볼 시간입니다.

다양한 단풍나무 씨앗을 준비했다면 그중에 하나를 고르도록 합니다. 모양이 비슷하다면 색 네임펜으로 자신의 단풍나무 씨앗을 표시하는 것이 필요할 수 있습니다. 날개 부분이 다치지 않도록 조심하면서 씨앗이 들어가 있는 부분에 표시합니다.

흙으로 된 땅바닥이라면 과녁을 그려줍니다. 바닥에 그릴 수 없다면 천이나 종이에 과녁판을 따로 준비해 가야 합니다.

"이제 여러분은 단풍나무 씨앗이 되는 거예요. 바람을 타고 날아갈 거예요. 날아가다 딱 주변을 살펴보니 저기 보이는 저 과녁의 한가운데가 가장 좋은 곳이예요. 흙도 좋고 햇빛도 잘 들고 싹을 틔우고 쑥쑥 자라기에 아주 좋은 곳이랍니다."

보금자리가 되는 천 조각을 과녁으로 정하고 일정한 거리에서 던질 수 있도록 준비합니다.

"지금부터 목표는 단풍나무 씨앗 보금자리를 차지하는 겁니다. 준비됐죠? 다 함께 날려 보겠습니다. 하나, 둘, 셋!"

"어, 보금자리 위에 놓았는데 밖으로 나가버렸네.",

"야호, 내 씨앗은 들어갔다."

아이들은 보금자리에 씨앗을 떨구기 위해 다양한 방법으로 던지며 집중하게 됩니다. 작은 솔바람에도 씨앗들은 영향을 받아 이곳저곳으로 날아가는 방향과 거리가 달라지게 됩니다. 바람이 조금의 세기가 변하면 보금자리에 넣기 위해 아이들은 좋은 자리를 차지하기 위해 열심히 움직이게 됩니다. 자신의 단풍나무 씨앗이 좋은 곳에 떨어지기를 바라며 활동하게 되는 거죠. 모둠을 나누고 과녁판에 점수를 매겨서 합산하는 방법도 재미있습니다.

단풍나무 씨앗 장난감 만들기

단풍나무 씨앗의 날개짓처럼 공중에서 천천히 떨어지는 장난감을 만들어봅시다. 대부분의 놀이에서는 빨리 달리고, 빨리 떨어지는 게 일반적입니다. 그러나 이 활동에서는 가능한 천천히 떨어지는 것이 중요하다고 설명해줍니다.

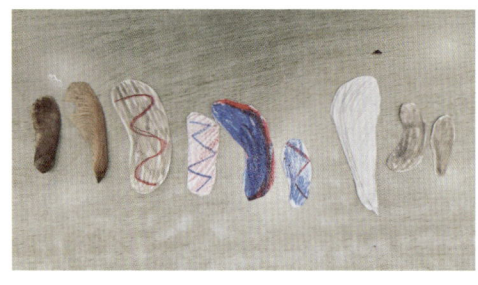 

단풍나무 씨앗의 도안을 준비해 색칠하거나 씨앗을 보고 그림을 그려 꾸며보는 활동을 합니다. 그리고 나서 날개깃이 굵게 되도록 종이를 덧대어줍니다. 그리고 씨앗이 자리잡고 있는 곳에 색종이, 우드락, 단추 등 무게를 추가할 수 있는 것들을 붙여 날려보는 활동을 합니다. 완성하고 나면 아이들은 너도 나도 할 것 없이 던지기를 시도하게 됩니다. 전 시간에 단풍나무 씨앗을 던져보았지만 그때의 일은 잊고 다양한 방법으로 던지기에만 집중을 합니다.

"와, ○○이의 것이 너무 예쁘게 잘 돈다."

"어디? 어디? 다시 한 번만 던져봐! 어떻게 던졌어?"

"선생님! 제 것은요? 잘 던진 건가요? 날아가는 모양이 단풍나무 씨앗이랑 같네요."

한 아이를 칭찬하는 순간, 아이들은 그 친구의 장난감에 집중하게 되고 그때부터 어떻게 만들었는지, 어떻게 던졌는지, 무엇을 붙였는지 관심의 대상이 됩니다. 한 명 두 명 완성도가 높아지면서 던지는 방법도 서로 알아가게 되고 완성도가 높은 아이는 새로운 방법으로 만들어 도전하면서 수업은 더욱 활기를 띄게 됩니다.

씨앗 날개 부분의 모양도 중요하겠지만 씨앗이 자리잡고 있는 부위, 무게와 던지는 방법에 따라 공중에서 오래 머무는 장난감을 만들 수 있습니다. 성격이 급한 아이는 하나를 날려보고 씨앗 부분의 무게를 달리하여 날려보는 활동을 여러 번 하는 아이도 있습니다.

실내에서는 바람이 없기 때문에 멀리 날리는 활동은 복불복이라고 보면 됩니다. 오히려 회전이 잘되어 떨어지는 아이의 것보다 던지기를 해서 멀리 나가는 아이의 것이 목표 지점에 가깝게 가는 경우가 많습니다. 야외에서는 바람의 영향을 받으면 높이 던져 바람을 타면 그나마 던지기보다 멀리 날아가는 것을 볼 수 있습니다.

읽을거리 생체모방기술

헬리콥터의 날개인 프로펠러 탄생의 열쇠가 된 것은 바로 단풍나무 씨앗입니다. 네덜란드 바헤닝언대의 데이비드 렌팅크(David Lentink) 교수와 미국 캘리포니아공대의 마이클 디킨슨(Michael Dickinson)가 '사이언스(Science)'지에 발표한 논문에서 단풍나무 씨앗 날개의 비밀은 껍질 날개 위에서 발생하는 '앞전 와류(leading edge vortex)'라는 소용돌이라고 합니다. 단풍나무 씨앗의 날개가 곤충이나 벌새, 박쥐의 날개처럼 소용돌이를 이용해 공중으로 뜨는 힘을 만들어낸다는 것입니다. 소용돌이는 날개 위쪽의 공기압력을 낮추어 아래쪽에서 위쪽으로 공기의 흐름을 만들어 씨앗 날개가 공중에 머무는 시간을 늘어나게 만드는 것입니다. 이때 바람이 불어준다면 공중에서 머무는 시간이 오래되어 더 먼 곳으로 날아갈 수 있는 것입니다. 이런 원리가 적용되는 것이 바로 헬리콥터입니다. 식물의 모양을 본떠서 만든 생체모방기술이라 할 수 있습니다.

생체모방기술로 공중에서 오랫동안 머무르는 나만의 프로펠러 만들기를 합니다. 단풍나무의 씨앗처럼 공중에서 조금이라도 좀 더 머물게 하는 장난감을 만드는 것입니다. 이미지 검색에서 '단풍나무 씨앗 프로펠러'를 검색하면 다양한 형태의 도안과 그림들을 쉽게 구할 수 있습니다. 대표적으로 날개와 씨앗 부분이 짧은 것과 긴 도안을 이용하여 장난감을 만들어보겠습니다.

단풍나무 씨앗 프로펠러 만들기

◎ 준비물: 단풍나무 씨앗 모형 프로펠러 도안, 가위, 클립

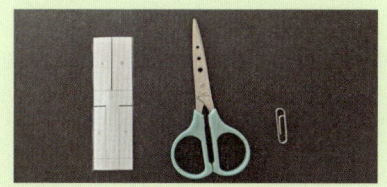

❶ 실선의 부분만 가위로 잘라줍니다. 전체가 잘려나가지 않게 주의합니다.

❷ 프로펠러에 해당하는 부위의 점선을 따라 하나는 안쪽으로, 다른 하나는 바깥쪽으로 접습니다.

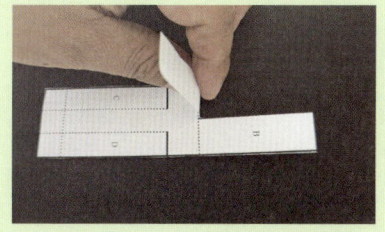

❸ 씨앗에 해당하는 밑부분도 점선에 따라 접습니다. 어느 방향으로 접어도 괜찮습니다.

❹ 다 접고 나서 밑부분에 클립을 끼워 완성합니다.

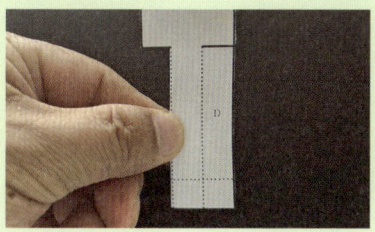

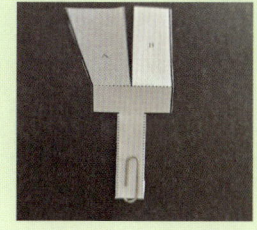

프로펠러 장난감을 만들 때 아이들의 가위 조작능력이 부족하여 실선을 벗어나 잘려나가는 경우가 생길 수 있으니 여유 있게 도안을 준비해 주는 것이 좋습니다. 그리고 프로펠러에 해당하는 부위는 서로 반대방향으로 접었는지는 선생님이 확인해주어야 합니다. 정말 간혹 한 방향으로 접어 단풍나무 씨앗 장난감을 던지자마자 곤두박질치며 떨어지는 경우가 발생할 수 있습니다.

날개를 접는 정도는 아이들에게 맡겨도 좋습니다. 완전히 접는다 하더라도 장난감을 던지는 공중에서 낙하산이 펼쳐지듯 날개가 벌어져 회전하는 것을 볼 수 있습니다. 결국에는 회전이 잘되는 아이의 것을 보고 수정하게 됩니다.

장난감을 완성하고 나면 클립을 잡고 하늘 높이 던져보도록 합니다. 2~3회 정도 날려보고 친구들의 것도 보면서 자신만의 장난감이 되도록 조작하는 시간을 줍니다. 클립의 개수도 바꾸어 보고, 끼우는 위치도 바꾸어보며, 프로펠러의 길이도 다르게 하여 날리면 처음과 어떠한 차이가 있는지 관찰하여 아이에게 만족스러운 장난감이 되도록 완성할 시간을 줍니다.

단풍나무 씨앗 프로펠러 장난감을 가지고 활용할 수 있는 방법은 바구니 안에 넣기, 가장 늦게 떨어지게 하기, 빨리 떨어지게 하기, 멀리 날아가게 하기 등 다양한 놀이를 할 수 있습니다. 놀이를 할 때마다 1, 2분의 짧은 시간에 장난감을 수정하고 연습하는 시간을 주어 자신만의 장난감을 만들게 하면 아이들이 더욱 집중해서 만들게 됩니다.

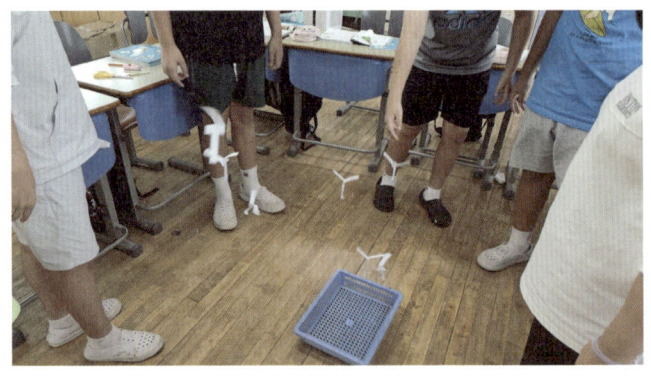

재질과 폭, 날개 밑부분이 같다면 날개의 길이가 긴 것이 짧은 것에 비해 공중에서 천천히 회전하며 떨어집니다. 또한 씨앗 부분의 무게가 무거우면 빠르게 회전하며 떨어지고 너무 가벼우면 프로펠러와 같은 회전이 아닌 위아래로 굴러가는 모습으로 떨어지게 됩니다. 간단하게 만든 장난감이지만 어떻게 조절하느냐, 어떻게 던지느냐에 따라 다양한 변화를 줄 수 있어 나만의 장난감으로 만들어 놀기에 좋습니다.

이런 활동도 있어요 — 아주 높이, 멀리 나는 장난감 만들기

단풍나무 씨앗의 과학적인 원리를 이용하여 장난감을 만드는 활동입니다. 준비물은 종이 테이프와 와셔(나사받이, 자릿쇠는 볼트나 너트와 같은 나사 고정 장치의 부하를 분산시키기 위해 사용하는 구멍이 있는 얇은 판), 가위, 스티로폼 1T만 있으면 간단하게 만들 수 있습니다.

◎ 준비물: 스티로폼 1T, 와셔, 종이 테이프, 가위

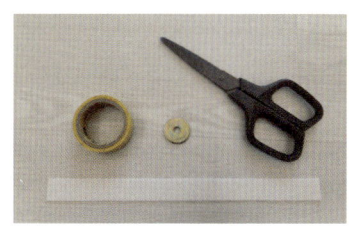

❶ 스티로폼 1T를 2cm×28cm 간격으로 자릅니다.

❷ 중심에 자국을 내고, 와셔를 넣고 잘 접습니다.

❸ 접은 아랫부분을 테이프로 감은 뒤 양쪽을 손톱으로 자국을 내면서 휘게 합니다.

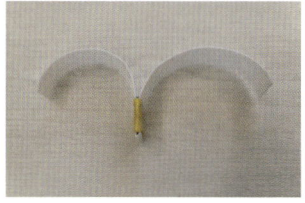

❹ 공중으로 던져서 날아가는 모습을 관찰합니다.

스티로폼 1T를 정확하게 반으로 포개는 것이 아니라 1~2mm 정도의 차이를 두면 더 많은 회전을 볼 수 있습니다. 처음부터 정확하게 반으로 포개면 안 된다고 말해주는 것보다 스스로 해보게 하는 것이 더 좋습니다. 접은 부분에 와셔를 넣고 테이프로 감싸서 고정합니다.

종이를 이용해 만들 때에는 자의 모서리 부분으로 훑듯이 당기면 휘어있는 모습을 만들 수 있지만 스티로폼으로 만들기 때문에 일정 간격으로 손톱자국을 내어 살짝 구부려 주면 휘어짐을 쉽게 만들 수 있습니다. 휘는 정도는 개인에 따라서 다양하게 조정해보도록 안내합니다. 자기 것의 회전이 멋지게 된다고 하는 아이의 것을 따라 해보는 활동을 통해서 서로 도와주고 협력하는 모습을 볼 수 있습니다.

공중으로 던질 때에는 와셔가 있는 부분을 잡아 던져도 되지만 높이 던지기에는 어려움이 있습니다. 그래서 날개 부분을 잡고 위로 던지면 더 높이 던질 수 있어 오랫동안 회전하며 낙하하는 모습을 보며 아이들이 "와!" 하며 감탄사를 연발하는 것을 볼 수 있답니다.

장난감을 완성한 뒤 다양한 방법으로 날려보고 씨앗의 부분, 즉 와셔의 무게도 달리해보고 날개의 길이도 조정하여 나만의 장난감 프로펠러를 만들어보게 합니다. 씨앗의 무게와 날개 길이의 차이가 어떠한 변화를 가져오는지 관찰해보고 함께 이야기할 수 있는 시간을 만들면 좋습니다. 이외에도 프로펠러 만들기에 관한 도안을 검색하면 다양한 도안을 쉽게 찾을 수 있어 아이들과 활동하기에 좋습니다.

04 | 여기서도 저기서도 피어나는 민들레

민들레는 예로부터 서민적인 꽃이며 강인한 생명력을 지닌 꽃으로 여겨져서 민들레로 비유하는 표현을 많이 쓰고 있습니다. '민들레'라는 이름은 문 둘레에 흔하게 피어있는 꽃이라는 뜻으로 '문들레'라고 부르던 것에서 유래되었다고 합니다.

일편단심 토종 민들레

민들레는 오래전부터 우리 주변에 있었던 '토종 민들레'와 서양에서 들어온 '서양민들레'가 있습니다. 우리가 흔히 보는 민들레는 대부분 서양민들레입니다. 서양민들레는 봄부터 가을까지 계속 꽃을 피우고, 꽃의 크기도 크며 씨앗의 수도 많아서 더 많이 볼 수 있습니다. 환경 오염에도 잘 적응해서 들판은 물론 도시에서도 흔하게 볼 수 있습니다.

토종 민들레에는 노란색인 '민들레'와 흰색인 '흰민들레'가 있습니다. 서양민들레와 구분하는 확실한 방법은 꽃받침(총포 조각)을 확인하는 것입니다. 꽃송이를 받치는 총포가 아래로 젖혀져 있는 것이 서양민들레입니다.

토종 민들레는 총포가 위를 향하며 바로 서서 꽃잎을 감싸고 있습니다.

서양민들레, 민들레, 흰민들레 비교

서양민들레

흰민들레

서양민들레는 찾아오는 꽃가루를 모두 받아들여 씨를 맺고, 자가수정도 해서 그 수가 많이 늘어납니다. 그러나 토종 민들레는 오직 토종 민들레 꽃가루만 받아들여 씨를 맺으니 일편단심 민들레라고 불릴 만하지요.

추운 겨울을 이겨내는 민들레

봄이 되면 들판 어디에서나 볼 수 있는 민들레는 여러해살이 풀입니다. 민들레처럼 바닥에 방석처럼 퍼져서 잎이 시들지 않고 겨울을 나는 식물을 '방석 식물'이라고 합니다. 잎이 퍼진 모양이 장미를 닮아서 '로제트 식물'이라고도 부릅니다. 바닥에 납작 엎드린 모양의 잎은 추운 겨울 바람의 영향을 적게 받고 흙 속의 수분이 증발하는 것을 막을 수 있습니다. 잎의 모양 덕분에 추운 겨울을 이겨낸 민들레는 봄이 되면 다른 꽃보다 일찍 꽃을 피울 수 있습니다.

겨울을 나는 민들레

봄이 되어 피어나는 민들레

활짝 핀 민들레

🕊 민들레 꽃대의 비밀

민들레는 줄기가 없고, 잎이 뿌리에서 뭉쳐 나와 옆으로 퍼지며 자라납니다. 꽃이 필 때가 되면 꽃대가 위로 쭉 뻗어서 하늘을 향해 자라납니다. 한 가지 재미있는 점은 민들레 잎의 수와 거의 비슷하게 꽃대가 올라온다는 점입니다. 잎이 열 개가 나오면 꽃대도 그만큼 올라와서 꽃이 핀다고 합니다.

평소에는 길이가 비슷비슷해 보이는 민들레 꽃대이지만 꽃이 지고 솜털이 달린 열매가 맺힐 때쯤이면 꽃대의 길이가 달라집니다. 바람을 타고 날아서 멀리 퍼지기 위해 꽃대를 밀어 올려 최대한 높게 만듭니다. 자손을 많이 남기기 위해 바람의 힘을 이용할 수 있는 방법을 찾는 것입니다.

🕊 민들레 한 송이에는 수많은 꽃이 모여있어요.

민들레는 원 줄기가 없고 뿌리에서 곧바로 잎이 나옵니다. 봄이 되면 잎 사이에서 꽃대가 올라와 그 끝에 노란색 꽃이 핍니다. 민들레 한 송이에는 수많은 작은 꽃이 모여있습니다. 작은 꽃 하나를 떼어서 자세히 살펴보면 꽃잎과 암술, 수술, 깃털이 될 부분, 열매가 될 부분을 모두 갖추고 있습니다.

수십 개의 꽃이 모인 민들레 　　　민들레 꽃 하나 　　　전자현미경으로 본 민들레

민들레 꽃이 지고 나면 수많은 꽃 하나하나가 하얀 깃털을 담은 씨앗으로 바뀝니다. 누구나 입으로 후~ 불어본 기억이 있는 민들레 씨앗은 깃털 부분이 가볍고 잘 펼쳐져서 낙하산처럼 멀리 날아갑니다. 민들레에 대한 많은 오해 중 하나가 바로 이 씨앗입니다. 대중가요에 '민들레 홀씨 되어'라는 표현이 나옵니다. 홀씨는 무성생식을 위해 생긴 생식세포로 흔히 고사리 같은 식물의 포자를 일컫는 말입니다. 따라서 정확한 표현으로 고친다면 '민들레 씨앗 되어'라고 부르는 게 맞습니다.

01 내가 누구인지 알아?

▷ 『돋보기로 민들레 관찰하기』 1학년 1학기 통합(탐험, 20~21쪽)

▷ 교과 성취기준
- [2바02-04] 새로운 활동에 호기심을 갖고 도전한다.
- [2슬02-04] 궁금한 세계를 다양한 매체로 탐색한다.

▷ 수업의 개요

구분	시간	내용	자료 및 참고사항
도입	10	[확대한 사진 속 물체 맞추기] • 물체의 확대 사진 보고 사물의 이름 맞추기 • 사진들의 공통점은 무엇인지 알아보기	
전개	60	활동1 학교 주변에 있는 식물 관찰하기 • 학교 주변 봄꽃 관찰하기 - 민들레, 제비꽃, 괭이밥, 광대나물 등 • 생태빙고놀이 활동2 민들레 꽃 관찰하기 • 민들레 꽃을 확대한 모습 관찰하기 • 민들레 꽃잎 하나	돋보기(또는, 루페) 「민들레」그림책
정리	10	[느낀 점 이야기하기] • 확대하여 관찰하고, 보는 관점에 따라 물체가 어떻게 보였는지 알게 된 점 이야기하기 • 알게 된 점, 재미있었던 점, 아쉬웠던 점을 이야기하기	

1. 학교 주변에 있는 식물 관찰하기

봄을 알리는 작은 풀꽃

봄이 되면 학교 주변에서 꽃이 피는 식물을 많이 볼 수 있습니다. 그중에서 민들레, 봄까치꽃, 꽃마리, 광대나물, 제비꽃의 꽃과 잎을 비교해본다면 서로의 특징을 이해하고, 식물을 관찰하는 데 도움이 될 것입니다. 하지만 지역과 학교 환경에 따라 식물들의 분포가 다를 수 있어서 학교 주변에 있는 봄꽃을 활용하면 좋습니다.

일단 학교 주변을 자세히 살펴보면 이전에는 발견하지 못했던 작은 식물들을 만나게 될 것입니다. 눈에 보이지 않는 작은 풀에도 이름이 있습니다. 이름을 알고 이름을 그렇게 짓게 된 이유라든지 식물의 특별한 생태까지 알게 되면 관심도가 높아지겠지만 이름을 모른다고 걱정할 필요는 없습니다. 잎이나 꽃의 모양에 관심을 가지고 책으로 찾거나 스마트폰으로 검색하여 이름을 알게 되는 경우도 있습니다.

아이들이 관찰할 때에는 저학년임을 고려하여 색깔 위주로 관찰합니다. 흰색 꽃에는 별꽃, 봄맞이꽃, 냉이가 대표적이며, 노란색 꽃에는 서양민들레와 괭이밥, 보라색 꽃에는 광대나물과 제비꽃류, 하늘색 꽃에는 봄까치꽃과 꽃마리가 대표적입니다. 이 꽃들 중에는 크기가 아주 작아서 정말 자세히 들여다보아야 예쁜 꽃들도 있습니다.

> **이런 활동도 있어요** 큰봄까치꽃, 꽃마리, 광대나물 알아보기
>
> ### 봄을 알리는 큰봄까치꽃(큰개불알풀)
>
> 잎의 겨드랑이에서 긴 꽃자루가 나와 하늘색의 꽃이 핍니다. 하늘색 꽃잎에 진한색으로 줄무늬가 있는 작고 예쁜 꽃입니다. 꽃이 지고 꽃줄기 아랫부분에 하트 모양의 열매가 맺히는데 열매의 모양이 개의 생식기를 닮아서 원래는 '큰개불알풀'이라는 이름을 가지고 있습니다. 하지만 이름을 부르기 민망하니 봄 소식을 전한다는 의미로 큰봄까치꽃으로 개명하자고 했답니다.

하지만 일부 학자들은 개명을 반대했고 아직까지 이름에 대한 논란은 계속되고 있습니다. 그러나 아이들은 큰봄까치꽃보다 큰개불알풀이라는 이름을 더 잘 기억합니다.

같은 이름인데 꽃의 이름 앞에 '선'이 붙으면 줄기가 서 있는 것이고 '큰'이 붙으면 크다는 뜻입니다. 봄까치꽃보다는 꽃이 좀 커서 큰봄까치꽃이지만 크다고 해도 꽃이 손톱보다 작습니다. 봄까치꽃도 매일매일 피고 지는 무궁화처럼 아침에 피었다가 저녁에 지고 꽃잎이 떨어지는 하루살이 꽃입니다. 큰봄까치꽃이 피어있는 곳을 잘 살펴보면 바닥에 꽃잎이 떨어져 있는 것을 발견할 수 있습니다. 큰봄까치꽃은 크기가 손톱과 비슷하여 손톱 위에 올려 놓아도 멋집니다. 이때 물을 묻혀서 붙이면 잘 떨어지지 않아서 오래 감상할 수 있습니다.

끝이 돌돌 말려 있는 꽃마리

들이나 밭에서 많이 자라는 꽃마리는 환경이 좋은 곳에서는 줄기가 많이 갈라집니다. 30개도 더 갈라진 꽃마리의 줄기를 본 적도 있습니다. 꽃마리는 줄기의 윗부분에 이삭처럼 꽃이 하나씩 어긋나면서 핍니다. 연한 하늘색의 꽃이 앙증맞게 피는데 가운데 부분은 노란색 무늬가 있습니다. 꽃이 아주 작아서 허리를 숙이고 가까이 가서 자세히 보아야 볼 수 있습니다. 꽃에서 멈추지 말고 꽃이 핀 부분의 끝을 좀 더 자세히 관찰해 보면 끝으로 갈수록 달팽이처럼 돌돌 말려있는 모습을 발견하게 됩니다. 꽃이삭이 이렇게 돌돌 말려서 '꽃말이', '꽃마리'라는 이름을 갖게 되었습니다. 꽃마리의 어린잎을 비비면 오이 냄새가 납니다.

무리를 지어 피어있는 꽃마리 밭에서 돌돌 말린 꽃마리 꽃을 보여주면서 이름을 알려주고 냄새까지 알게 되었다면 아이들은 이름을 더 잘 기억하고 작은 꽃의 아름다움에 감탄하며 이름을 알게 된 작은 꽃을 사랑하게 될 겁니다.

꿀맛 나는 광대나물(코딱지나물)

3~5월에 붉은색 또는 자주색의 꽃이 피는 광대나물은 남쪽 지방에서는 겨울에도 꽃이 피는 두해살이 풀입니다. 잎의 모양이 코딱지를 닮기도 했고 잎을 비비면 끈적거려서 코딱지나물이라고도 불린다고 하면 아이들은 광대나물보다 코딱지나물로 더 많이 기억하고 부릅니다. 광대나물의 잎은 동그랗고 주름이 많은데 2장의 잎이 마주납니다. 두 장의 잎이 잎자루 없이 줄기를 둘러싸고 나 있는 모습이 '관대'를 찬 모습과 비슷하여 '관대나물'로 불리다가 광대나물로 되었다고 합니다. 꽃의 모양이 울긋불긋 광대를 연상시켜서 또는 광대가 춤추는 모양과 닮아서 광대나물이라고 불렀다는 이야기도 있습니다.

독성이 없는 광대나물은 봄에 나물로 먹기도 합니다. 붉은색 꽃을 손으로 잡고 쏙 뽑으면 꽃이 잘 뽑히는데 뽑힌 부분을 쭉 빨아서 먹으면 사루비아처럼 달콤한 꿀맛이 납니다. 학교가 아닌 곳에서는 제초제 등을 뿌렸을지 모르니 함부로 맛보지 않도록 지도하며 학교 화단에 있는 광대나물 꽃의 꿀맛을 한 번쯤 맛보는 것이 좋습니다.

2. 생태빙고놀이

식물을 관찰할 때 '이 식물은 이름이 무엇이고, 무슨 색 꽃이 피고 잎의 모양을 어떠하다'라고 설명해주면 저학년 학생들은 지루해합니다. 설명이 끝나고 나면 금방 잊어버릴 수 있으니 즐겁게 활동하면서 관찰을 잘 할 수 있도록 생태빙고놀이를 도입하면 좋습니다.

미리 준비한 빙고판에 식물의 특징을 찾는 다양한 미션을 주면 재미있게 관찰하며 놀 수 있습니다. 미리 생태빙고놀이를 할 장소를 사전답사하여 색깔, 모양, 크기 등을 다양하게 관찰할 수 있도록 구성해주면 좋습니다. 3×3=9, 4×4=16 빙고가 일반적이기는 하지만 주변의 자연물과 아이들 수준을 고려하여 빙고판을 조정할 수 있습니다.

봄꽃 빙고 놀이(예시)			
분홍색 꽃	향기가 나는 잎, 꽃	흰색 돌	파란색 꽃
무늬가 있는 잎	꽃잎이 5개인 꽃	'ㅅ' 모양의 나뭇가지	손바닥보다 작은 잎
하트 모양의 잎	보라색 꽃	노란색 꽃	벌레 먹은 나뭇잎
손톱보다 작은 잎	흰색 꽃	식물의 열매나 씨	꽃 한 송이

완성한 빙고판을 한 곳에 모아두고 다 같이 식물 관찰하기를 시작합니다. 아이들이 빙고에 제시된 자연물을 다 모을 수 없을 것을 대비해 교사가 자연물을 준비해두면 설명할 때 좋습니다. 저학년 학생들은 잎과 꽃의 색, 모양 위주로 관찰하도록 합니다.

꽃이 작아서 잘 보이지 않을 수 있으니 돋보기나 루페를 준비하면 좋습니다. 꽃이 통꽃인지, 갈래꽃인지 확인합니다. 꽃의 색깔에 대해서도 이야기를 나누고 암술과 수술, 꽃받침도 찾아봅니다. 또 잎의 모양이 둥근지, 길쭉한지 살펴봅니다. 잎의 가장자리 모양, 무늬, 크기 등을 비교합니다. 잎자루나 잎맥의 모양까지 관찰할 수도 있습니다. 저학년에게는 전문적인 지식을 알려주기보다는 자세히 살펴보며 다양한 모습을 찾는 과정에 집중하고 칭찬해주면 좋습니다.

3. 민들레 꽃 관찰하기

민들레 꽃 자세히 살펴보기

한 모둠은 빙고놀이에서 '꽃 한 송이' 자리에 민들레 꽃을 놓았습니다. 그래서 그 민들레 꽃을 가지고 아이들과 관찰해보았습니다.

"이 모둠에서는 꽃 한 송이 자리에 민들레 꽃을 가져다 놓았네요. 한 송이가 맞을까요?"

"네. 한 송이가 맞잖아요. 다른 게 붙어있나?"

"그럼 지금부터 민들레 꽃을 자세히 살펴보면서 비밀을 함께 파헤쳐봅시다."

아이들은 뭔가를 찾기 위해 꽃받침이나 꽃을 돌려가며 관찰합니다.

"식물에서 꽃은 무슨 일을 할까요?"

"벌에게 꿀을 주죠, 나중에 꽃이 열매가 되고 씨가 돼요."

"맞아요. 꽃이 벌에게 꿀만 주는 것이 아니라 벌이 꽃가루를 묻혀 이 꽃 저 꽃 날아다니며 도와주는 덕분에 꽃은 새로운 자손을 만들 수 있지요."

"서로 도와주는 거네요."

"우리가 꽃이라고 부르려면 어떤 것이 있어야 할까요?"

"꽃잎이 있어야지요."

꽃의 구조를 알려주기 위해 어려운 용어를 써야 한다면 아이들 이해도를 고려하여 쉬운 말로 바꿀 수도 있습니다. 암술을 엄마씨, 수술을 아빠씨로 설명할 수도 있습니다. 그러나 저학년 학생이라도 책이나 선배들을 통해 이미 접해본 용어라면 사용해도 이해할 수 있습니다. 다른 꽃을 가지고 하나씩 분해해서 설명해주면 좋습니다.

"이것은 꽃잎이고 이 가운데 있는 것은 암술, 수술이라고 불러요. 들어본 적 있나요?"

"네, 꽃가루도 있어요."

"선생님, 꽃잎, 암술, 수술만 있으면 꽃인가요?"

"하나 더 있어야 완전한 꽃인데요. 여기 손에 아직 남아있는 게 있지요?"

"(꽃받침을 보여주며) 이건 꽃이 아닌 것 같지만 꽃잎을 보호하고 받쳐주는 거예요. 이름은 꽃받침이라고 하지요. 자, 이제 민들레를 살펴볼까요?"

"꽃잎이 여러 개 있어요. 암술, 수술이 어디 있나?"

"선생님이 꽃잎 하나를 따볼게요. 꽃잎이 몇 장입니까?"

"노란색 꽃잎이 한 장 있어요."

"좋아요. 끝이 2개로 갈라진 이것이 암술이고 이 암술대 아래쪽에 노란 부분이 수술입니다."

"선생님, 그런데 꽃받침은 없네요.", "여기 털은 뭐예요?"

"여기 털처럼 보이는 깃털이 보이지요? 이것은 꽃받침이 변형된 것인데 '관모'라고 해요."

"아, 나중에 민들레 씨앗 후후 부는 거요?"

"네, 씨앗을 멀리 퍼트릴 때 이용됩니다. 여러분이 입으로 불어서 날리기 좋아하는 바로 그것입니다."

"선생님, 민들레 씨는 얼마나 멀리 날아가요? 저기 운동장 끝까지 갈 수 있어요?"

"글쎄, 너희들 집까지도 날아가는 것도 있다는데. 바람이 불고 맑은 날에는 몇 킬로미터까지 날아간대요."

"신기해요."

"이 털들 사이에 공기가 흐르는데 윗쪽에 소용돌이를 만들어서 땅으로 떨어지는 시간을 길게 만든다고 하는데 궁금한 사람들은 자료를 찾아봐요."

"어? 민들레 꽃 한 송이가 바로 이거예요? 그럼 이만큼은 민들레 한 다발이 되겠네요."

"친구야, 민들레 한 송이 말고 한 다발 줄래?"

아이들이 놀라워하며 민들레 꽃 한 송이를 더 자세히 관찰하고 이야기 나누는 시간을 가질 수 있습니다.

이런 활동도 있어요 — 함께 읽으면 좋은 그림책

민들레

그림 생태 책 「민들레」(히라야마 가즈코, 시공주니어, 2003)는 민들레가 꽃을 피우고 씨앗을 퍼뜨리는 한살이의 과정 속에서 뿌리와 꽃의 모습을 세밀화와 함께 제시하여 아이들 눈높이에서 설명하는 책입니다. 민들레 꽃을 돋보기로 관찰하는 부분을 펼쳐서 그림과 함께 설명해주면 한결 쉽게 이해할 수 있습니다.

02 민들레가 되어 바람을 타고

▷ 『바람은 착하지』 2학년 1학기 국어(4. 분위기를 살려 읽어요, 128~132쪽)

『그림책으로 만나는 민들레의 한살이』 2학년 1학기 통합(자연, 8~9쪽)

▷ 교과 성취기준
- [2국05-01] 말놀이, 낭송 등을 통해 말의 재미와 즐거움을 느낀다.
- [2즐01-04] 우리를 둘러싼 자연의 아름다움을 감상한다.
- [2바01-04] 생태환경에서 더불어 살기 위해 노력한다.

▷ 수업의 개요

구분	시간	내용	자료 및 참고사항
도입	10	**[다양한 곳에 사는 민들레]** • 학교 화단과 운동장에서 민들레 찾아보기	
전개	60	**활동1** 시로 민들레의 마음 느껴보기 • '바람은 착하지' 시 읽기 • 시를 몸으로 표현해 보기 **활동2** 그림책으로 민들레의 한살이 알아보기 • 「민들레는 민들레」 그림책 읽기 • 그림책 속의 민들레 생태 알아보기	그림책 「민들레는 민들레」
정리	10	**[활동한 후 느낀 점 나누기]** • 포스트잇에 민들레에게 한 줄 편지 써보기	포스트잇

1. 민들레 찾기

언제나 우리 곁에 있는 민들레

어쩌면 우리 아이들에게 가장 친숙한 들꽃이 무엇일까 생각해본다면 많은 사람들이 민들레를 떠올릴 것입니다. 하지만 친숙하다고 해서 사람들이 그것을 소중하게 생각하지는 않는 것 같습니다. 그래서 우리 주변에 흔하고 친숙한 민들레라는 소재를 통해서 아이들이 생명의 소중함과 다양성을 다시 한번 생각해볼 수 있는 수업을 만들어보려고 했습니다.

먼저 학교 화단과 운동장으로 나가 아이들과 함께 둘러보며 민들레를 찾아봅니다. 학교 담벼락 틈 사이에 난 민들레 꽃 한 송이, 좁은 보도블록 사이를 비집고 줄기를 높게 세운 민들레 등 다양한 민들레를 찾아볼 수 있습니다. 아이들에게 이런 민들레를 보면 어떤 느낌이나 생각이 드는지 물어보았더니 다양한 답변이 나옵니다.

"여기 핀 민들레 꽃은 담벼락 좁은 틈 사이에 피어있어요."

"민들레를 보면 어떤 느낌이 드나요?"

"민들레 꽃이 노랗게 펴있는 게 너무 예뻐요."

"돌 틈 사이에 피어나다니 힘이 센 것 같아요."

"민들레가 벽돌을 부순 거예요? 슈퍼맨 같아요."

그 후에는 아이들이 민들레의 줄기, 잎의 모양과 색을 자세히 살펴보고 만져보도록 합니다. 그동안 아이들이 길을 지나다니며 흔하게 보아왔던 민들레지만 이렇게 자세히 들여다본 건 처음이라며 민들레 잎사귀의 뾰족뾰족한 모양을 재미있어하는 아이들도 있습니다.

아이들이 가장 재미있어한 순간은 민들레 솜털이 붙어 있는 열매를 "후~" 하고 날려보내는 활동입니다. 하얀 솜털을 누가 더 한 번에 많이 날려보내는지 시합을 하기도 하고 친구들이 날려보내는 열매를 잡으려고 이리저리 뛰어다니는 놀이도 하며 즐거운 시간을 낼 수 있습니다.

이와 같이 민들레의 꽃대, 잎을 만져보고 솜털이 붙어 있는 열매를 입바람으로 불어보고 나면 민들레는 아이들에겐 그냥 지나치거나 밟고 다니던 풀이 아닌 하나의 생명으로 다시 보이는 순간이 될 것이라 생각합니다.

2. 민들레 시 읽기

민들레의 마음을 느끼며 시 읽기

국어 교과서(초등학교 2학년 국어(가) 4단원 '분위기를 살려 읽어요')에 나오는 '바람은 착하지'라는 시에는 민들레가 등장합니다. 차시 목표는 작품을 분위기에 알맞게 읽는 것이고 성취기준은 시의 분위기를 살려 소리내어 읽어보고 생각이나 느낌을 이야기하는 것입니다. 해당 차시를 아이들이 자연을 대할 때 어떤 마음을 가져야 좋을지 내면화하는 데 도움이 되도록 재구성하여 보았습니다.

교과서에 제시된 시를 읽으며 민들레의 마음이 어땠을지, 민들레를 도와준 바람은 어떤 심정일지 상상해보고 감정을 살려 시를 낭송해보는 활동을 했습니다. 밖에 나가서 민들레를 직접 만져보고 살펴보는 활동 후에 하는 수업이라서 그런지 대부분의 아이들이 골목 응달 속에서 떨고 있는 민들레의 심정을 금세 떠올리고 감정을 잘 살리며 진지하게 낭송에 참여했습니다.

나아가 2학년인 만큼 시의 내용을 동작으로 표현해보거나 바람과 민들레의 역할을 맡아 표현해보는 것도 재미있는 활동입니다. 특히 우리 반에 평소 발표에 소극적인 학생도 바람의 역할을 맡아 "민들레야, 용기를 내! 약해 보여도 너의 속은 강할 수 있어."라고 얘기하며 적극적으로 참여하는 모습을 보여서 매우 기특했습니다.

3. 민들레 그림책 이야기

민들레는 어떻게 살아갈까?

아이들과 학교 주변에서 살펴본 민들레의 사진을 보여주며 기억을 되살리고 난 후, "그럼 민들레는 어떻게 이렇게 다양한 장소에서 제각각의 모습으로 자라나며 살고 있는지 알아볼까요?"라고 질문을 던졌습니다.

「민들레는 민들레」라는 책을 아이들과 함께 읽기 위해 준비했습니다. 제목에서 뒷부분의 민들레를 가리고 '민들레는 ○○○'로 보여준 뒤 빈 칸에 들어갈 단어가 무엇인지 맞춰보도록 했습니다. 아이들이 저마다 재미있는 답을 찾아내기 위해 자유롭게 상상력을 펼칩니다.

"같이 읽을 동화책의 제목이 민들레는 ○○○이에요. 우리 학교에서 관찰한 여러 민들레를 힌트로 삼아서 ○○○에 들어갈 말을 맞혀 볼까요?"

"민들레는 슈퍼맨이요! 벽돌 사이를 뚫고 나온 게 슈퍼맨 같아요."

"민들레는 비행기요. 민들레 씨가 비행기처럼 하늘을 날아요."

강하다, 노랗다 등 다양한 대답이 나오기도 했습니다. 제목의 답은 책을 다 읽고 난 후에 따로 알려주었습니다.

책을 펼친 후 민들레가 씨앗에서부터 시작해 싹을 틔우고 도로 위, 가로수 옆, 지붕 위 등 여러 곳에서 저마다 아름다운 민들레의 모습 그대로 피어있는 이야기를 천천히 읽어주었습니다. 책을 읽을 때는 중간중간 민들레의 씨앗, 줄기, 잎, 꽃 등 생태에 대한 간략한 설명을 하며 아이들이 그림과 글을 천천히 살펴볼 수 있는 시간을 주는 게 좋습니다.

콘크리트 위의 추운 겨울마저 견디고 생명을 이어가는 민들레의 이야기를 듣고 난 뒤에는 아이들이 민들레를 대하는 자세가 사뭇 달라져 있을 것입니다.

"이렇게 민들레는 자기 생명을 이어가고 꽃을 피워 씨앗을 퍼뜨리기 위해 저마다 다른 모습으로 노력해요. 이제 우리 주변의 민들레를 함부로 대할 수 없겠죠? 심지어 민들레는 추운 겨울도 꿋꿋하게 이겨낸답니다."

이와 더불어 민들레는 땅 위에 넓게 펼쳐 바람도 피하고 땅의 온기를 받아 추운 겨울을 난다는 설명을 덧붙이며 이러한 식물을 로제트 식물이라고 한다고 설명해줬습니다. 이 외에도 아이들이 한 번은 봤을 법한 로제트 식물인 냉이, 개망초, 달맞이꽃의 사진을 함께 보여주며 설명하면 좋습니다.

읽을거리 함께하면 좋은 도서

민들레로 배우는 인성교육

식물의 모습에 우리 삶의 모습을 대입해 인성교육에 활용하기도 하고, 식물에 감정이입을 해보며 환경과 생명의 존엄성을 내면화하는 것도 훌륭한 생태수업의 형태라고 생각합니다. 직접 밖으로 나가 식물과 접촉하며 학생 주위의 친숙한 식물 이야기로 이뤄지는 국어수업이나 도덕수업으로 생태수업에 도전해보면 어떨까요?

미안해 김병하 지음, 한울림 어린이, 2022
텃밭의 구석에 난 민들레를 통해 생명을 대하는 자세에 대해 이야기하는 동화책

민들레 아라이 마키 지음, 크레용 하우스, 2016
세밀화를 통해 민들레의 한살이를 생태학적으로 좀 더 자세하게 설명하는 동화책

강아지똥 권정생 지음, 길벗어린이, 2016
버림받은 강아지똥과 민들레가 만나 세상 모든 것은 소중한 존재임을 이야기하는 동화책

03 누가 누가 더 길까?

▷ 『민들레 줄기 길이 비교하기』 2학년 1학기 수학(4.길이 재기, 94~95쪽)

▷ 교과 성취기준
- [2수03-10] 길이 단위 1cm와 1m를 알고, 이를 이용하여 주변 사물의 길이를 측정할 수 있다.

▷ 수업의 개요

구분	시간	내용	자료 및 참고사항
도입	10	**[민들레 꽃대 살펴보기]** • 민들레 솜털이 달린 열매 날려보기 • 민들레 꽃대 살펴보기	
전개	60	**활동1** 민들레 꽃대 길이 비교하기 • 나만의 구체물을 이용하여 꽃이 핀 민들레, 솜털과 열매가 달린 민들레의 꽃대 길이 비교하기 • 친구와 민들레 꽃대 길이 비교하기 **활동2** 민들레 꽃대로 바람개비 만들기 • 씨앗과 열매가 날아간 민들레의 꽃대를 이용하여 바람개비 만들어보기	민들레 꽃대, 솔잎(얇은 풀줄기), 가위(칼)
정리	10	**[정리하기]** • 민들레마다 꽃대의 길이가 왜 다른지 생각해보기	

1. 민들레 꽃대 길이 비교하기

민들레 꽃대의 길이가 변한다고?

꽃샘추위가 조금씩 누그러드는 4월이 되면 피기 시작해서 5월에는 지천으로 피어나는 하얗고 노란 민들레는 꽃도 예쁘지만 솜털이 달린 열매를 후~ 불어서 날려보는 재미도 있어서 아이들이 무척이나 좋아하는 꽃입니다. 또 학교 화단에서 쉽게 찾을 수 있기 때문에 아이들과 함께 민들레를 이용한 '길이 재기' 수업을 해보고 싶었습니다.

특히 민들레는 평소에는 높이가 비슷비슷해 보이지만 꽃이 지고 솜털이 달린 열매가 맺힐 때쯤이면 꽃대의 길이가 쑥~ 길어집니다. 경쟁에서 살아남아 최대한 멀리 그리고 많이 자손을 퍼뜨려야 하기 때문에 바람을 잘 탈 수 있는 전략을 취한 것입니다. 이러한 민들레의 특성을 활용해서 길이를 재어보고 비교하는 수업을 한다면 재미있을 것 같지 않나요?

어떤 민들레 꽃대의 길이가 더 길까요?

"얘들아, 오늘 날씨가 너무 좋지 않니? 이런 날에 교실에만 있는 건 너무 아까운 일이지. 우리 다 같이 학교 구경 나가볼까?"

"네! 좋아요!" "우와! 빨리 나가요."

바깥 활동으로 즐거운 우리 아이들과 함께 화단에 피어있는 여러 꽃들, 새 잎이 돋아나는 나무들을 관찰하다 보면 시간이 금방 지나갑니다.

"선생님! 민들레 씨 붙어있는 거 불어도 돼요?"

"그럼~ 그런데 이건 민들레 씨가 아니라 솜털이 붙어 있는 열매야."

"이게 열매라고요? 우와 신기하다!"

"어, 열매에 솜털이 붙어 있는 거야. 그런데 왜 솜털이 붙어 있을까? 너희들이 솜털이 붙어 있는 열매로 무엇을 하려고 했는지 생각해봐."

"바람에 잘 날아가요!"

"그래, 맞아. 열매가 바람을 타고 멀리 멀리 날아가서 싹을 틔우면 또 민들레가 피어나는 거지. 그러니까 아직 꽃이 피어있는 민들레는 다치지 않게 조심히 꺾어서 불어야 해."

신나게 민들레 열매를 부는 아이들에게 이번에는 여러분의 입김을 바람이라고 생각하고 위에서, 옆에서, 아래에서 한 번씩 불어보게 합니다. 그리고 씨앗들이 어떻게 퍼져나가는지 살펴보게 합니다.

"어떻게 불었을 때 민들레 씨앗이 가장 멀리 날아갈까?"

"밑에서 불 때 씨앗이 가장 멀리 날아가요."

"맞아. 민들레 솜털은 아래에서 위로 바람이 불 때 가장 멀리, 오래 날아갈 수 있어. 그런데 한 가지 신기한 게 또 있어. 민들레는 줄기가 없다는 거야."

"네? 그러면 이건 줄기가 아니고 뭐예요?"

"그건 꽃대라고 해. 꽃대가 다섯 개 올라오면 꽃도 다섯 송이가 피어나는 거야."

주변이 온통 민들레 솜털로 가득 찰 정도로 아이들과 한바탕 신나게 민들레 솜털을 날리며 놀다가 슬쩍 말을 꺼냈습니다.

"그런데 얘들아. 방금 너희들이 날린 솜털이 붙은 열매가 달려 있는 민들레와 아직 꽃이 피어 있는 민들레의 차이점을 알겠니?"

"꽃이 피어 있는 민들레의 꽃대보다 솜털이 붙어 있는 민들레의 꽃대가 더 길어요!"

"정말? 그럼 진짜로 솜털이 붙어 있는 민들레의 꽃대가 더 긴지 우리 한번 확인해볼까?"

민들레 꽃대의 길이를 비교해봅니다.

후후 불며 솜털이 붙은 열매를 날려보내고 남은 꽃대를 활용할 시간입니다. 솜털이 붙어 있던 꽃대를 아직 꽃이 피어있는 꽃대에 대어보며 길이를 비교해봅니다. 이때 정확한 꽃대 길이 비교를 위하여 뿌리에 최대한 가깝게 꽃대를 꺾는 것이 좋기 때문에 아이들에게 미리 말해줍니다.

아직 솜털이 생기지 않고 꽃이 피어 있는 민들레를 꺾지 않고 길이를 비교하려면 어떻게 해야 할지 아이들과 이야기를 나누었습니다. 자를 이용하여 물체의 길이를 재는 방법은 배우지 않았기 때문에 제외합니다.

"꽃이 피어 있는 민들레 꽃대를 꺾지 않고 어떤 꽃대가 더 긴지 어떻게 알 수 있을까?"

"손뼘으로 재어봐요."

"끈을 대보면 돼요."

"막대기로 해봐요."

"좋아. 다양한 물건을 이용해서 민들레 꽃대의 길이를 비교해볼 수 있겠네. 그러면 지금 우리 주변에 많이 있는 나뭇가지나 막대기를 이용해서 꽃이 피어 있는 민들레와 솜털이 붙어있는 민들레 꽃대의 길이를 비교해보자."

"그런데 왜 꽃이피어 있는 민들레보다 솜털이 붙어있는 민들레의 꽃대가 더 긴 걸까? 이것도 솜털과 관련있어."

"바람 때문이에요!", "바람을 타고 잘 날아가라고요."

"그렇지! 솜털이 아래에 있는 것보다 위로 올라와 있어야 바람을 잘 타고 멀리 멀리 날아갈 수 있기 때문이야."

2. 민들레 꽃대로 바람개비 만들기

돌돌 말리는 민들레 꽃대

민들레 꽃대는 평소에는 길쭉한 모습이지만 물에 젖게 되면 끝부분이 돌돌 말립니다. 이러한 특징을 이용해 바람개비나 물레방아를 만들어 볼 수 있습니다. 씨앗과 열매가 날아간 민들레의 꽃대를 이용해 바람개비를 만들어보면 좋습니다. 민들레의 꽃대를 3~4가닥으로 자르는 것은 생각보다 어렵습니다. 꽃대가 뭉게지거나 한쪽이 너무 얇게 잘라져서 금방 찢어지는 일이 생깁니다. 더군다나 저학년 아이들은 아직 가위 사용이 능숙하지 못하고 특히 칼은 위험하기 때문에 교사가 대신 잘라주는 것도 좋습니다.

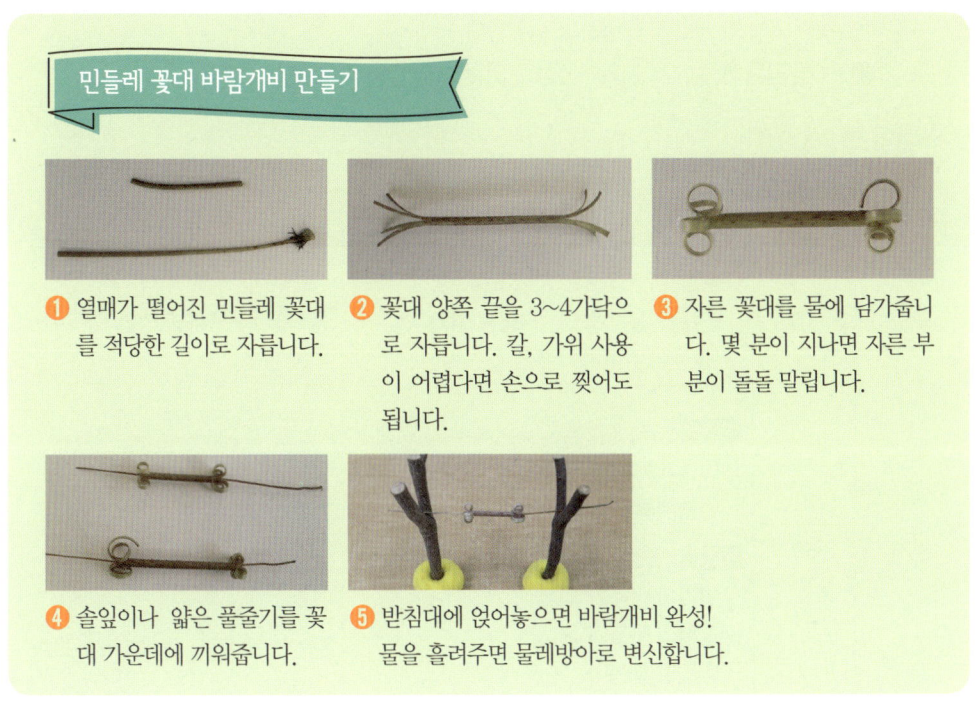

민들레 꽃대 바람개비 만들기

① 열매가 떨어진 민들레 꽃대를 적당한 길이로 자릅니다.
② 꽃대 양쪽 끝을 3~4가닥으로 자릅니다. 칼, 가위 사용이 어렵다면 손으로 찢어도 됩니다.
③ 자른 꽃대를 물에 담가줍니다. 몇 분이 지나면 자른 부분이 돌돌 말립니다.
④ 솔잎이나 얇은 풀줄기를 꽃대 가운데에 끼워줍니다.
⑤ 받침대에 얹어놓으면 바람개비 완성! 물을 흘려주면 물레방아로 변신합니다.

이렇게 꽃대의 길이가 변하는 민들레를 활용하여 재미있게 길이를 비교해보는 수업을 해보았습니다. 민들레 꽃대뿐만 아니라 종이띠, 끈 등 다양한 구체물을 이용하여 꽃대 길이를 비교해보면서 직접 비교가 어려운 물건의 길이를 비교하는 방법을 배울 수 있습니다. 또 꽃이 핀 민들레, 솜털이 붙은 열매가 달린 민들레, 열매가 떨어진 민들레 꽃대를 비교하는 활동을 통해 식물이 자손을 많이 남기기 위해 노력하는 전략도 배우며 자연의 신기함과 소중함을 함께 느낄 수 있습니다.

04 민들레의 무한 변신

▷ 『민들레 꽃으로 놀기』 1학년 1학기 통합(탐험, 82~91쪽)

▷ 교과 성취기준
- [2바03-02] 계절의 변화에 대응하며 생활한다.
- [2바03-04] 공동체 속에서 지속가능성을 위한 삶의 방식을 찾아 실천한다.

▷ 수업의 개요

구분	시간	내용	자료 및 참고사항
도입	10	[민들레 그림책으로 만나기] • 「민들레를 먹었어」 그림책 읽기 • 민들레 이야기 나누기	동화책 「민들레를 먹었어」
전개	60	**활동1** 민들레 꽃으로 놀기 • 민들레로 꽃반지 만들기 • 민들레로 꽃팔찌 만들기 **활동2** 민들레 꽃대로 놀기 • 귀걸이 만들기 • 풀피리 만들기 • 비눗방울 놀이	
정리	10	[노래로 자연을 사랑하는 마음 갖기] • 「민들레 솜사탕」 노래 듣기 • 노래 따라 부르기	노래 「민들레 솜사탕」 (작사 이수영, 작곡 김푸른)

1. 봄나들이 갈 사람 여기 여기 붙어라!

"민들레는 어디서나 흔히 볼 수 있기 때문에 푸대접을 받는 식물이지만 알고 보면 아주 훌륭한 효능을 가진 약초예요. 어린 민들레 잎은 생으로 먹을 수 있고, 데쳐서 나물로도 먹을 수 있으며 꽃과 뿌리는 달여서 약으로 사용할 만큼 아주 유용한 식물이지요."

1학년 아이들과 학교 뒷동산으로 봄나들이를 가면서 이렇게 민들레 이야기를 해주고는 민들레 잎을 한 장 따서 아이들 보란 듯이 우적우적 씹어 먹었습니다. 민들레 잎은 어른들이 먹기에도 조금 쓴맛이 있지만 아이들을 꼬여주기 위해서는 맛있는 것을 먹는 것처럼 아주 밝은 표정으로 말해야 합니다.

"역시 민들레 잎은 정~말 맛이 써!"

"선생님, 정말 맛있어요?"

'음~ 이 녀석들 이제 내가 놓은 덫에 걸려들었구나!' 싶어 웃는 표정으로 다시 대답해 주었습니다.

"그럼, 아주 맛이 써!"

"저도 먹어볼래요."

아이들 서너 명이 너도나도 달라고 손을 내밉니다.

"우웩~ 이게 뭐가 맛있어요! 아우~ 써."

"그렇다니깐. 선생님이 아까 쓰다고 말했잖아. 민들레 잎은 정~말 맛이 써!"

아이들 꼬여주기 성공입니다. 아이들은 선생님한테 속았다고 씩씩거립니다. 그런데 아주 태연한 척하며 "쓴 게 몸에 좋은 거야."라고 말하며 용감하게 민들레 잎 하나를 다 씹어 삼키는 아이도 있었습니다. 우리 반 식물 박사가 자기는 뭔가 다르다는 것을 보여주고 싶었던 모양입니다.

"선생님, 여기 흰색 민들레가 있어요."

흰 민들레를 보며 식물 박사가 아는 체를 합니다.

"우와~~ 식물 박사님이 토종 민들레를 찾았어? 진짜 토종 민들레인지 한번 살펴볼까요?"

"선생님, 저는 민들레는 노란색만 있는 줄 알았어요."

"이렇게 하얀색의 이쁜 꽃을 피우는 토종 민들레는 요즘 도시에서는 좀처럼 찾기 힘든데 오늘 토종 민들레를 만나다니 우리가 운이 좋네요."

"그럼 토종 민들레는 귀한 거니까 가져가서 교실 화분에 심어줘요."

"사람들이 토종 민들레가 몸에 좋다고 너무 많이 캐서 더 보기 힘들어진 거예요. 이 토종 민들레는 여기서 살기를 원할 거예요. 흔히 사람들은 노란 민들레는 서양민들레, 하얀색 민들레는 토종 민들레라고 부르는데 정확한 것은 아니에요. 토종 민들레는 노란 민들레와 하얀 민들레가 있는데, 서양민들레는 노란색 민들레만 있거든요."

"선생님, 노란 민들레는 많으니까 꽃반지 만들어도 되지요?"

 2. 민들레는 정말 즐거운 놀잇감!

꽃반지 만들기

❶ 꽃 바로 아래쪽을 손톱으로 갈라서 구멍을 냅니다.　❷ 아래쪽 끝을 구멍에 넣어 고리를 만들고 손가락에 맞게 조절합니다.

❶ 꽃대를 반으로 갈라 두 가닥으로 만들어 줍니다.　❷ 두 가닥을 엇갈려 손가락에 묶고 남은 꽃대를 자릅니다.

민들레 꽃반지를 만드는 방법은 두 가지가 있습니다. 첫 번째 방법은 손톱으로 꽃대에 구멍을 내어 만드는 방법인데 만약 꽃대가 얇아 구멍을 내기 어렵다면 두 번째 방법을 활용하여도 좋습니다.

꽃팔찌 만들기

방법1 꽃 1개로 만들기

① 꽃대를 반으로 갈라 두 가닥으로 만들어줍니다.

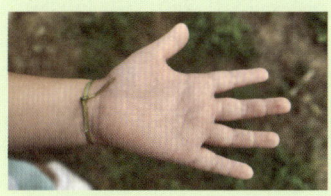

② 두 가닥을 엇갈려 팔목에 묶고 남은 꽃대를 자릅니다.

방법2 꽃 2개로 만들기

① 꽃 바로 아래쪽을 손톱으로 갈라서 구멍을 내어 다른 꽃의 꽃대를 끼워넣습니다.

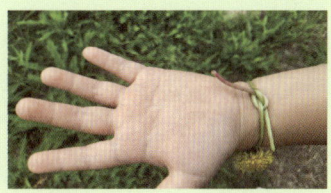

② 손목에 맞게 묶고 남은 꽃대를 자릅니다.

민들레 꽃팔찌를 만드는 방법도 꽃반지를 만드는 방법과 크게 다르지 않습니다. 더 화려하게 만들고 싶다면 꽃을 2개 사용하여 만드는 방법도 있습니다.

"선생님, 귀걸이는 어떻게 만들어요?"

"씨앗이 날아간 꽃대를 세로로 길게 3~4갈래로 갈라서 물에 잠깐만 담그면 꼬불꼬불 말려요."

"우와! 정말 꼬불꼬불해지네? 정말 신기해요."

"이제 귀걸이 완성! 씨앗이 날아가고 남은 부분을 귀에 걸거나 귓구멍에 꽂으면 치렁치렁 늘어지는 것이 영락없이 근사한 귀걸이가 되지요."

"선생님, 저는 귀걸이를 길게 만들고 싶어요."

여자 아이들은 민들레 꽃반지, 꽃팔찌와 귀걸이까지 하고는 귀걸이가 빠지지 않게 사뿐사뿐 공주처럼 걷습니다. 남자 아이들은 귀가 간지럽다며 귀걸이를 바로 빼버립니다. 한참을 놀다보면 꼬불거렸던 꽃대가 축 늘어지며 펴지게 되는데, 이럴 땐 잠깐 물에 담가두면 다시 꼬불꼬불 말려 웨이브가 살아난답니다. 아이들은 이런 민들레 꽃대를 참 신기해하고 재미있어하지요.

민들레 꽃으로 반지와 팔찌, 귀걸이를 만들어 차고 꽃대를 잘라 풀피리도 불고, 비눗방울 놀이까지... 풀밭에서 민들레와 함께 시간 가는 줄 모르고 놀았답니다.

풀피리 만들기

① 가능하면 굵은 꽃대를 골라 밑동 쪽으로 5~8cm 길이로 자릅니다.
② 한쪽 끝을 납작하게 눌러서 납작한 부분을 입으로 불면 소리가 납니다.
③ 길이와 굵기에 따라 소리도 각양각색이므로 다양하게 만들어봅시다.

비눗방울 놀이

① 민들레 꽃대를 적당한 길이로 자릅니다.
② 비눗물을 묻혀 천천히 불어봅니다.
③ 친구들의 비눗방울을 서로 모아 눈사람 등 다양한 모양을 만들 수 있습니다.

민들레를 여러 개 묶어서 불면 한꺼번에 많은 비눗방울을 만들 수 있어 더욱 재미있어 합니다. 아이들과 민들레 꽃놀이를 하고 돌아오는 길에 민들레 노래를 함께 부르면 아마도 민들레 꽃씨 하나가 우리 아이들의 마음에 쏘~옥 자리 잡을 겁니다.

민들레 솜사탕

김푸른 작곡   이수영 작사

노란 봄님 조심조심 / 초록 풀밭 걸어간 길
아무도 모르게 만든 / 민들레 하얀 솜사탕
햇살에 녹을까 / 바람에 부서질까
내가 먼저 한입 / 후루루루 후루루루
달콤함 꽃씨가 퍼져간다 / 사랑아 퍼져라
꿈들아 퍼져라 / 두둥실 두리둥실 사르르르
민들레 솜사탕

05 | 같은 듯, 다른 듯! 토끼풀과 괭이밥

🐦 토끼가 잘 먹어서 토끼풀

들판에서 무더기로 모여서 자라는 토끼풀은 토끼가 잘 먹는 풀이라고 해서 이름이 지어졌습니다. 잎이 토끼 발자국을 닮아서, 또는 하얀 꽃봉오리가 토끼의 꼬리를 닮았다고 해서 붙여진 이름이라고도 합니다. 영어로는 '클로버(Clover)'라고 부르는데 이 풀을 모르는 사람은 거의 없을 정도로 친숙한 여러해살이 풀입니다. 토끼풀은 유럽이 원산지인데 우리나라에서 목장의 목초로 사용하기 위해 들여와서 전국에 널리 퍼져나간 귀화 식물입니다.

토끼풀의 흰색의 꽃은 곤충에 의해 수정이 되면 꽃들이 아래로 고개를 숙입니다. 왜 그럴까요? 곤충들에게 수정이 끝났음을 알려 준답니다. 참 친절한 식물의 세계입니다. 보통 꽃들은 시들면 바닥에 떨어지는데 토끼풀은 시들어도 떨어지지 않고 열매를 둘러싸고 있습니다. 각 꽃송이의 수명은 짧지만 앞으로

(좌) 수정이 되기 전, (우) 수정된 후

필 꽃망울과 시든 꽃이 한군데 모여 있기 때문에 멀리서 보면 전체적으로 하나의 큰 꽃이 계속해서 피어 있는 듯이 보이게 하여 꿀벌들을 불러모으려는 전략입니다.

토끼풀은 꽃줄기가 길고 질겨서 꽃반지나 꽃팔찌를 만들기도 합니다. 줄기나 가지가 땅에 붙어서 여러 방향으로 기어가듯이 뻗어나갑니다. 줄기 마디에서 뿌리가 나와 퍼지기 때문에 번식이 왕성합니다. 건조한 곳에서도 잘 자라고 햇볕이 있거나 응달에서도 잘 자라는데 물이 잘 빠지지 않는 곳에서는 뿌리가 썩어서 잘 자라지 못할 수도 있습니다. 토끼풀은 씨앗으로 번식하는데 씨앗이 바람에 날아가게 하기도 하고 동물의 몸에 붙어서 이동하기도 합니다. 줄기로도 번식이 가능합니다.

토끼풀은 소나 양의 먹이가 되며 거름으로 많이 이용되는데 사람들은 차나 샐러드 등의 요리에 사용되기도 하고 향수 등의 화장품에도 이용합니다. 토끼풀은 식물이 자라는데 필요한 질소를 공급해주고 토끼풀의 뿌리에 공생하는 뿌리혹박테리아가 질소를 고정해서 식물 성장에 도움을 줍니다. 그 질소는 토끼풀이 자라는 데 사용하고도 남아서 다른 식물들이 자라는 데도 나눠줄 수 있습니다.

🕊 토끼풀과 붉은토끼풀, 그리고 괭이밥이 헷갈려요

토끼풀은 하얀 꽃이 공 모양처럼 피지만 괭이밥은 한 겹의 노란색 꽃이 핍니다. 꽃을 보면 쉽게 구분할 수 있는데 잎의 모양은 서로 비슷비슷해서 구분하기가 어렵습니다. 하지만 자세히 들여다보면 서로 다른 매력을 가지고 있는 모습을 발견할 수 있습니다. 우리가 잘 알고 있는 토끼풀보다 조금 크고 붉은 색의 꽃이 피는 것은 붉은토끼풀입니다.

토끼풀과 괭이밥은 모두 작은 잎 3개가 모여있습니다. 그러나 괭이밥 잎은 하트 모양이고 토끼풀 잎은 원형에 가깝습니다. 또 토끼풀은 진한 녹색의 잎에 흰색의 줄무늬가 들어간 경우가 많지만 괭이밥은 무늬가 없습니다.

토끼풀

붉은토끼풀

괭이밥

해를 사랑하는 꽃, 괭이밥

길가나 들판, 학교 화단에서 쉽게 만날 수 있는 괭이밥은 여러해살이 풀입니다. 줄기를 많이 뻗는데 풀 전체에 가는 털이 나 있고 땅속 깊이 뿌리를 내리고 많은 줄기가 옆이나 위로 나와서 비스듬히 자랍니다. 잎은 어긋나고 긴 잎자루가 있으며 세 개의 하트 모양의 잎이 모여 하나의 잎이 되는데 저녁이나 흐린 날에는 자귀나무처럼 잎을 오므립니다. 밤에 잎으로부터 달아나는 열을 빼앗기는 것을 막기 위해서입니다.

고양이가 소화가 되지 않을 때 이 풀을 뜯어 먹는다고 하여 '괭이밥'이라는 이름이 붙여졌습니다. 실제로 잎과 줄기에는 신맛이 있어 소화에 도움이 됩니다. 봉숭아 물을 들일 때 보통 백반을 함께 찧어서 물을 들이는데 백반 대신 괭이밥 잎을 함께 찧어서 손톱 물들이기에 사용해도 된다고 합니다. 또, 수산(옥살산) 성분이 함유되어 있어서 더러워진 동전을 닦으면 반짝반짝 윤이 나게 해서 황금풀이라고도 불립니다.

5~9월에 잎겨드랑이에서 긴 꽃자루가 나와 노란색의 꽃이 피는데 흐린 날이나 해가 없는 아침 저녁에는 꽃잎을 오므리고 있어서 해가 쨍쨍 비칠 때 예쁘게 활짝 핀 꽃을 볼 수 있습니다. 벌레가 찾아올 가능성이 없는 날에는 꽃가루를 잃지 않기 위해서 꽃을 닫습니다. 꽃잎은 5개로 긴 타원형이고, 꽃이 지고 맺히는 열매는 원통 모양이고 주름이 5개 정도 있습니다. 열매가 익으면서 껍질이 탁 터지는 힘으로 씨가 멀리 튕겨 나갑니다.

괭이밥 잎과 꽃

괭이밥 열매

괭이밥 꼬투리

01 고양이의 구급약, 하트 모양 풀을 찾아라!

▷ 『숲속을 걸어요』 2학년 1학기 통합(자연, 24~25쪽)

▷ 교과 성취기준
- [2슬01-04] 사람과 자연, 동식물이 어우러져 사는 생태를 탐구한다.
- [2즐01-04] 우리를 둘러싼 자연의 아름다움을 감상한다.

▷ 수업의 개요

구분	시간	내용	자료 및 참고사항
도입	10	[학교 숲 이야기하기] • 학교 숲에는 무엇이 있는지 이야기하기 • 학교 숲 여행 친구 정하기	
전개	65	활동1 학교 숲 보물 찾기 • 학교 숲 놀이하기 • 학교 숲 동물과 식물 관찰하기 활동2 하트 모양 풀 찾기 • 토끼풀과 괭이밥의 다른 점 알아보기 • 괭이밥의 유래 알아보기 활동3 숲속 보물 빙고놀이 하기 • 자연물을 찾아 빙고판 완성하기 • 찾은 자연물을 서로 비교하기	빙고판(달걀판)
정리	5	[숲에서 관찰한 것들에 대해 이야기 나누기] • 숲에서 관찰한 것들에 대해 이야기 나누기 • 토끼풀과 괭이밥에 대해 이야기 나누기	

1. 학교 숲으로 가자

학교 숲 여행 친구 정하기

매주 월요일 1교시면 아이들은 실내화를 신발로 바꿔 신고 학교가 떠나갈 것 같은 돌고래 소리를 내며 복도를 가로질러 운동장으로 신나게 달려갑니다. 누가 봐도 생태놀이를 하러 나가는 우리 반임을 티내면서 말입니다. 오늘은 우리 학교에 살고 있는 자연물을 관찰하고 이와 관련된 재미있는 생태놀이를 미리 예고했었기에 아이들은 오늘도 잔뜩 기대한 모습입니다.

"선생님, 오늘은 어떤 놀이를 할 거예요?"

"오늘은 우리 학교 안에서 살아가고 있는 보물들을 찾아 빙고놀이를 해볼 거예요. 먼저 나뭇잎 짝으로 모둠을 구성해볼 거예요."

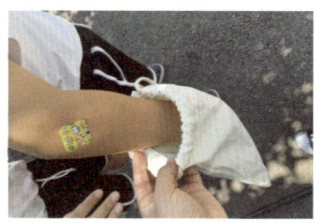  

비밀 주머니에서 넣는 나뭇잎은 학교에서 구하기 쉬운 것으로 준비하며, 떨어진 잎보다는 나무에서 딴 잎으로 사용하면 좋습니다. 잘라진 나뭇잎의 단면을 맞추어 짝꿍을 정하기 때문에 미리 가위로 잘라서 주머니에 넣어 놓습니다. 큰 나뭇잎은 2개 이상으로 조각을 낼 수도 있지만 저학년 아이들은 어려울 수 있으므로 수준에 맞게 자르는 것이 좋습니다. 아이들은 나뭇잎 조각을 맞춰보는 활동을 통해 잎의 생김새, 가장자리 모양 등을 관찰하며 나뭇잎 짝을 찾습니다.

다른 방법은 나뭇잎을 자르지 않고 같은 종류의 나뭇잎을 2장씩 모아 활용하는 방법입니다. 주머니에서 같은 종류의 나뭇잎을 뽑은 친구끼리 짝꿍이 됩니다. 짝꿍과 함께 자신들이 뽑은 나뭇잎의 나무에 찾아가는 활동도 함께할 수 있습니다.

2. 학교 숲 보물 찾기

학교 숲 보물로 놀이하기

이제 나뭇잎 짝꿍도 정해졌으니 짝꿍과 함께 학교 숲으로 보물을 찾아 떠나봅시다. 숲속에 숨겨진 보물인 다양한 자연물을 활용한 놀이는 많습니다. 자연물을 이용하여 글자 만들기를 할 수도 있고, 달걀판에 자신이 원하는 자연물을 모을 수도 있습니다. 또한 자연물을 모으지 않고 눈 스티커를 이용하여 자연물에 붙이면 어떤 모양으로 변하는지 살펴보고 사진으로 찰칵! 찍어 남길 수도 있습니다.

사실 아이들이 제일 재미있어했던 놀이는 자연물에 눈을 붙여 다양한 표정의 자연물 친구들을 만드는 활동이었습니다. 학교 이곳저곳을 누비며 평소에는 그냥 지나쳤을 자연물들을 하나하나 들여다보고, 떨어진 나뭇잎에 눈을 붙여 자신의 새로운 친구라고 소개하는 아이들.

바람에 흔들리는 꽃에 눈을 붙여 춤을 추고 있는 '나'라고 표현하는 아이들.

커다란 구멍이 뚫려 평소에는 지나가는 새에게 양보했던 나무의 홈에 눈을 붙여 호호~ 노래하는 할아버지를 만들었다고 이야기하는 아이들.

이날만큼 학교가 들썩거릴 정도로 아이들이 환하게 웃고 떠드는 모습을 본 적이 없었던 것 같습니다.

아이들의 바쁜 하루 속에서 사계절의 변화를 느낄 수 있는 것은 무엇일까요?

그건 바로 우리 주변에서 알록달록 변해가는 자연, 살아 숨쉬며 자신을 봐달라고 시시때때로 매력을 뽐내고 있는 자연이 아닐까요?

학교 숲에는 누가 살고 있을까요?

"지금까지 우리 학교 숲을 걸으며 우리가 보았던 다양한 생물들이 많아요! 생물이라는 단어에는 식물과 동물이 모두 포함돼요. 우리 한번 어떤 것들을 보았는지 이야기해볼까요?"

"꽃비가 내리는 벚꽃이요."

"우리 학교에 있는 벚꽃은 그냥 벚꽃이 아니야. 선생님께서 지난 시간에 왕겹벚꽃이라고 알려주셨잖아."

"철쭉이요. 진달래인가? 아~ 헷갈려!"

"저는 학교 화단에 핀 빨간, 노란 튤립이요."

"제가 작년에 병설유치원 다닐 때 봤던 상사화요. 유치원 선생님께서 꽃과 잎이 만나지 못해서 서로를 그리워하다가 상사병에 걸린 꽃이라고 해서 이름이 상사화라고 붙여졌다고 하셨어요."

"저는 화단 안에 볼록볼록 올라온 흙집을 봤어요."

"진짜? 어디? 어디에 있어?"

"아까 우리가 토끼풀을 봤던 그 화단 말이야. 동상이 세워져 있었던 곳 아랫부분!"

"선생님~ 우리 아까 거기 한번 가봐요!"

아이들과 함께 찾아간 그곳에는 나도 보지 못했던 흙이 봉긋하게 솟아있었습니다. 봉긋하게 솟은 흙의 정체는 지렁이가 지나간 자리였습니다.

아이들과 함께 찾아본 학교의 생물들은 식물뿐만 아니라 한 줄로 줄을 맞춰 걸어가는 개미, 화단으로 예쁜 날개짓을 하며 날아다니는 나비, 윙윙~ 무서운 소리를 내며 날아다니는 벌, 나무와 나무 사이에 기다란 줄을 늘어트리며 맛있는 식사가 걸리기만을 기다리는 거미, 여름이면 "맴~맴~" 소리로 우리의 귀를 시끄럽게 간지럽혀줄 매미! 참 많은 생물을 만납니다.

1시간 동안 돌아본 우리 학교 숲에 이렇게 작고 소중한 보물들이 살고 있다는 사실을 안 우리 아이들은 이제 매일매일 다른 생물들에 관심을 보이며 사랑의 눈빛으로 바라보겠죠?

3. 하트 모양 풀 찾기

하트 풀잎이 있다고?

아이들과 함께 학교 숲의 알록달록 그려진 놀이길을 따라 걷고 있었습니다.

"선생님, 우리가 꼭 엄마 오리를 따라가는 아기 오리들 같아요."

라고 말하며 "꽥꽥!" 오리 소리를 흉내냅니다. 이때를 기회 삼아 아이들은 여기저기에서

"난 오리 싫어!"

"난 토끼처럼 깡충깡충 뛰어서 선생님을 따라갈 거야."

"그럼 난 고양이처럼 야옹~ 소리를 내며 선생님을 따라가야지?"

아이들의 이야기를 듣고 있자니 수업 시간이 끝나기도 전에 이 세상 동물들의 이름이 한 번씩 언급될 것 같아 아이들의 관심을 딴 곳으로 돌리기 위해 이곳저곳을 살펴보던 중 나의 눈에 딱 들어오는 것이 있었습니다. 바로 '토끼풀'.

토끼풀 2개를 뜯어 옆에 있던 아이의 손목에 만든 작은 팔찌를 채워주니 주변에 아이들이 자기도 해달라며 아우성! 일단 동물들 속에서 아이들의 관심을 돌리는 데에는 성공! 아이들의 성화에 못 이겨 토끼풀 팔찌 만들기 작업에 열중하고 있는데 한 아이가 꼭 쥔 손을 쫘~악 펴며 자기도 토끼풀을 찾아왔으니 팔찌를 만들어달라며 보여주었습니다. 하지만 아이의 고사리같은 손바닥에 놓여있는 것은 다름 아닌 '괭이밥'.

손바닥에 놓여진 하트잎이 어떤 식물인지 아이들에게 물어본다면 아이들은 백 퍼센트 "토끼풀"이라고 답할 것입니다.

"친구가 찾은 하트 잎을 가진 식물의 이름은 무엇일까요?"

"선생님, 이거 토끼풀 아니예요?"

"하트 잎을 가졌지만 토끼풀과는 조금 달라요. 이 식물의 이름은 '괭이밥'이에요."

"토끼풀 잎도 하트인데요?"

"선생님이 생각하기에 조금 다른데. 우리 그럼 여러분이 토끼풀이라고 생각하는 식물을 찾아볼까요?"

말이 떨어지자 아이들의 고개는 일제히 땅바닥을 향해 있었고, 하얀 바지에 초록색 풀물이 들어 엄마에게 혼날 일이 뻔한데도 땅바닥에 털썩 주저앉아 토끼풀을 찾은 아이도 있었습니다.

'너는 오늘 집에 가서 엄마에게 잔소리를 듣겠구나. 미안하다.'

우리 반 아이들이 말 없이 이렇게 집중했던 활동이 있었던가 하는 생각이 들었습니다.

"선생님, 토끼풀 찾았어요! 이거 아니예요?"

아이가 내민 것은 진짜 토끼풀이었습니다.

"맞아. 잘 찾았구나. 그럼 우리 괭이밥과 토끼풀은 어떤 점이 다른지 이야기해볼까요?"

고양이가 먹는 구급약이라고?

지난 번에 배웠던 토끼풀과 오늘 배우게 될 괭이밥은 재미있게도 동물 이름이 들어가 있습니다. 처음에는 아이들에게 동물 이름이 들어가있다고 하니 '토끼'는 알겠는데, '괭이'는 모르겠다는 반응이 많았습니다. '괭이'는 '고양이'을 일컫는 말이라고 알려준 후 괭이밥의 이름 속에 담긴 뜻을 살펴봅니다.

"이 풀의 이름은 괭이밥입니다. 괭이는 고양이를 줄여서 부르는 옛말이에요. 그러니 괭이밥은 고양이의 밥이라고 볼 수 있겠죠. 옛날에 고양이가 배탈이 나면 이 식물을 먹는 것을 보고 조상님들이 이름을 괭이밥이라고 지었다고 해요."

아이들은 괭이밥의 이름 뜻을 알고 굉장히 재미있어 했습니다. 고래밥이 떠오른다며 이야기하고 'ㅇㅇ이 밥'이라며 친구의 이름을 따서 함께 웃기도 합니다. 고양이가 진짜 풀을 뜯어먹는지 궁금해하는 호기심이 많은 아이도 있었고, 괭이밥을 먹으면 진짜 고양이가 배탈이 나올 수 있는지 물어보기도 했어요.

"진짜 고양이가 풀을 뜯어 먹나요? 우리 집 고양이는 사료만 먹던데요?"

"옛날에 고양이를 밖에서만 기르던 시절에 고양이가 배탈이 나거나 설사를 하면 신기하게도 스스로 이 괭이밥을 찾아서 먹고 배탈을 고쳤다고 해요. 심지어 괭이밥은 해독 능력이 있어서 쥐가 많던 시절에 쥐약을 먹은 쥐를 잡아먹은 고양이가 시름시름 앓다가도 이 괭이밥을 찾아 먹고 나면 괜찮아졌다는 이야기도 있어요."

"고양이는 우리처럼 선생님한테 식물을 배운 것도 아닌데 괭이밥이 약인 줄 알고 먹었다는 게 신기해요."

"이 괭이밥은 우리들도 먹을 수 있어요. 잎을 뜯어서 살짝 씹어보면 신맛이 나요. 선생님이 아는 분 중 한 분은 배멀미가 심할 때 괭이밥 잎을 몇 개 따 먹고 한결 괜찮아졌다고 해요. 우리 친구들 중에서 한 번 먹어보고 싶은 사람?"

"선생님 저도 먹어보고 싶어요."

"농약이나 미세먼지 같은 위험이 있으니 먹을 수 있다고 해서 아무 곳에나 자라는 괭이밥을 함부로 따먹으면 안 돼요."

4. 숲속 빙고놀이

숲속 빙고놀이를 해보자!

나뭇잎 짝꿍과 함께 학교 주변에 있는 나뭇가지를 모아 빙고판을 만들었습니다. 나뭇가지를 이용해 빙고판을 만들 때 주변에 나뭇가지가 부족하다면 주변에 있는 돌멩이나 자연물을 이용하여 운동장에 그려서 활용해도 좋습니다. 빙고놀이에 괭이밥과 토끼풀을 넣어서 두 식물을 구분할 수 있게 해주면 좋습니다.

처음에는 간단하게 3X3 빙고판을 그려서 색깔 찾기를 진행하고, 그 다음 시간에 크기와 모양, 색깔을 모두 섞어서 만든 빙고놀이를 했습니다. 한 번 경험을 하고 나니 두 번째 시간에는 자연물에서 특징을 찾는 것을 어려워하지 않고 놀이에 참여할 수 있었습니다.

우리 학교 숲속에 정말 많은 자연의 보물들이 숨겨져 있지만, 진정한 보물은 자연을 사랑하는 마음을 지닌 우리 아이들이 아닐까 하는 생각이 들었습니다.

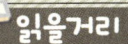 **읽을거리** 수업에 활용할 만한 숲과 관련된 동화책

봄 숲 놀이터 이영득 글, 보림, 2017

숲은 우리들 가까이에 친구같은 존재임을 알려주며 봄 숲에 피어있는 다양한 봄꽃을 소개하는 책

숲으로 가자! 김성범 글, 산솔수북, 2020

'숲으로 가자' 노래를 부르며, 당장 숲으로 갈 수 없을 때, 책 속의 그림으로 갖가지 나무와 동물, 곤충들을 자세하게 알아보는 그림책

괭이밥과 토끼풀 정희정 글, 좋은땅, 2012

기쁨과 행복의 꽃말을 가져다주는 괭이밥과 토끼풀을 살펴보는 그림책

PART 02 생태놀이수업의 실제

02 사랑과 희망을 담아드려요

▷ 『토끼풀과 괭이밥 구분하기』 2학년 2학기 국어(8. 나도 작가, 260~261쪽)
2학년 2학기 통합(계절, 42~43쪽)

▷ 교과 성취기준
- [2국03-02] 쓰기에 흥미를 가지며 자신의 생각이나 느낌을 문장으로 표현한다.
- [2즐03-02] 자연의 변화를 느끼며 놀이한다.

▷ 수업의 개요

구분	시간	내용	자료 및 참고사항
도입	10	[나는 누구일까요?] • 무늬를 가진 식물 찾아보기	
전개	65	활동1 토끼풀과 괭이밥 구분하기 • 토끼풀, 괭이밥 구분하기 • 토끼풀, 괭이밥의 닮은 점, 다른 점 찾기 활동2 사랑과 희망을 담은 메시지 • 사랑의 카드 만들기	가위, 작은 통, A4 용지, 검은색 하드보드지, 하얀색 젤 펜, 목공 풀
정리	5	[사랑의 카드 소개하기] • 토끼풀과 괭이밥을 이용하여 만든 사랑의 카드를 친구들에게 소개하기	

1. 나는 누구일까요?

'행복'과 '행운'의 뜻을 담은 토끼풀

학교 작은 정원을 산책하며 아이들과 토끼풀과 괭이밥에 대해 알아보기 활동을 하고 며칠이 지난 후 아이들이 내게 다가와 토끼풀에 대해 물었습니다.

"선생님, 왜 네 잎 토끼풀은 많이 없는 거예요?"

"맞아요. 오늘 학교 정원에 나가봐서 눈이 빠질 정도로 찾아봤는데, 네잎클로버를 못 찾았어요."

"정원 한쪽에 토끼풀은 전부 세 잎만 있던데요?"

오늘 수업을 시작하기에 앞서 아이들에게 토끼풀의 세 잎과 네 잎에 담긴 이야기를 들려주었습니다.

우리나라에서 흔하게 볼 수 있는 토끼풀은 3장의 작은 잎을 가진 세 겹 잎이지만 가끔 4장의 잎을 가진 잎을 보게 되는데 행운을 가져다준다고 믿는 사람들 때문에 도리어 '행복'의 의미를 담고 있는 세 겹 잎이 더 초라하게 느껴집니다. 프랑스 황제 나폴레옹이 전쟁터에서 발 아래 토끼풀 속에서 네 잎을 발견하고 고래를 숙여 잡는 순간, 적이 쏜 총탄이 머리 위를 스쳐 지나가서 목숨을 건졌다는 이야기가 전해지면서 네 잎 토끼풀이 행운을 상징하게 되었다고 합니다. 흔히 3장의 토끼풀은 '행복'을 4장의 토끼풀은 '행운'을 상징한다고 말하는데 우리는 어쩌다 발견하는 행운에만 집중한 나머지 일상 속에서 스쳐 지나가는 수많은 행복을 놓치고 있지는 않은지 생각해보게 하였습니다.

나를 자세히 들여다봐주겠니?

학교 작은 정원에서 아이들이 봤던 토끼풀은 잎에 무늬가 없었습니다. 아이들에게 사진을 제시하며 어떤 식물인지 물어보았더니 아이들은 토끼풀이 아니냐고 말하면서도 잎에 있는 무늬 때문에 조금 헷갈려합니다. 토끼풀도 왼쪽 사진처럼 무늬가 있는 잎을 가진 토끼풀도 있고, 아무런 무늬가 없는 토끼풀도 있습니다. 또 토끼풀 잎의 무늬를 자세히 관찰하면 무늬의 모양이 같은 것, 다른 것이 있다는 것을 볼 수 있습니다. 무늬가 같은 잎들은 줄기를 따라가면 모두 한 뿌리에서 나는 가족입니다. 가족의 얼굴이 비슷하듯 주변의 토끼풀이 모두 같은 무늬를 가지고 있다면 그건 토끼풀이 같은 가족이라는 것을 의미합니다.

무늬가 있는 토끼풀　　　　　　　　　　무늬가 없는 토끼풀

우리가 흔히 보는 토끼풀 꽃은 하얀색이 많지만, 붉은색 토끼풀도 있습니다. 붉은토끼풀은 우리가 알고 있는 토끼풀보다 조금 크고 붉은색의 꽃이 핍니다. 그리고 잎과 줄기에 털이 많고 잎 모양도 토끼풀에 비해 좀 더 길쭉합니다. 긴 꽃자루가 있는 토기풀에 비해 붉은토끼풀은 꽃자루가 거의 없고 줄기 또는 가지의 끝에 꽃이 핍니다. 아이들에게 붉은 토끼풀 꽃과 토끼풀 꽃을 실물로 보여주는 게 가장 좋지만, 학교 주변에서 붉은토끼풀을 찾을 수 없다면 사진으로 보여주는 것도 좋습니다. 이렇듯 비슷하면서도 다른 식물들이 우리 주변에는 많이 있습니다.

붉은 토끼풀　　　　　　　　　　토끼풀

교실에서 찾아보는 식물 이야기

아이들이 식물을 자세히 들여다볼 기회가 있었는지, 얼마나 많은 식물에 대해 알고 있는지 궁금하여 식물의 일부분만을 보여줬을 때 어떤 식물인지 알아맞히는 수업을 해보았습니다. 전자 칠판에 보이는 마우스를 따라 확대되는 식물을 보기 위해 아이들의 눈은 마우스를 따라 바삐 움직이기 시작했고, 아이들은 확실하지 않지만 자신이 생각하는 식물의 이름을 한 가지씩 이야기하기 시작했습니다.

"얘들아, 꽃을 전체가 아닌 부분만 보여주니까 어떤 꽃인지 잘 모르겠지?"

"선생님, 꽃만 보여주시는 거예요? 잎도 보여주세요."

"아니야. 식물들은 잎이 다 똑같이 생겨서 구분하기 더 어렵다고."

"그렇지 않아. 토끼풀 잎도 자세히 보면 잎의 가장자리가 뾰족뾰족하고, 괭이밥은 하트 잎을 가지고 있잖아. 그러니까 잎을 봐도 식물을 알 수 있어."

"아, 진짜 모르겠어요! 선생님, 힌트 더 주세요."

"여러분이 어려워하는 이유는 뭘까요? 평소에 우리가 식물들을 자세히 들여다볼 기회가 없어서 더 어려울지 몰라요. 우리 이번 시간에는 화면에 보여지는 식물들을 자세히 들여다보기로 해요. 이제부터 친구들과 협동하여 이 식물이 가진 특징을 한 가지씩 이야기해보며, 식물의 이름을 알아가기로 해요."

PPT를 준비할 때에도 학교에서 배웠던 식물이나 학교 안에서, 우리 마을에서 쉽게 볼 수 있는 식물들을 준비했습니다. 꽃을 중심으로 식물 알아맞히기 활동을 한다면 봄을 대표하는 식물을 중심으로 수업을 진행하셔도 좋습니다. 아이들과 수업을 해보니 아이들은 대부분 가장 먼저 눈에 띄는 꽃으로 식물의 이름을 기억하는 경향이 있었습니다.

예쁜 꽃으로 식물의 이름을 기억해주는 것도 좋지만, 우리 주변의 식물들은 다양한 무늬와 모양을 가진 잎을 가지고 있으니 한 번쯤 자세히 들여다보는 것은 어떨까요?

 2. 토끼풀과 괭이밥 구분하기

난 하트 잎을 가지고 있어! 나의 사랑을 받아줘!

토끼풀과 괭이밥을 구분하기 활동에 앞서 아이들과 함께 학교 정원으로 나가 토끼풀과 괭이밥을 찾아보고 준비했습니다. 처음에 아이들에게 토끼풀과 괭이밥의 잎, 꽃을 모둠별로 모아오라고 했더니 한 주먹씩 마구 뜯어 담기에 여념이 없습니다. 마구 뜯다 보니 땅속에 뿌리내리고 있던 땅줄기까지 우수수 따라 올라와버리는 불상사가 일어나기 쉽습니다.

아이들의 손이 조그만하더라도 작은 토끼풀과 괭이밥 잎, 꽃을 한 송이씩 따기에 버거울 수 있으니 작은 가위와 담을 수 있는 통을 준비하면 좋습니다. 가위를 사용할 경우 잎, 꽃자루가 너무 짧아 손을 다칠 수 있기에 안전교육을 실시하여야 합니다. 잎과 꽃을 따기 어려워한다면, 태블릿 PC나 스마트폰을 이용하여 사진을 찍어 수업시간에 활용해도 좋습니다.

　　괭이밥 잎　　　　토끼풀 잎　　　　괭이밥 꽃　　　　토끼풀 꽃

준비된 토끼풀과 괭이밥을 교실로 가지고 들어와 하얀 종이 위에 통 속에 담겨진 토끼풀과 괭이밥을 쏟아 구분하고 관찰하기 활동을 시작했습니다. 모둠별로 이야기를 나누며 자신이 생각하는 '토끼풀'과 '괭이밥'이 무엇인지, 토끼풀과 괭이밥이 무엇인지 정확하게 알고, 토끼풀과 괭이밥에 특징에 대해 이야기를 나누었습니다.

"선생님, 토끼풀은 둥그런 잎을 가지고 있어요."

"괭이밥은 하트 잎이에요. 하트!"

"선생님, 제 사랑을 받아주세요!"

"토끼풀은 하얀색 꽃이고, 괭이밥은 노란색 꽃이에요."

토끼풀과 괭이밥의 차이점이 눈에 보이는 아이들은 저마다 다른 목소리로 자신의 관찰한 내용들을 봇물처럼 쏟아냅니다. 관찰한 토끼풀과 괭이밥을 아이들과 이야기를 나누며 그림으로 그려보는 활동도 해보았습니다. 물론 특징만을 담아본 것이기에 과학적인 사실과는 다를 수 있다는 점은 비밀입니다.

3. 사랑과 희망을 담은 메시지

'행복과 행운'의 의미를 담고 있는 토끼풀, 하트 모양의 잎을 간직한 괭이밥의 의미를 담아 사랑과 희망을 메시지 카드를 만들어보았습니다. 모아온 토끼풀과 괭이밥의 싱싱함이 오랜 시간 지속되기 어렵기 때문에 빠른 시간 안에 활동할 수 있도록 안내하며, 토끼풀과 괭이밥의 지속력을 높이기 위해서 목공 풀이나 딱풀을 사용하기보다 스프레이 풀을 사용하면 좋습니다.

검은색 도화지는 약 13cm×13cm로 준비하고 하얀색 젤 펜으로 사랑과 희망을 담은 메시지를 꾸며보았습니다. 검은색 도화지와 하얀색 젤 펜 준비가 어렵다면 다른 색상의 색지와 채색도구를 사용해도 무방합니다.

먼저, 자신이 누구에게 사랑과 희망의 메시지를 전할 것인지 생각해보고 이야기를 나누었습니다. 아이들이 말하는 사랑과 희망의 메시지를 전하고 싶은 사람은 아픈 엄마, 학원과 공부 때문에 스트레스 받고 힘들어하는 언니, 생일인 친구, 밤하늘의 멋진 달이 되고 싶은 자신이었습니다. 아이들의 메시지 카드가 어떻게 나올지 무척 기대됩니다. 물론 한글을 모르는 아이가 있다면 자음, 모음, 낱자, 자신의 이름, 또는 그림으로 표현해도 좋습니다.

대상이 정해진 후에는 괭이밥과 토끼풀을 검은색 도화지 위에 올려놓고 자리 배치를 합니다.

모든 작품이 끝난 뒤 알게 된 사실이지만, 하루가 지난 뒤 목공 풀이 잘 붙지 않은 괭이밥과 토끼풀 잎은 금새 말라 비틀어져서 아이들이 무척 실망했답니다. 이 점도 참고하면 좋을 것 같습니다. 교실에 놓여진 태블릿 PC를 활용하여 좋은 문장을 찾아, 혹은 자신이 전하고 싶은 마음을 글과 그림으로 표현하였습니다.

> 메시지 카드 만들기

❶ 검은색 도화지에 자신이 원하는 자리에 배치합니다.

❷ 자리 배치가 끝나면 목공 풀, 스프레이 풀을 이용하여 떨어지지 않게 잘 붙여줍니다.

❸ 목공 풀이나 스프레이 풀을 이용하여 붙이는 활동 후 하얀색 젤 펜으로 사랑과 응원의 메시지를 작성합니다.

PART 02 생태놀이수업의 실제

03 꽃밭에서 선물을 나눠요

▷ 『진짜 1학년이 되었어요 꽃 선물 나누기』 1학년 1학기 통합(학교, 94~95쪽)
　　　　　　　　　　　　　　　　　1학년 1학기 수학(비교하기, 92~93쪽)

▷ 교과 성취기준

- [2슬01-01] 학교 안팎의 모습과 생활을 탐색하며 안전한 학교생활을 한다.
- [2즐01-01] 즐겁게 놀이하며, 건강하고 안전하게 생활한다.
- [2수03-06] 구체물의 길이, 들이, 무게, 넓이를 비교하여 각각 '길다, 짧다', '많다, 적다', '무겁다, 가볍다', '넓다, 좁다' 등을 구별하여 말할 수 있다.

▷ 수업의 개요

구분	시간	내용	자료 및 참고사항
도입	10	**[첫 한 달 돌아보기]** • 기억에 남는 일에 대해 이야기 나누기	
전개	60	**활동1 배운 내용 떠올리기** • 친구들과 함께한 놀이에 대해 이야기 나누기 • 친구와 사이좋게 지내는 방법에 대해 이야기 나누기 **활동2 토끼풀로 마음을 전하는 선물 만들기** • 적당한 토끼풀 줄기의 길이 생각해보기 • 적당한 길이의 토끼풀을 찾기 • 토끼풀로 꽃반지, 꽃팔찌, 화관 만들기	
정리	10	**[자연과 친구를 사랑하는 마음 나누기]** • 내가 만든 꽃반지, 꽃팔찌를 친구에게 선물하기 • 자연의 아름다움에 대해 이야기 나누기	

1. 자연에서 배우는 아이들

자연에서 배워요

모든 아이들은 예술가이며 자연은 아이들의 예술적 감수성을 펼칠 수 있는 수많은 재료로 가득 차 있습니다. 그러나 아이들이 커갈수록 자신은 미술에 소질이 없다고 생각하며 미술 활동을 어렵게만 생각합니다. 고등학생 때 그린 풍경화를 보신 미술 선생님께서 "넌 도대체 뭘 그린 거니?"라고 하신 말씀을 듣고 좌절했던 기억이 납니다.

주어진 재료로 똑같이 그리거나 만드는 것이 미술의 전부는 아닙니다. 그래서 아이들이 자연을 보며 즐거워하고 자연물로 자신의 느낌과 생각을 마음껏 표현하며 즐거워할 수 있도록 수업을 구성해보았습니다.

아이들이 입학하고 한 달 정도가 지난 뒤 학교에서 안전하고 즐겁게 생활하기 위해 배운 내용을 떠올리고 친구들과 서로 진짜 1학년이 된 것을 칭찬해주며 왕관과 목걸이를 만들어주는 활동입니다. 한 번만 쓰고 버려지는 색종이보다 학교 주변에서 쉽게 볼 수 있고 훨씬 예쁜 토끼풀 꽃으로 반지, 팔찌 등을 만들어 친구에게 선물하며 서로 칭찬하고 격려하는 마음을 나누어볼 수 있도록 했습니다.

 ### 2. 토끼풀로 마음을 전하는 선물 만들기

토끼풀 줄기의 길이는 어느 정도가 좋을까요?

추운 겨울이 지나고 날씨가 풀리면서 아이들과 학교 화단으로 꽃구경을 갑니다. 하얗고 노란 예쁜 꽃들이 가득 피어있어서 우리 마음도 덩달아 둥실둥실 피어납니다.

"얘들아, 우리 토끼풀로 반지랑 팔찌 만들어서 친구에게 선물해보자."

"네! 좋아요!", "선생님! 팔찌 만들기 어려워요!"

"왜 만들기 어려울까?"

"토끼풀이 너무 짧아요."

아이들은 반지도 간신히 만들 수 있을 정도로 짧은 토끼풀을 가지고 팔찌를 만들겠다며 실랑이를 합니다. 원하는 대로 만들어지지 않는다며 짜증을 내기도 합니다.

 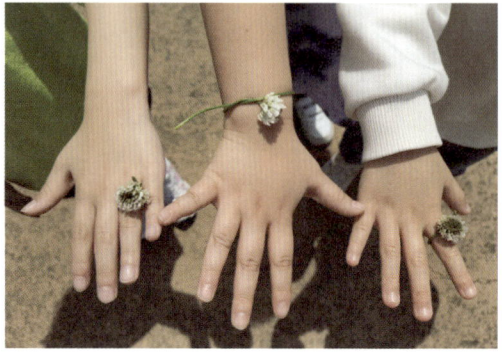

이때 수학 '비교하기' 단원과 연계하여 지도하면 좋습니다. 토끼풀의 길이가 무엇보다 길어야 팔찌, 반지를 만들 수 있는지 이야기를 나누어보면 어떨까요? 대신 수학 '비교하기' 단원은 시기상으로 통합교과 '학교'와 진도가 맞지 않을 수 있습니다. 이럴 때는 단원 학습 순서를 바꾸어 수학 '비교하기' 단원을 먼저 시작해도 좋습니다.

"토끼풀 꽃을 어디에 둘러야 팔찌가 되는 걸까?"

"팔에 둘러요!", "손목에 둘러야 돼요."

"그렇지, 손목에 두른 뒤에 묶어야 해. 그렇다면 토끼풀 잎자루가 길어야 좋을까, 짧아야 좋을까?"

"길어야 돼요."

"맞아. 길어야 나중에 묶을 때 잘 묶을 수 있지. 그렇다면 얼마큼 길어야 좋을까?"

"손목에 두를 수 있을 만큼 길어야 해요."

적당한 길이의 토끼풀을 찾아봐요.

손 뼘, 종이띠, 끈 등을 이용해 손목의 둘레보다 더 긴 토끼풀을 찾아보게 합니다. 친구에게 선물할 꽃반지, 팔찌를 만들기 위해 친구의 손목 둘레보다 긴 토끼풀 잎자루를 찾아본 후 실제로 친구 손목에 대어보며 제대로 찾았는지 확인해보는 것도 좋은 활동입니다.

"손목에 둘러서 묶어야 하기 때문에 손목보다 긴 토끼풀을 찾아보자. 끈이나 종이띠를 대보면 토끼풀을 꺾지 않고도 잎자루가 긴 것을 찾을 수 있어. 어떻게 하면 될까?"

"끈을 손목 둘레만큼 자른 다음에 그것보다 긴 토끼풀을 찾으면 돼요."

교사가 미리 준비한 끈이나 종이띠를 아이들의 손목에 맞춰 잘라준 다음 그것보다 긴 잎자루를 찾아보게 합니다. 친구에게 선물할 팔찌를 만들기 위해서는 친구의 손목 둘레에 맞게 끈을 잘라야 한다는 것을 알려주는 것도 좋습니다. 처음에는 아무렇게나 토끼풀을 꺾고 길이가 짧으면 버리던 아이들이 긴 토끼풀을 구하기 위해 종이띠를 대보며 신중하게 길이를 비교하는 활동을 하게 됩니다.

토끼풀로 꽃반지, 꽃팔찌 만들기

토끼풀 꽃반지는 잎자루의 길이만 조절하면 꽃팔찌가 됩니다. 토끼풀 꽃 바로 아래쪽 잎자루를 손톱을 이용해 반으로 쪼갠 뒤 다른 토끼풀 잎자루를 끼워 넣으면 됩니다. 하지만 의외로 잎자루를 반으로 쪼개는 것은 쉽지 않습니다. 틈을 벌리려다가 잎자루가 찢어지는 경우가 많아서 만들기 어렵다면 아래에 제시된 두 번째 방법으로 만드는 것도 좋습니다.

토끼풀 꽃반지, 꽃팔찌 만들기 1

❶ 토끼풀 잎자루의 가운데를 손톱으로 쪼갭니다.

❷ 가운데 구멍에 다른 토끼풀을 끼워줍니다.

❸ 손가락이나 손목에 맞추어 잎자루를 서로 묶어서 완성합니다.

토끼풀 꽃반지, 꽃팔찌 만들기 2

❶ 토끼풀 잎자루를 1~2번 꼬아서 고리 모양으로 만듭니다.

❷ 손가락이나 손목에 끼우고 잎자루를 잡아 당겨서 조여줍니다.

❸ 남은 토끼풀 잎자루의 끝을 잘라냅니다.

토끼풀로 화관 만들기

화관은 1학년 학생들이 만들기에 어렵습니다. 그래서 첫 번째 방법으로 선생님이 시범을 보여주면 조금 쉽게 만들 수 있습니다. 머리카락을 땋을 줄 아는 학생이 있다면 두 번째 방법으로 도전해봅시다.

아예 머리 둘레의 길이보다 길게 엮어서 목걸이를 만들어 걸어보아도 아이들이 즐거워합니다. 꽃자루 3개로 머리카락을 땋듯이 엮은 것을 2개 만들어 연결해주면 토끼풀 안경도 만들 수 있습니다.

이때에도 길게 엮은 토끼풀 잎자루들로 길이를 비교하는 활동을 해 보면 어떨까요? 화관으로 만들 때, 목걸이로 만들 때 토끼풀 엮은 것의 길이가 머리 둘레보다 길어야 할지 짧아야 할지 이야기를 나누며 길이를 비교할 수 있습니다.

토끼풀 화관 만들기 1

❶ 토끼풀 몇 가닥을 한 번에 잡습니다.

❷ 새로운 토끼풀의 잎자루로 한 바퀴 감아서 처음 잎자루들과 함께 잡습니다.

❸ 계속 반복해서 새로운 토끼풀 잎자루로 한 바퀴 감아줍니다.

❹ 원하는 길이가 나오면 토끼풀로 매듭을 지어 완성합니다.

토끼풀 화관 만들기 2

❶ 머리를 땋는 것처럼 토끼풀 3개를 잡습니다.

❷ 가장 오른쪽으로 나온 줄기 위에 새로운 토끼풀을 얹어줍니다.

❸ 2개의 줄기를 가운데로 옮깁니다.

❹ 가장 왼쪽으로 나온 줄기 위에 새로운 토끼풀을 얹어줍니다.

❺ 새로운 토끼풀을 얹은 줄기 2개를 가운데로 옮깁니다.

❻ 가장 오른쪽으로 나온 줄기 위에 새로운 토끼풀을 얹어줍니다.

❼ 새로운 토끼풀을 얹은 줄기 2개를 가운데로 옮깁니다.

❽ 새로운 토끼풀을 얹어가며 ❹~❼번을 반복한 뒤 토끼풀로 매듭을 묶어주면 완성됩니다.

자연과 친구를 사랑하는 마음 나누기

친구와 서로 토끼풀 꽃팔찌, 꽃반지를 만들어 선물해보며 따뜻한 마음을 나누어보는 활동을 했습니다. 선생님이 만들어주신 화관을 쓰고 서로 사진도 찍어보며 즐거운 시간을 보냅니다. 친구와 사이좋게 지내고 싶은 마음, 친구를 좋아하고 사랑하는 마음처럼 우리 주변에서 쉽게 볼 수 있는 흔한 식물의 아름다움을 새롭게 느끼고 아끼는 마음이 자라나지 않을까요?

이런 활동도 있어요

식물의 아름다움을 활용할 수 있는 활동은 많이 있습니다. 손수건 위에 여러 가지 색깔의 꽃잎, 잎사귀 등을 올려놓고 비닐이나 OHP 필름으로 덮은 다음 방망이나 수저, 돌맹이 등으로 두드리며 물들이기를 할 수 있습니다. 또 토끼풀 꽃이나 잎에 물감을 묻혀 도화지에 찍어보면 꽃과 잎 모양이 새롭게 느껴집니다.

 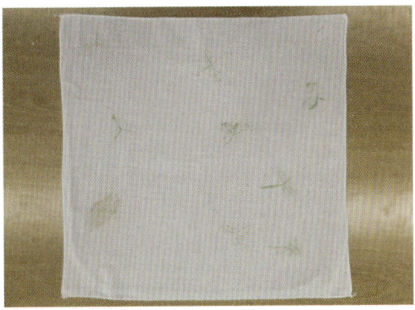

04 팡팡 터지는 괭이밥 씨앗

▷ 『괭이밥 씨앗 폭탄 만들기』 2학년 1학기 통합(자연, 26~27쪽)

▷ 교과 성취기준
- [2즐01-04] 우리를 둘러싼 자연의 아름다움을 감상한다.
- [2바01-04] 생태환경에서 더불어 살기 위해 노력한다.

▷ 수업의 개요

구분	시간	내용	자료 및 참고사항
도입	20	**[괭이밥 페이스 페인팅]** • 학교 화단에서 괭이밥 찾아보기 • 괭이밥 잎으로 페이스 페인팅하기	핸드크림
전개	40	**활동1** 톡톡톡 터지는 괭이밥 씨앗 • 괭이밥 열매 찾아보기 • 괭이밥 씨앗이 터지는 모습 관찰하기 **활동2** 씨앗 폭탄 만들기 • 종이컵과 풍선을 활용해 씨앗 폭탄 만들기 • 누가 누가 멀리 날리나 겨루기	괭이밥 씨앗 터지는 장면 [QR코드]
정리	20	**씨앗의 소중함 이야기 나누기** • 그림책 「씨앗 100개가 어디로 갔을까」 함께 읽기 • 내가 날린 씨앗은 어떻게 될지 이야기해보기	그림책 「씨앗 100개가 어디로 갔을까」

1. 괭이밥 페이스 페인팅

괭이밥 잎을 얼굴에 붙여요!

저학년 친구들이 가장 흥미를 갖고 생태수업에 참여할 수 있는 방법이 무엇일까요? 앞에서 설명을 듣는 것보다는 직접 만져보는 활동으로 이루어진 수업을 아이들이 가장 즐거워하고 오래 기억한다는 것에 모두 이견이 없을 겁니다. 학교 주변에서 흔히 볼 수 있는 식물 중에 아이들이 보고, 직접 만지며 의미 있는 생태 활동을 할 수 있는 딱 알맞은 식물이 있습니다. 바로 괭이밥입니다. 얼핏 보면 토끼풀과 비슷해 보이는 이 식물이 우리 아이들에게 보는 재미와 만지는 재미를 줄 수 있습니다.

우선 아이들과 학교 앞 화단과 운동장으로 나가 괭이밥을 찾아봅니다. 고양이가 배탈이 나면 먹는 식물이라 괭이밥이라는 이름을 갖게 되었다고 하면 아이들이 신기해하며 한층 더 관심을 갖고 찾아봅니다.

하트 모양의 괭이밥 잎은 야외활동 시간 중에 아이들 뺨에 붙였다가 나중에 떼어내면 잎 모양의 예쁜 페이스 페인팅이 되기도 합니다.

"선생님 움직이니까 괭이밥 잎이 자꾸 떨어져요."

"수업시간 동안 잘 붙어 있게 하는 방법이 있지."

얼굴에 잘 붙지 않으면 핸드크림을 준비했다가 살짝 발라서 붙이면 한결 잘 붙습니다.

"핸드크림을 조금 짜서 옆의 친구 얼굴에도 잎을 하나 붙여주세요"

"친구 얼굴이 하트로 가득찼어요"

아이들이 내 얼굴에 하나, 친구 얼굴에 하나 괭이밥 잎을 사이좋게 붙이다 보면 괭이밥 잎이 하트 모양이라는 것도 자연스럽게 익히게 되고 수업 후에 떼어내었을 때 생기는 얼굴의 하트 모양을 보며 서로 신기해하는 모습을 볼 수 있습니다.

2. 톡톡톡 터지는 괭이밥 씨앗

팝콘처럼 터지는 괭이밥 씨앗

화단과 운동장에서 괭이밥을 살펴보는 시간이 보는 즐거움의 생태수업이었다면 이번에는 드디어 아이들에게 만지는 즐거움을 안겨줄 시간입니다.

아이들이 찾아낸 괭이밥 중 열매가 충분히 익은 괭이밥 열매를 손으로 살짝 만져주면 팝콘처럼 톡톡 튀어나가는 씨앗의 모습을 볼 수 있습니다. 괭이밥을 자세히 살펴보면 기다란 모양의 씨방을 확인할 수 있습니다. 씨방은 콩 꼬투리와 흡사한 모양이라서 쉽게 찾을 수 있습니다. 충분하게 익은 씨방을 손으로 건드리면 씨방이 터지면서 씨앗이 널리 퍼져나갑니다. 씨앗은 손을 가까이 대고 있으면 팝핑 캔디가 입 안에서 터지는 것과 같은 감촉을 손으로 느껴볼 수 있습니다.

"괭이밥 씨앗은 왜 만지면 팝콘처럼 튀어나갈까요?"

"씨앗을 멀리 멀리 퍼뜨려서 괭이밥 친구들을 많이 많이 만들려고 그러는 것 같아요."

"맞아요. 여러분 바다의 큰 배 위에 멋진 전투기들이 이륙하고 착륙하는 모습을 영화나 인터넷에서 본 적 있나요?"

"항공모함이요! 전쟁 영화에서 봤어요."

"항공모함에서 비행기가 하늘로 멀리 튀어나가는 것도 바로 이 괭이밥 씨앗이 퍼지는 모습과 아주 비슷하다고 해요."

괭이밥 열매는 익어가는 동안 안쪽과 바깥쪽의 성장속도가 달라서 압력 차이가 생긴다고 합니다. 그래서 열매가 충분히 익었을 때 팽팽해진 열매를 건드리면 압력을 이기지 못하고 터지면서 씨앗이 여기저기로 날아가게 됩니다. 과학에서는 이를 캐터펄트(Catapult)

원리라고 합니다. 짧은 거리에서 비행기를 이륙시키기 위해 고압의 압축공기를 이용하는 항공모함도 이와 같은 원리를 사용하고 있습니다.

아이들과 팝콘처럼 터지는 괭이밥을 체험해보려면 선생님이 미리 준비를 해두어야 하는 점이 있습니다. 수업 중에 씨앗을 날릴 준비가 되어있는 열매를 찾기 힘들 수 있으니 수업 전에 선생님이 미리 화단을 둘러보며 씨방이 적당하게 익었는지 살펴보는 것이 좋습니다. 보통 6~7월 즈음 씨방의 색이 누런빛을 띠면 씨앗을 퍼뜨릴 준비가 되었다고 보면 됩니다. 아이들과 괭이밥 씨방을 손가락으로 하나씩 건드려가며 터지는 씨방을 찾아보는 것도 소풍 때 보물찾기 하는 것 같은 재미있는 활동이 될 수 있습니다.

씨앗 폭탄 만들기

씨앗을 멀리 날리기 위해 씨방을 터뜨리는 괭이밥처럼 아이들이 직접 씨앗을 멀리 멀리 날려보는 씨앗 폭탄 놀이도 함께하면 한층 수업이 즐거워지고 식물의 번식 전략도 이해해 볼 수 있습니다. 시기에 맞는 야생화 씨앗과 종이컵, 고무풍선, 테이프만 있으면 간단하게 만들 수 있습니다.

저학년 학생들은 종이컵 밑부분 자르는 단계가 위험할 수 있으니 선생님이 미리 밑부분이 잘린 종이컵을 준비해두었다가 만들기를 진행하는 것이 좋습니다. 또 고무풍선을 너무 세게 잡아당겨 장력을 크게 하면 위험한 상황이 발생할 수도 있으니 미리 주의를 주는 것이 좋습니다.

"우리도 괭이밥 씨앗처럼 씨앗 폭탄을 만들어서 여러 씨앗을 우리학교 화단에 뿌려보려고 해요. 여러분이 날려보내고 싶은 씨앗을 골라 씨앗 폭탄에 담고 폭탄을 발사해 봅시다. 대신 절대 친구 몸이나 얼굴을 향해서 발사하면 안 돼요. 작은 씨앗이지만 맞으면 위험할 수 있어요"

씨앗 폭탄 만드는 법

❶ 풍선의 주입구를 묶습니다.

❷ 풍선의 가장 넓은 부위를 가위로 자릅니다.

❸ 종이컵의 밑부분에 구멍을 만들어줍니다.

❹ 풍선의 자른 부위는 종이컵에 끼워 넣습니다.

❺ 풍선과 종이컵의 연결 부위에 투명 테이프를 붙입니다.

❻ 종이컵에 다양한 씨앗을 넣어 발사합니다.

화단에 3~4명씩 일렬로 서서 누가 누가 씨앗을 멀리 날리나 시합을 해도 재미있고, 동그라미를 그려넣고 누가 씨앗을 정확히 많이 넣는지 겨뤄봐도 즐거운 활동이 될 수 있습니다.

"선생님 제가 날린 해바라기 씨앗이 어디로 날아갔는지 찾을 수가 없어요."

"제가 날린 코스모스도 마찬가지예요."

"자연 속에서도 씨앗들은 자기 뜻과는 상관없이 이곳저곳으로 날아가 여행을 해. 그중 몇몇 씨앗을 자리를 잡고 멋진 꽃을 피우기도 하지만 나머지 씨앗은 새가 물어갈 수도 있고 비가 오면 빗물에 쓸려가버릴 수도 있어."

읽을거리 — 폭발하는 괴력을 가진 괭이밥의 씨앗

항공모함의 좁은 활주로에서 전투기가 날아가는 모습을 본 적이 있습니다. 수증기의 압력으로 전투기를 쏘아올리는 기술을 '캐터펄트(Catapult)'라고 하는데 이 캐터펄트 시스템은 괭이밥이 씨앗을 날려 보내는 방법과 비슷합니다(이나가키 히데히로 '풀들의 전략'). 로켓 원리와 항공모함에서 활주로 없이 전투기를 쏘아 올리는 아이디어를 괭이밥에서 얻었다고 합니다.

꽃이 지고 1~2cm 길이의 열매가 열립니다. 원통 꼬투리가 익어 건조해지면 5줄의 봉합선이 터지며 수백 개의 씨가 사방으로 튀어나갑니다. 2m까지 날아가는 씨도 있다고 합니다. 1mm도 안 되는 작은 씨가 2cm도 안 되는 꼬투리에서 2000배 거리를 날아간다는 사실이 참으로 대단합니다. 열매 꼬투리 안에 발사 장치가 있나 봅니다. 봉숭아 씨앗처럼 꼬투리가 뒤틀리면서 씨들이 튀어나오는 것과는 다릅니다.

괭이밥 꼬투리 안에는 수십 개의 씨들이 줄지어 들어있습니다. 씨들은 흰색이었다가 다 익으면 갈색이나 진한 고동색으로 변합니다. 각각의 작은 씨 하나에는 흰 주머니가 겉을 감싸고 씨를 품고 있는데 흰 주머니의 바깥은 더디게 자라고 안쪽 껍질은 세포 분열이 활발하여 씨앗과 함께 계속 자라납니다. 이렇게 안쪽과 바깥쪽의 성장이 달라지면 씨앗의 안쪽 압력이 점점 커지게 됩니다. 압력을 견디기 어려운 최대치가 되었을 때 안쪽부터 터지는데 이어 바깥쪽 껍질이 갈라지면서 뒤집어지고 그 압력으로 괭이밥의 씨들이 사방으로 튕겨나가게 되는 것입니다. 더욱 놀랍게도 괭이밥 씨가 더 멀리 가서 살도록 씨앗 표면에 접착물질을 발라 압력에 의해 튀어 나간 씨들이 다른 동물의 털이나 사람의 옷에 붙을 수 있도록 한답니다.

읽을거리 씨앗 100개가 어디로 갔을까?

학교 화단 곳곳에 펑펑 날린 씨앗은 어떻게 될까요? 한바탕 씨앗 날리기 놀이를 마친 후 교실로 돌아와 「씨앗 100개가 어디로 갔을까」라는 그림책을 아이들에게 읽어주어도 좋습니다. 이 그림책은 씨앗 100개 중 10개는 도로 한복판에, 20개는 강에 빠지기도 하고, 몇 개는 바위 위로 날아가는 등 세상 곳곳으로 흩어지고 그 후 씨앗의 이야기를 담은 책입니다.

처음에 제목을 읽고 함께 씨앗들이 어디로 갔을지 상상해보고 물음에 답해보도록 하며 책에 대한 궁금증을 높였습니다. 책을 모두 다 읽고난 후에는 우리가 학교 곳곳에 날린 씨앗은 어디로 가고 어떻게 될까라는 물음을 던졌습니다. 아이들은 각각 자신들이 날려보낸 씨앗을 떠올리며 "운동장에 놀러오는 강아지 다리를 타고 여행을 할 것 같아요", "내일 비가 오면 빗물에 내려 갈 것 같아요", "시간이 지나서 꽃을 피울 것 같아요" 등의 대답을 했습니다. 재치있는 대답들도 많이 나와서 그림으로 그리고 친구들에게 설명하는 시간을 갖기도 했습니다.

활동이 마무리된 후에는 우리가 이렇게 날려보낸 씨앗도 자리에서 뿌리를 내리고 꽃을 피우기 위해 노력을 하고 있다는 것과 우리가 직접 보고 만져본 괭이밥도 그렇다는 것을 알 수 있게 해주었습니다. 식물은 많은 씨앗을 퍼뜨리지만 그 씨앗이 싹을 틔울 수 있는 확률은 작다는 것을 알려주는 것도 생태교육에서 중요합니다.

글을 마무리하며

이동규

과학교육원 교육연구사 시절 '학교로 찾아가는 생태해설'이라는 프로그램을 운영하면서 선생님들이 생태수업을 많이 어려워 한다는 것을 알게 되었습니다. 선생님들은 대부분 식물에 대해 잘 모르거나 관심이 없는데, 밖에 나가는 것 자체를 즐거워하고 식물과 함께 놀며 행복해 하는 학생들의 모습을 보며 많은 생각을 했습니다.

나름대로 고민하면서 숲해설가 자격을 취득했고 학생들에게 학교 안에 있는 풀과 나무로 생태이야기와 놀이를 해주는 기회를 많이 가졌습니다. 그러던 중 사회적으로 기후위기와 생태전환교육에 대한 관심이 높아지면서 학교 안에도 생태학습장과 학교숲을 조성하는 곳이 많아졌습니다. 학교 안 생태수업에 대한 수요가 많아지는 시기에 함께 자주 산에 오르던 분들과 함께 선생님들에게 조금이라도 보탬이 되고자 하는 마음으로 생태놀이수업 전문적 학습공동체를 만들어 책출판에 도전하게 되었습니다.

생태전환교육에 대한 중요성이 강조되는 요즘, 기후위기와 생태교육의 접점을 잘 찾아가는 교육이 이루어졌으면 하는 생각을 많이 합니다. 공진화하는 식물 세계를 바라보며 '우리도 서로 선순환적인 공존을 해야 하지 않을까?' 하는 생각과 함께 생태계에서 하나의 존재로서 서로 존중하고 배려하며 자연과 더불어 살아가는 우리들이 되기를 바랍니다. 학생들과 자연에서 함께하는 시간들이 얼마나 소중하고 재미가 있는지 함께 느껴 보는 기회가 될 수 있으면 좋겠습니다.

김전옥

20년 넘게 아이들을 가르치는 교사로 지내다가 이제는 관리자가 되었습니다. 자신감 넘쳤던 교사 시절과 달리 여기저기 눈치를 봐야하고 뭐든 조심스러워지는 나를 발견하곤 합니다. 세상을 보는 눈이 이전과 많이 달라졌고 어떻게 살아가야 하는지 고민하는 과정에서 찾아온 책 출판 기회는 내 인생에 내려온 금동아줄이었습니다.

산과 나무를 좋아하는 저에게 숲해설가가 되어 보라고 하는 분이 있어서 숲 해설가가 되기 위해서 무엇이 필요한지 찾아본 적이 있습니다. 어떤 숲해설가는 자기 삶이 행복해야 하고, 자연에서 즐거워야 한다고 말하더군요. 이 조건이라면 자신있게 그렇다고 말할 수 있습니다. 아직 숲 해설가로 불리기는 어렵지만 벌써 두 가지 조건을 갖추고 있으니 언젠가 숲에서 자신있게 떠들 수 있지 않을까요?. 그 첫걸음이 나에게는 이 책이 될 수도 있을 것입니다.

밤 늦게, 또는 휴일에 8명의 선생님들과 모여서 의견을 모으고 고민을 해결하면서 지냈던 시간들이 쉽지 않았지만 오래 기억에 남을 것입니다. 혼자나 둘이었다면 불가능했을 거예요.

이 책이 풀과 나무, 숲에 관심이 있는 선생님들이 자신있게 생태 수업을 시작할 수 있도록 도와 주었으면 좋겠습니다. 할까 말까 망설이는 누군가에게 작은 불씨가 되었으면 합니다. 작은 풀, 나무에서 시작해 이 지구까지 사랑하는 아이들로 자라날 수 있도록 모두의 관심을 기울이는 기회가 되기를 희망합니다.

남미혜

저의 버킷리스트 열 가지 중 맨 마지막이 '책 쓰기'였습니다. 책 쓰기를 가장 마지막에 넣은 이유는 너무 어려울 것 같고 이루기에 너무 막연해서였지요. 버킷리스트 첫 번째, '한국의 100대 명산 등산하기'는 현재 51좌 달성으로 아직 반이나 남았는데 어쩌다가 열 번째를 먼저 이루게 된 셈입니다. 느티나무놀이터에서 놀다보니 '어쩌다' 책 쓰기까지 하게 되어 나름 뿌듯해하고 있습니다.

느티나무놀이터 선생님들과 콘크리트와 플라스틱 가득한 도시를 벗어나 매월 한 번씩 산과 들에서 '초록 재충전'을 하는 시간은 정말 행복합니다. 그동안 느티나무놀이터에서 같이 놀아 준 느티나무 샘, 소나무 샘, 팽나무 샘, 주목 샘께 진심으로 감사드립니다. 그리고 책 출판 작업을 이끌어 주신 대표 샘, 촉촉한 아이디어를 주신 신입 회원 샘들 덕분에 놀이터의 놀잇감이 더 풍성해졌습니다.

다음 번에는 저도 '자작나무놀이터'를 만들어 자연 결핍이 있는 선생님들과 아이들을 초대하고 싶습니다.

윤관식

나의 첫 발령 시절, 아이들과 플라나리아를 찾아 나선 그때부터 지금까지 생태와 환경에 대해 관심을 갖고 생활하고 있습니다. 작은 생명체들을 관찰하며, 이름 모를 풀들에게 이름을 불러주고, 손으로 흙을 만지고 가꾸는 과정에서 자연이 주는 소중한 가르침을 매 순간 느낄 수 있었습니다. 그리고 자연 속에서 놀고 배우던 어린 시절을 떠올리며, 그것이 얼마나 큰 선물인지 깨닫게 되었습니다.

스마트폰과 컴퓨터가 없는 자연에서의 놀이가 얼마나 흥미로운지, 그리고 그 놀이가 얼마나 깊은 배움을 줄 수 있는지를 다시금 생각해 보게됩니다. 여러 선생님들과 함께 생태환경교육과 접목할 수 있는 생태놀이를 함께하게 되어 너무나 뜻깊은 시간이었습니다. 이 책을 통해 아이들이 작은 생명들과 자연을 바라보는 따뜻한 시선 갖도록 도와주는 시작이 되기를 바랍니다. 우리의 일상 속에서 생태와의 작은 연결들이 쌓여나갈 때, 이 지구는 조금 더 나은 곳이 될 것이라 믿습니다.

이주현

에필로그를 시작하기에 앞서 부족하지만 저와 함께 해주신 느티나무놀이터 선생님들, 책 쓰는 아내를 위해 열심히 외조해준 남편, 엄마의 첫 집필을 위해 열심히 도와준 건우, 현우에게 감사 인사를 전합니다.

아이들과 함께 하던 시간들이 길어지면서 나를 위한 '터닝포인트'가 필요하던 때, 생태놀이 책을 써보지 않겠냐는 권유를 받게 되었습니다. 나름 터닝포인트라고 생각했으나 하루 하루 지날 수록 다른 저자분들과 다르게 생태에 대해 많은 지식을 갖고 있지 않던 저에게는 또 다른 스트레스로 다가왔습니다. 물론 책 속에서 아이들과 함께 했던 생태 놀이를 에피소드 중심으로 풀어낼 때에는 저의 '작가'로서의 또 다른 면모를 보기도 했지만요.

이 책은 누군가의 거창한 수업 사례 이야기가 아닙니다. 저처럼 생태에 대해 많은 지식을 갖고 있지 않아도 아이들과 학교 숲, 화단에서 재미있는 생태 놀이를 할 수 있도록 기록하였습니다.

읽으시다보면 오탈자도 보이고, '무슨 이런 시시한 내용을 책이라 출판한거야?'라고 생각하실 수도 있겠지만, 저자들의 소중한 경험과 노하우가 담겨있으니 하루 중 10분의 시간을 할애하여 아이들과의 생태놀이 수업을 고민해보시면 어떨까요? 생태놀이를 하고 싶지만, 어떤 식물로, 어떻게 수업해야 할지 고민하고 계시는 선생님들께 이 책을 권해드립니다.

양수진

학교에서 아이들과 재미있게 생태 놀이를 하는데 도움을 줄 수 있는 책을 써 보자는 권유를 받았을 때는 참 쉽게 생각했습니다. '함께 하는 선생님들이 생태 전문가이시니까 나는 그분들이 하는 것만 잘 따라하면 될거야.' 그런데 막상 생태 놀이를 시작하려고 보니 막막했습니다. 준비물은 무엇인지, 언제 어떤 식물을 가지고 놀이를 해야 되는지, 내가 알고 있는 생태 지식이 맞는 것인지, 모든게 어려웠습니다. 과연 이래가지고 책은 커녕 글 한 줄이라도 쓸 수 있을지 걱정이 앞서던 제가 결국 책을 완성하고 에필로그를 작성하고 있습니다.

이 책은 저처럼 생태 놀이를 떠올리면 걱정과 두려움부터 드는 생태 초보자를 위한 책입니다. 잠깐 시간을 내어 학교를 한바퀴 둘러보신다면 학교 안에 이렇게나 많은 나무와 풀이 있었는지 또 자연물을 가지고 아이들과 얼마나 재미있게 놀 수 있는지 놀라실 겁니다. 저도 그랬으니까요.

우리 주변에 있는 식물에 관심을 갖고 자연을 아끼고 사랑하는 마음을 기르는데 이 책이 조금이나마 도움이 되었으면 좋겠습니다. 또한 생태 무식자였던 저를 즐거운 생태 놀이의 세계로 이끌어주신 느티나무놀이터 선생님들께 감사의 말씀을 전합니다.

오주영

도시 생활을 접고 이름처럼 한산한 한산면에 내려와 살면서 갖게 된 꿈 중의 하나가 사시사철 풀꽃과 함께하는 한적한 책방에서 좋은 사람들과 두런두런 이야기 나누는 것입니다. 내가 가꾸는 책방에 내 이름이 적힌 책을 한 켠에 둘 수 있다고 생각하니, 집필하는 순간 순간 힘들면서도 피식피식 웃음이 났습니다.

사실 자연을 좋아한다고 하면서도 뜨거운 햇볕이 싫고, 벌레도 싫어서 수업 시간에 야외에서 하는 생태 수업은 생각도 해보지 않았었습니다. 꽃 피지 않은 풀꽃은 그냥 모두 초록 풀이고, 잎을 떨군 나무는 그냥 모두 앙상한 나무로 보였습니다. 그랬던 제가 생태놀이수업을 소개하는 책을 썼으니, 이 글을 읽는 여러분은 최소한 저보다는 재미있는 생태놀이수업을 하실 수 있을 것이라 확신합니다.

이제는 봄, 여름, 가을은 물론 한겨울에도 소리 없이 생명을 이어가는 풀과 나무를 보며 언제든 밖으로 나가 한 두 시간은 재미있게 수업할 자신이 있습니다. 이름을 몰라도 하나 하나가 얼마나 소중한 생명이고, 신비로운 전략을 갖고 살아가고 있는지 알게 되었거든요.

자연이 주는 소중한 선물을 함께 나누며 바쁜 시간 쪼개어 열정으로 집필한 선생님들께 감사드리고, 이 책을 통해 학교 곳곳에서 풀과 나무를 바라보며 웃고 뛰노는 아이들의 모습이 많아지기를 소망해 봅니다.

문주현

생태수업의 베테랑이신 다른 저자 선생님들과 다르게 저는 책의 집필을 계기로 생태교육 분야에 첫 발을 내딛은 신출내기입니다. "생태교육을 처음 시작하는 선생님들을 위한 책이니 만큼 실질적인 도움이 되는 책을 만들려면 생태에 문외한인 선생님의 시각도 꼭 필요해" 라는 격려에 힘을 얻어 겁도 없이 생태교육의 숲에 뛰어들었습니다. 조금은 부끄럽지만 학교의 뒤뜰에 발에 채이게 많이 자라는 괭이밥을 인지하지 못하고 교장선생님께 "우리학교에 괭이밥이 어디 있을까요?"라고 물은 적도 있습니다. 보통 대부분의 선생님들은 '나는 나무와 풀에 대해 아는게 없어' 라며 생태수업에 대해 벽을 세우기도 합니다. 제가 책을 집필하며 느낀점은 교사가 풀과 나무에 대해 해박하게 아는 것도 중요하지만 보다 중요한 것은 그냥 무심결에 지나쳤던 풀과 나무에 관심을 갖고 그것을 어떻게 수업의 주제나 소재로 의미있게 녹여낼까 고민하는 자세인 것 같습니다.

학교에 가장 흔하게 보이는 식물부터 시작해보세요. 준비물이 필요없는 가장 간단한 수업부터 시작해보세요. 조금만 시각을 넓히면 우리 자연은 가장 훌륭한 교구가 될 수 있습니다. 부디 이 책이 생태수업을 시작하고자 마음 먹은 선생님들께 용기 한 스푼을 더해 줄 수 있는 책이 되길 바랍니다.

참고문헌

구분	제목	지은이(글쓴이)	연도 (발행시기)	출판사 (사이트명)
도서	생태와 평화교육을 위한 100시간 여행	인천광역시 교육청	2022	에듀니티
도서	쓰레기책 왜 지구의 절반은 쓰레기로 뒤덮이는가	이동학	2020	오도스
도서	조곤조곤 생태정의 이야기	박병상	2023	이상북스
도서	"생태전환교육, 학교에서 어떻게 할까?"	심지영	2023	살림터
도서	지금 시작하는 나의 환경수업	홍세영	2022	테크빌교육
도서	지구를 구하는 수업	양경윤 외	2023	케렌시아
도서	친절하고 쉬운 나무설명서 나무생태도감	윤충원	2016	지오북
도서	사계절 생태놀이	붉나무	2005	길벗어린이
도서	열두 달 자연놀이	붉나무	2008	보리
도서	붉나무네 자연놀이터	붉나무	2019	보리
도서	만화로 배우는 주제별 생태놀이	황경택	2009	황소걸음
도서	강아지똥	권정생	2016	길벗어린이
도서	나뭇잎 마술	타다 티에코	2017	비룡소
도서	나뭇잎 손님과 애벌레 미용사	이수애	2015	한울림어린이
도서	늘푸른나무가 준 선물	개똥이	2021	개똥이
도서	무궁화꽃이 피었습니다.	천미진	2019	출판 키즈엠
도서	미안해	김병하	2022	한울림 어린이
도서	민들레	아라이마키	2016	크레용하우스
도서	민들레는 민들레	김장성	2014	이야기꽃
도서	씨앗 100개가 어디로 갔을까?	이자벨 미뇨스 마르틴스	2018	토토북
도서	개똥이네 놀이터 223호(2024년 6월호)		2024	보리
도서	개똥이네 놀이터 193호(2021년 12월호)		2019	보리
뉴스 및 참고자료	국가생물종지식정보시스템			www.nature.go.kr
뉴스 및 참고자료	황거누이강을 사람으로 대하라	이인숙	2017	경향신문
영상	기후 위기 시대의 탄소중립교육	충남교육연수원	2024	충남교육연수원